项目资助：教育部2020年度人文社科研究一般项目（规划基金）"混合所有制下高职集成化实践平台'共享工厂'模式研究"（20YJA880035）

混合所有制"共享工厂"

高职产教融合的新模式

鲁武霞 沈 琳 著

·南京·

内容简介

高职产教融合体制模式变革和混合所有制办学是国家、高职院校、企业和社会十分关注的问题，本书围绕高职产教融合展开体制、机制、模式的应用探索，着重对混合所有制"共享工厂"模式的存在机理和运行规律展开深入系统的研究。在总结有关研究成果的基础上，立足高职产教融合体制模式变革和混合所有制办学现状，提出产教融合"学、产、研"一体化育人思路，形成高职混合所有制"共享工厂"模式的基本理论与实践范本。全书共七章，包括导论、理论基础与体制变革、混合所有制办学，以及"共享工厂"模式的核心要素、基本架构、制度与文化突破、内部跨界治理、赋能"三教"改革等内容，同时，书中还介绍了常州机电职业技术学院在双高计划建设中对"共享工厂"模式的实践探索情况。

本书研究的产教融合和混合所有制办学问题是高职改革发展的前沿问题，也是国家和高职院校着力推进的最新课题。研究中涉及的学科领域和问题领域较多，既有教育学领域的人才培养理论与实践问题，又有管理学跨界治理和企业化运营管理等问题，经济学视角分析混合所有制改革问题和社会学视角分析学产研合作的组织实现问题，还涉及生态学的社会共生问题。本书适合高等职业教育的办学者、管理者及广大教师阅读，也可供高等教育和职业教育领域的理论工作者及研究人员参考。

图书在版编目（ＣＩＰ）数据

混合所有制"共享工厂"：高职产教融合的新模式 / 鲁武霞，沈琳著. －－南京：河海大学出版社，2021.12
 ISBN 978-7-5630-7360-3

Ⅰ. ①混… Ⅱ. ①鲁… ②沈… Ⅲ. ①高等职业教育－产学合作－研究－中国 Ⅳ. ①G718.5

中国版本图书馆 CIP 数据核字（2021）第 270080 号

书　　　名	混合所有制"共享工厂"——高职产教融合的新模式 HUNHE SUOYOUZHI "GONGXIANGGONGCHANG"——GAOZHI CHANJIAO RONGHE DE XINMOSHI
书　　　号	ISBN 978-7-5630-7360-3
责任编辑	杜文渊
特约校对	李　浪　杜彩平
封面设计	刘　俊
出版发行	河海大学出版社
地　　　址	南京市西康路 1 号（邮编：210098）
电　　　话	（025）83737852（总编室） （025）83722833（营销部）
经　　　销	江苏省新华发行集团有限公司
排　　　版	南京布克文化发展有限公司
印　　　刷	南京迅驰彩色印刷有限公司
开　　　本	718 毫米×1000 毫米　1/16
印　　　张	17.5
字　　　数	297 千字
版　　　次	2021 年 12 月第 1 版
印　　　次	2021 年 12 月第 1 次印刷
定　　　价	98.00 元

作者简介

鲁武霞,常州机电职业技术学院研究员,江苏省"333高层次人才培养工程"第三层次人才,长期从事高校教育管理、应用型本科转型、高职专科与应用型本科衔接、高职产教融合与混合所有制办学等研究。主持完成教育部人文社科研究项目3项和省市级课题10余项。出版学术专著2部,在CSSCI和核心期刊发表论文30余篇,部分成果被《新华文摘》和人大复印资料转载。获江苏省第十四届哲学社会科学优秀成果奖1项,江苏省教育科学优秀成果奖(理论创新)和江苏高校哲学社会科学研究成果奖3项,国家和省级教学成果奖3项。

沈 琳,常州机电职业技术学院党委副书记、校长,工学博士,教授,中国职业技术教育学会(第五届)常务理事,教育部全国通信职业教育教学指导委员会委员,主要从事电子通讯及控制、高校管理与高职教育等研究。主持完成国家级、省部级研究项目4项,发表论文30余篇,获省级科学技术奖、教学成果奖5项。

序

  国家"双高计划"建设期待出现更多更有创新的产教融合、校企合作模式样板。鲁武霞、沈琳同志身处国家高职教育改革综合试验区(常州高职教育园区)和国家"双高计划"院校(常州机电职业技术学院),近年来,致力于高职产教融合和混合所有制办学的理论研究与实践探索,相关成果在职业教育研究领域有一定影响。他们在深入理论研究和系统梳理经验的基础上,为解决产教融合政策和混合所有制办学面对的现实问题,通过深入系统地理论研究和实践探索,提出了高职产教融合的混合所有制"共享工厂"模式,并撰写了这本学术专著。这本专著的出版,为研究我国职业教育产教融合、混合所有制办学理论和解决办学实践中遇到的重大问题,提供了十分有益的参考,对推动产教融合改革和混合所有制办学模式创新将起到积极作用,对我国职业教育产教融合和混合所有制办学理论研究和实践有着指导性意义。

  全书共七章,包括导论、理论基础与体制机制变革、混合所有制办学,以及"共享工厂"模式的核心要素、基本架构、制度与文化突破、内部跨界治理、赋能"三教"改革等内容,同时,书中介绍了常州机电职业技术学院在"双高计划"建设中对"共享工厂"模式的实践探索情况。这本专著是国内较为系统地论述高职产教融合与混合所有制办学的学术专著,提出的许多观点具有十分重要的学术价值。其中,借鉴共享经济模式、运用自组织理论和工厂建设原理,通过供需链上不同利益主体投资共建"工厂",形成高职混合所有制"共享工厂"模式的基本理论,具有首创性;高职混合所有制"共享工厂"模式从"学、产、研"一体化办学出发,坚持"以学为体,产研为用"和"学为轴心,产研为翼"的建设思路及运行原则,促进产教融合、校企合作从"多元化"育人走向更高层次的"集成化"和"共享化"办学,具有创新性;通过混合所有制产权、共生体内部跨界治理、"1+N"学产研合作制度三个层面的制度突破,使得混合所有制"共享工厂"模式具有操作性,将在高职校企合作培养制度上,发挥体制机制突破的"点"辐射效应和示范引领作用。

我国深化产教融合校企合作改革已经触及所有制层面,通过混合所有制、股份制破解产教融合校企合作深层次的难题,深化职业教育产教融合校企合作,是当前和今后一个时期内职业教育改革工作的重要任务。当前,我国高职混合所有制办学尚处于初步阶段,虽然山东、河北、江西等省开展了混合所有制、股份制办学试点,但混合所有制、股份制办学仍面临诸多问题和障碍,迫切需要理论研究指导和实践探索。

为此,我向大家推荐鲁武霞、沈琳同志的专著《混合所有制"共享工厂"——高职产教融合的新模式》,并希望能出现更多更高水平的研究成果。

是为序。

国家职业教育指导咨询委员会副秘书长、教授
2021年11月

前言

深化产教融合是党的十九大报告明确的改革任务。高职产教融合是知识经济时代,国家创新系统、科学技术系统和人才系统内部展开有序运行的基本要求。然而,随着生产系统的新现实和演化环境中的创新裂变,社会已经跨入综合性的生产时代,产教融合的各种"复杂性"和"不确定性"悄然出现。产教融合的复杂性突出反映在技术的复杂性、组织的复杂性和成员目标的复杂性上,和由此带来的管理领域综合决策系统的复杂性和不确定性。对高职而言,产与教之间交流合作的复杂性、偶然性和各种可能性越发增加,如何通过有效的双向交流、跨界合作和综合生成,将"科学技术"快速转变为职业教育资源和人才培养要素,进而转化为人力资源的技术技能禀赋,服务产业与经济增长绩效,是现代高职院校产教融合办学的重要社会责任。

近几年,国家高密度地发布了推进职业教育产教融合的政策和制度,鼓励多元主体育人的体制机制创新。产教融合体制机制的深层次问题从根本上影响和制约了高职人才的培养质量,校企合作中双元主体之间的跨界治理、多边合作等实际操作层面问题直接制约合作育人的效率和水平,微观平台层面的体制性突破缺乏由点及面的推广辐射,产教融合平台的育人模式缺乏集成化、共享性和技术合作内容,难以形成适应产业集群化发展的专业(群)受益辐射模式。"双高计划"建设是高职教育发展向中国特色、世界水平顶峰攀登的突破性工程,强调通过产教融合体制机制及模式的综合创新,引领职业教育高质量发展,形成中国特色职业教育发展模式。当前,迫切需要从理论和实践上探索新的产教融合模式样板，通过由点到面探索产教融合的股份制、混合所有制办学，形成一系列能够应对众多复杂性挑战的、更加重视"过程、关系、创造"的产教融合新模式、新制度、新经验。

高职产教融合体制模式变革和混合所有制办学是国家、高职院校、企业和社会十分关注的问题，本书围绕高职产教融合展开体制、机制、模式的应用探索，着重对混合所有制"共享工厂"模式的存在机理和运行规律展开深入系统地研究。全书分为七章。第一章导论，介绍了研究概况和内容框架，界定核心概念。第二章分析了高职产教融合的理论基础与体制机制变革的路径模式。介绍六种理论对混合所有制"共享工厂"建设原理等所作出的解释，分析产教融合体制机制变革的路径与模式，以及高职混合所有制办学的政策指向，提出产教融合"学、产、研"一体化育人思路和体制模式双重变革的新路径。第三章阐述了高职院校混合所有制办学的基本概念，梳理办学现状、典型模式和改革困境、核心问题，介绍高校校办企业和科技型企业改制经验做法，为混合所有制"共享工厂"建设运营提供思路借鉴。第四章研究混合所有制"共享工厂"模式的核心要素与基本架构。提出基本创新思路，研究该模式的概念与内涵、建设理念与原则、核心要素与特征，及其基本体制架构和组织形态架构。第五章研究了混合所有制"共享工厂"模式的制度突破与文化突破。第六章研究了混合所有制"共享工厂"模式的入股运营与跨界治理。从成本收益视角，分析入股运营的目标、任务与绩效；从权力关系、规则制定、利益协调出发，研究治理结构、治理机制、治理模式的创新；从校长价值领导力视角，研究"共享工厂""学"之轴心地位如何实现问题。第七章阐述了混合所有制"共享工厂"模式赋能高职"三教"改革的优势、效应与路径措施，并介绍常州机电职业技术学院对"共享工厂"模式的实践探索情况。当前，"双高计划"产教融合体制模式变革和混合所有制办学等各种试点正在铺开，这些试点迫切需要理论上的支持与实践上的破冰。

本书反映了我国高职产教融合与混合所有制办学的学术发展前沿，在研究主题、理论观点、实践解析、资料介绍上均有所创新，期望本书能给读者以全新的感受。主要创新之处：一是研究内容的创新。针对高职教育产教融合的"校热企冷"困境，紧扣"双主体""集成化""共享性""学产研融合"关键词，通过"共享工厂"模式研究高职产教融合实践平台构建和运行问题，进而探索平台上的混合所有制办学，助推企业真正融入人才培养全过程。二是研究视角的创新。从经济学投资成本与收益比较视角,分析企业参与办学的内驱力与利益目标;从企业社会责任角度,研究企业参与办学的动机、方式和程度;从组织生态学和协同学视角,研究"共享工厂"模式的管理创新、文化认同与绩效提升,探索解决校企利益基础与目标、主体责任与边界、合作内容与方式等现实问题。通过跨学科研究,探寻混合所有制"共享工厂"模式的存在机理和运行规律。三是实践操作的创新。围绕混合所有制"共享工厂"模式实际运行中的"成本与收益""教学与生产""运营与约束"等核心问题,系统分析企业参与办学的内驱力、方式程度、利益目标与风险担忧,形成"共享工厂"运行模式和实践操作的范本;同时针对平台跨界管理、长效机制、绩效评价等难题,提出解决思路或对策。在国家职教改革发展和"双高计划"建设的历史进程中,本书力求为我国职业教育产教融合、混合所有制办学的相关理论发展提供前期探索,以抛砖引玉。

本书写作历经三年,得到了常州机电职业技术学院领导和同事的鼎力支持,得到了高等职业教育专家、同行学者和职业教育实践工作者的指导帮助,在此对他(她)们表示衷心的感谢。在写作过程中,作者参阅了大量的文献,并引用了有关专家和同行论著中的观点和材料,在此谨向被引用观点和材料的作者致以衷心的感谢和诚挚的敬意。

衷心希望本书能为我国高职教育产教融合和混合所有制办学的研究尽一份绵薄之力。但由于水平有限,错误和缺陷在所难免,敬请读者不吝指正。

作　者

2021 年 11 月于常州

目录

第一章　导论 ·· 001
　第一节　研究目的与意义 ·· 001
　第二节　文献回顾与理论框架 ·· 007
　第三节　核心概念界定 ·· 031

第二章　理论基础与体制机制变革 ·· 039
　第一节　产教融合相关的六种理论 ·· 039
　第二节　产教融合体制机制与模式变革 ·· 052
　第三节　产教融合与混合所有制办学政策 ··· 070

第三章　高职院校混合所有制办学 ·· 080
　第一节　高职混合所有制办学实践概述 ·· 080
　第二节　高职混合所有制办学问题及借鉴 ··· 094
　第三节　产教融合平台的混合所有制办学 ··· 107

第四章　"共享工厂"模式的核心要素与办学架构 ································ 117
　第一节　高职产教融合的企业主体责任 ·· 117
　第二节　"共享工厂"建设理念与核心要素 ··· 128
　第三节　"共享工厂"模式的组织形态架构 ··· 143

第五章　"共享工厂"模式的制度突破与文化突破 ································ 154
　第一节　"以学为体,产研为用"的生成性思维 ···································· 154

第二节 "共享工厂"模式的制度突破 ·· 165
   第三节 "共享工厂"模式的文化突破 ·· 172

第六章 "共享工厂"模式的入股运营与跨界治理 ·································· 182
   第一节 "共享工厂"模式的入股运营与绩效 ······································ 182
   第二节 "共享工厂"模式的内部跨界治理 ··· 196
   第三节 "共享工厂"模式的校长价值领导力 ······································ 211

第七章 "共享工厂"模式赋能高职"三教"改革 ···································· 223
   第一节 双高计划建设与"三教"改革 ·· 223
   第二节 "共享工厂"建设赋能"三教"改革 ··· 230
   第三节 常州机电职业技术学院实践探索 ·· 239

结语 ··· 250

参考文献 ··· 252

第一章

导论

第一节 研究目的与意义

一、问题的提出

深化产教融合是党的十九大报告明确的改革任务。"十四五"期间,我国将着重增强职业技术教育适应性和类型特征,包括突出职业教育的特色、完善顶层设计、创新办学模式、提升职教质量和深化职普融通。随着中国经济的快速发展和高速腾飞,高职教育作为高等教育体系的重要组成部分,在经济重心和社会发展上都占有举足轻重的作用和地位,大力发展高等职业教育、推进高职产教融合办学,是我国在经济全球化形势下实现经济快速可持续发展和技术技能积累、人力资源储备的必然选择。

高职产教融合是知识经济时代,国家创新系统、科学技术系统和人才系统内部展开有序运行的基本要求。国家创新系统是科学技术融入经济增长过程之中的制度安排,核心内容是科技知识的生产者、传播者、使用者及政府机构之间的相互作用,在此基础上形成科技知识在整个社会循环流转和应用反馈的良性互动机制。知识经济将科学技术、技术技能储备视为一种核心战略性资源,重视其在转变经济增长方式和培育新的经济增长点中表现出的巨大作用,在一定的制度安排之下,通过国家创新系统各组成部分之间的相互作用、循环交互而实现。创新活动过程中,各个主体之间的交流、反馈、联系对于绩效至关重要,产业系统与教育系统之间势必要相互作用、交流合作、融合创新,"产教融合"是知识经济社会人才培养的基本要求,也是高职办学的基本规律。在知识全球化和教育现代化的历史进程中,中国高等职业教育要在服务国家战略、融入区域发展、促进产业升级、助推企业技术创新中,为建设高等教育强国、人才强国作出重要贡献。

然而,随着生产系统的新现实和演化环境中的创新裂变,社会已经跨入综合性的生产时代,产教融合的各种"复杂性"和"不确定性"悄然出现。正如美国学者罗伯特·W·里克罗夫特和董开石在《复杂性挑战:21世纪的技术创新》中提出,复杂性是我们现实生活中众多冲突与困惑的中心点,其中,技术复杂性表现为不能被任何一位专家完全掌握技术,世界面临的决策问题是综合性决策。产教融合的复杂性突出反映在技术的复杂性、组织的复杂性和成员目标的复杂性上,和由此带来的管理领域综合决策系统的复杂性和不确定性。对高职"双元主体"人才培养活动而言,产与教之间或者说校与企之间交流合作的复杂性、偶然性和各种可能性越发增加,如何通过有效的双向交流、跨界合作和综合生成,将"科学技术"快速转变为职业教育资源和人才培养要素,进而转化为人力资源的技术技能禀赋,服务产业与经济增长绩效,是现代高职院校产教融合办学的重要社会责任。

近几年,国家高密度地发布了推进职业教育产教融合的政策和制度。《中华人民共和国国民经济和社会发展第十三个五年规划纲要》把"推进职业教育产教融合"作为推进教育现代化的重要任务,提出完善现代职业教育体系,加强职业教育基础能力建设。推行产教融合、校企合作的应用型人才和技术技能人才培养模式,促进职业学校教师和企业技术、人才等方面的双向交流。推动专业设置、课程内容、教学方式与生产实践对接。促进职业教育与普通教育双向互认、纵向流动。

2019年1月,国务院发布《国家职业教育改革实施方案》(职教20条)指出,与发达国家相比,与建设现代化经济体系、建设教育强国的要求相比,我国职业教育还存在着体系建设不够完善、职业技能实训基地建设有待加强、制度标准不够健全、企业参与办学的动力不足、有利于技术技能人才成长的配套政策尚待完善、办学和人才培养质量水平参差不齐等问题,到了必须下大力气抓好的时候。

方案提出的总体要求与目标是:牢固树立新发展理念,服务建设现代化经济体系和实现更高质量更充分就业需要,对接科技发展趋势和市场需求,完善职业教育和培训体系,优化学校、专业布局,深化办学体制改革和育人机制改革,以促进就业和适应产业发展需求为导向,鼓励和支持社会各界特别是企业积极支持职业教育,着力培养高素质劳动者和技术技能人才。经过5~10年左右时间,基本完成由政府举办为主向政府统筹管理、社会多元办学的格局转变,由追求规模扩张向提高质量转变,由参照普通教育办学模式向企业社会参与、专业特色鲜明的类型教育转变,大幅提升新时代职业教育现代化水平,为促进经济社会发展和提高国家竞争力提供优质人才资源支撑。方案提出的具体指标是:到2022年,建设50所高水平高等职业学校和150个骨干专业(群)。建成覆盖大部分行业领域、具有国际先进水平的中国职业教育标准体系。企业参与职业教育的积极性有较大提升,培育数以万计的产教融合型企业,打造一批优秀职业教育培训评价组织,推动建设300个具有辐射引领作用的高水平专业化产教融合实训基地。职业院校实践性教学课时原则上占总课时一半以上,顶岗实习时间一般为6个月。"双师型"教师占专业课教师总数超过一半,分专业建设一批国家级职业教育教师教学创新团队。

为落实《国家职业教育改革实施方案》,集中力量建设一批引领改革、支撑发展、中国特色、世界水平的高职学校和专业群,2019年3月底,教育部和财政部联合发布《关于实施中国特色高水平高职学校和专业建设计划的意见》,正式启动"双高计划"建设。"双高计划"明确要求按照"坚持中国特色、坚持产教融合、坚持扶优扶强、坚持持续推进、坚持省级统筹"等五大原则,建设高水平的高职院校和专业群,坚持创新高等职业教育与产业融合发展的运行模式,精准对接区域人才需求,提升高职学校服务产业转型升级的能力,推动高职学校和行业企业形成命运共同体,为加快建设现代产业体系,增强产业核心竞争力提供有力支撑。紧随其后,国家发展改革委和教育部联合发布《建设产教融合型企业实施办法(试行)》,通过建设产教融合型企业,加强政府引导、强化企业主导,将"渴求人才"的社会共识转化为"投资于人"的现实行动。根据办法,重点建设培育主动推进制造业转型升级的优质企业,现代农业、智能制造、高端装备、新一代信息技术、生物医药、节能环保等急需产业领域企业,以及养老、家政、托幼、健康等社会领域龙头企业。优先考虑紧密服务国家重大战略、技术技能人才需求旺盛、主动加大人力资本投资、发展潜力大、履行社会责任贡献突出的企业。进入认证目录企业，国家给予"金融＋财政＋土地＋信用"的组合式激励，并按规定落实相关税收政策。激励政策与企业投资兴办职业教育、接受学生实习实训、接纳教师岗位实践、开展校企深度合作、建设产教融合实训基地等工作挂钩。

从最近几年高职产教融合的政策历程、政策链及发布密度，可以看出产教融合办学的众多复杂性和困难程度。毋庸讳言，产教融合体制机制的深层次问题从根本上影响和制约了我国高职人才的培养质量，校企合作中双元主体之间的跨界治理、多边合作等实际操作层面问题直接制约合作育人的效率和水平，微观平台层面的体制性突破缺乏由点及面的推广辐射，产教融合平台的育人模式缺乏集成化、共享性和技术合作内容，难以形成适应产业集群化发展的专业（群）受益辐射模式。经过20多年的大发展，我国高职教育办学借鉴德国"双元制"、新加坡"教学工厂"等诸多国际先进经验，结合中国国情和本土实际，陆续探索了校企合作平台的"校中厂、厂中校""职教集团""生产性实训平台"等典型模式，但是，这些校企合作模式真正能在"体制与模式"上紧密结合、深度融合、高效长效的并不见多。国家"双高计划"提出到2035年，一批高职学校和专业群达到国际先进水平，引领职业教育实现现代化，为促进经济社会发展和提高国家竞争力提供优质人才资源支撑。职业教育高质量发展的政策、制度、标准体系更加成熟完善，形成中国特色职业教育发展模式。随着工业4.0和5G时代的到来，中国制造正向中国创造转型，面对智能制造产业集群化中产业链长、技术域宽的复杂性特点，高职教育专业（群）发展如何在社会宏观层面有效支撑产业集群发展的人才需要，高职教育产教融合模式如何在学校中观层面打破传统的既定预设，通过"体制＋模式"整体创新来应对管理者的综合性决策需要，同时高职院校与企业合作如何在教学改革微观层面及时获得"学习、生产、技术"的适应性流转，增强职业教育的适应性等问题，成为高职产教融合当前面临的重大时代课题。

因此，中国特色、世界一流的职业教育模式建设，迫切需要从理论和实践上探索新的产教融合模式样板，迫切需要由点到面，形成一系列能够应对众多复杂性挑战的、更加重视"过程、关系、创造"的产教融合模式样板。

二、研究目标

从以上研究背景和高职产教融合问题的分析中可以看出，高职院校加强与行业企业合作形成"双主体"育人格局,校企双方直接面对校企合作背后的实质性问题和根本症结,共同探索出行之有效的体制、机制和模式变革,是高职产教融合的发展趋势和紧迫任务。根据多年的实践探索和改革创新,高职产教融合既要从根本的"体制"上寻找突破,又要从"机制""模式"上寻找出路,尤其要通过体制、机制、模式相互结合的综合创新推进产教融合的持续深化。高职产教融合既要"自上而下"地从国家制度设计上寻找突破,又要"自下而上"地从学校层面实践摸索中寻找出路,必须通过顶层设计与落地探索相互结合的双向循环,促进校企合作形成真正的命运共同体。高职产教融合既要从学校整体"面"上展开校企合作体制机制与模式探索,又要从产教融合实践平台"点"上落实教育教学改革实践,微观剖析校企合作的核心问题、思考解决对策,通过"以点带面"辐射推广产教融合的创新成果。与此同时,产教深度融合离不开职业教育与行业企业的协作平台,在真实具体的协作平台上,行业企业对人才的多样性需求和层次性需求会倒逼职业教育,只有准确把握技术技能型人才的特性,了解产业的需求结构,才能够培养适应性的人才,实现自身的可持续发展。

因此,本研究立足高职教育校企"双主体"育人和人才培养质量提升,主要聚集"产教融合实践平台""体制+模式""跨界治理"三个关键点,确立相应的研究对象、领域范围、研究问题及问题关系,进而凝练出以下三个方面的研究目标:

第一,以高职产教融合实践平台为研究对象,围绕解决产教融合平台上的"融合发展""综合集成""跨界管理"难题展开研究,探索形成高职产教融合的"共享工厂"平台模式、双主体育人模式和混合所有制办学模式。

第二,站在市场和企业用户的立场,结合高职产教融合体制障碍和校企合作平台建设中企业参与不足的现状,通过分析行业企业参与职业教育的主体责任及责任性质,解析混合所有制"共享工厂"模式的核心内涵及建设内容,探寻高职产教融合集成化实践平台的建设策略和运行规律,为破解高职校企合作的"校热企冷"困境提供思路。

第三,站在实践应用的角度,结合高职院校教育教学实践改革,探索形成高职产教融合的混合所有制"共享工厂"模式构建方案、运营规范及产教融合实践教学制度范本等,为高职院校探索混合所有制办学、产教融合平台建设模式及提高现代化治理能力提供借鉴,为教育行政部门决策提供咨询参考。

三、研究意义

产教融合问题是一个跨学科的综合性的复杂问题。本研究着重围绕高职产教融合问题展开体制、机制、模式的应用探索，提出高职产教融合的混合所有制"共享工厂"模式，而研究中所涉及的学科领域和问题领域较多，既有教育学领域的人才培养理论与实践问题，又有管理学领域的跨界治理、双主体合作、参照企业运营管理等问题，还有经济学领域的共享经济、混合所有制改革问题，甚至涉及社会学、生态学和社会共生问题。本研究在视角和方法上，从高职专业集群化建设对产业集群化发展的适应性出发，直接从探索产教融合平台的混合所有制办学之体制变革入手，借鉴"共享经济"理念和企业"共享工厂"建设启发，提出以混合所有制"共享工厂"模式为产教融合体制变革的形态载体，研究高水平高职院校和专业建设中的产教融合平台"如何建、如何用、如何管"问题，必将促进高职产教融合、校企合作双主体育人改革的新认识和深入探索。

其理论意义与实际应用价值主要在于：

第一，紧紧围绕《国家职业教育改革实施方案》要求和"双高计划"建设实践，开展高职产教融合实践平台建设的基本理论与构建策略研究，探索职业教育"双主体"办学规律，可以丰富职业教育发展理论。

第二，深入分析产教融合、混合所有制办学的深层次复杂问题，以及不同问题的性质与特征，厘清不同问题之间的逻辑关系，提供解决的对策和思路方向，进而探寻高职产教融合集成化实践平台的运行规律、运行模式与构建策略，有助于改变产教融合"校热企冷"局面，促进企业真正参与职教人才培养全过程。

第三，基于"共享工厂"研究产教融合集成化实践平台的建设与运营问题，从而探索高职院校混合所有制办学改革等，可以促进产教融合双主体育人和形成社会多元办学格局，助推中国特色高水平高职院校和专业建设，为形成中国特色、世界一流的中国职教发展模式贡献新模式样板。

第二节 文献回顾与理论框架

一、研究现状及文献述评

产教融合是职业教育人才培养的基本要求,也是高端技术技能型人才成长的内在规律。目前,高职产教深度融合面临着许多制约和难点,而高水平高职院校和专业建设的主要抓手是打造产教融合实践平台,依托平台实现产教融合理念、政策、模式的真正落地。相关研究领域、现状梳理及综合述评如下。

(一)产教融合理念、政策与行动方面:职业教育产教融合由发展理念向制度供给落地,"双高计划"行动研究成为产教融合研究的重点内容

在社会创新系统中,大学、产业、政府三个创新主体之间存在"三螺旋"内核外场作用机理(Henry Etzkowitz,2005),职业教育发达国家的普遍经验就是政府运用法律手段推进职教产教融合的体制改革(Linda Clarke,2011),比如德国和日本的企业都保持较高的学徒制成分(Kathleen Thelen,2010),美国和加拿大的"产学合作教育"(Cooperative Education)模式在全球具有标杆引领作用。其中,美国的合作教育认证制度是专门针对合作教育的质量保障制度,在促进产学合作教育发展和提高质量上发挥了至关重要的作用。经过20多年的实践探索,我国职教发展中政府地位角色已从"主导"变成"推动",要求职业学校根据市场引导办学,主动融入社会多元参与的办学格局。过去,我国职业教育产教融合、校企合作主要表现在以下方面:一是各级政府和行业组织通过行政手段进行了大量促进工作,出台很多支持校企合作的政策和地方性法规,组织校企合作试点项目和对话等活动。二是职业院校和企业在教育教学层面的合作,按照时间、空间和组织要素的不同组合可分为:① 学年分段,如"2+1分段"和"异地分段";② 半工半读、工学交替;③ 弹性教学安排;④ 订单培养;⑤ 厂内工学基地;⑥ 行业主导培养;⑦ 教学工厂;⑧ 企业的课程置换等。三是通过职教集团的校企合

作形式,试图实现以下功能:① 不同层次职业院校在专业设置、课程和教学组织等方面更好衔接,实现师资流动和硬件资源共享;② 构建产学联合网络,学校为企业提供培训条件,企业向学校提供实训基地和培训师资,参与课程和教材建设;③ 促进学生就业和共同开发项目(赵志群,2013 年)。产学合作教育是一种独特的教育模式,价值在于"知识+技能"类人才的培养,构建了高等教育机构与用人单位之间目标一致的合作教育关系。产学合作教育是高等教育的重要组成部分,在培养服务国家战略所需的高层次人才和"新工科"建设上具有不可替代的作用(林健,2017 年)。高职院校要推动形成"双元"育人模式,与行业企业在人才培养、技术创新、就业创业、社会服务、文化传承方面开展深度合作,构建"政府—学校—社会力量"三者契约型关系(杨建新,2019 年)。

  2017 年,国务院印发《关于深化产教融合的若干意见》,对产教融合进一步做出全面部署,产教融合成为国家教育改革和人才资源开发的基本制度安排。2018 年,教育部等六部门印发《职业学校校企合作促进办法》,但是,产教融合存在配套政策与评价体系不足及政府专项财政资金难拨付、企业参与意愿不强等瓶颈(程宇,2018 年)。新时代提出的"产教融合"具有新的含义,在肯定产教融合政策的意义和价值同时,更要看到它的内涵变化与发展。虽然职业教育一直在强调产教融合,包括实施各种具体的产教融合措施,如集团化办学、现代学徒制、混合制的职业教育机构等,但这些产教融合政策与措施基本上是在政府主导的治理体系中进行的(谢维和,2018 年)。新的政策文件中所强调的"产教融合"已从过去政府"主导"的产教融合转变为政府"推动"的产教融合,这是两种不同形态的产教融合,反映了职业教育治理体系的变化。新时代职业教育治理体系的产教融合要求职业教育的管理部门和学校不断提高治理能力的现代化水平,在坚持职业教育办学方向的基础上,学会认识市场的发展趋势与规律,根据市场需要与产业发展的双重要求贯彻落实产教融合的新要求。总体而言,国家政策和中央政府的财政专项引导,有效促进了高职院校产教融合的实践探索。

  2018 年,教育部提出启动中国特色高水平高职学校和专业建设计划。高水平建设的抓手是高水平专业群、高端产教融合平台、高质量人才队伍(胡正明,2018 年),实现从"建设"到"研究"的范式转变是关键路径(徐国庆,2019 年)。徐国庆研究认为,任何一种类型的学校,其办学的基本要素都是比较接近的,只是有些类型的学校由于功能不同,在个别要素的重要性上有特殊要求,如高职院校特别重视校企合作。高水平高职院校的建设内容是全面的,但不能在所有办学要素上平均用力,要有突破口,这个突破口是"研究"。从"建设"到"研究",是高职内涵发展范式的转变,只有围绕这一思路才能发展出真正具有标杆意义的高职院校。邹吉权认为(2018 年),高水平专业要实现专业结构对接产业结构,以就业为导向办学;加强技术研发,以研促教;开展行业企业社会培训;开发"教育职业标准"。"双高计划"建设中,高职院校的宗旨是服务国家战略、服务区域产业转型升级、服务学生的全面发展,首先要厘清产教融合的内涵,寻找产教融合的逻辑起点,使其成为我国职业教育理论的重要组成部分;其次要以产教融合为主线,使其贯穿于院校布局、专业设置、人才培养、社会服务等各个环节,不断提升人才培养质量,服务经济社会发展。

近年来,尽管高职学校通过"校中厂"、"厂中校"、校企共建实训基地等深化融合,但"校热企冷"局面并未得到根本转变(郭扬,2018 年),高职教育要形成"政府—行业企业—学校"治理模式和政府企业相结合的投入模式(孙善学,2018年),要强化企业的主体责任(刘晓,2018 年)。我国职业教育在深化产教融合方面进行了诸多模式创新和路径探索,国家层面持续推进办学体制和管理体制改革,比如,调整重组 62 个行指委,分三批通过 560 家现代学徒制试点单位,组建 1 400 多个职教集团;举办 70 多次产教对话活动,与行业企业制订了一整套教学标准。学校层面,通过"校中厂"、"厂中校"、订单培养、顶岗实习以及校企共建师资队伍、实训基地和教学资源等诸多途径,使产教融合不断深化。下一步应通过完善立法、创新机制,发挥行业协会的关键作用,重点是"教育型企业"认定和"教育职业标准"开发,实施 1+X 证书制度,建立产教深度融合长效机制。郭扬认为,"产教融合"并非"校企合作"的同义词,前者比后者的意义更深远、要求更高,仅依靠职业院校自身是无法实现的,必须要有更高层级的顶层设计和政策支持。在学校教育和专业教学层面,要自觉、自然、有效地融入有关产业活动,同时要把产业发展的先进理念和产业技术、文化、力量引入教育教学活动,参与技术技能人才培养的全过程,从而使职业教育的运行和发展模式发生质的变革。孙善学认为,高职产教融合、校企合作要加强行业组织建设,充分发挥行业指导作用。德国、澳大利亚等职业教育发达国家产教合作的重要经验是具有较强职业教育专业能力的行业组织。德国联邦层面行业协会均设立专业科研机构,结合自身行业领域开展职教研究工作,行业协会内设专门职教部门,研究职教政策。而我国行业组织起步晚、发展不完善,专业科研能力和职业教育能力较弱,需加强行业协会建设指导,提升行业组织自身能力,特别是加强职业教育行业指导委员会和教学指导委员会能力建设,以更好地承担行业主管部门"职能转移、授权委托"的"人才需求预测、校企合作对接、教育教学指导、职业技能鉴定"等任务。

深化产教融合要求高职教育必须克服现存问题,优化教育教学资源、实现供需对接是深化产教融合的重要突破口。马树超研究认为(2018年),产教融合的核心是将产业的先进技术、先进工艺、优秀文化、产业的发展需求融入教育教学的资源建设和过程建设,职业教育课程和教学内容中融入产业新技术新技能的技术含量。目前,高职教育深化产教融合存在三个瓶颈:一是传统学校教育制度偏重高职院校自身内部建设,忽视面向产业领域和区域经济发展的外部适应,对产教融合缺乏融入区域发展的共识。二是产教融合的配套性政策与评价体系、企业激励不足,企业缺少参与办学的内在动力和外在吸引力。职业教育产教融合法律法规相关条款的力度效度、可操作性不够,责、权、利的约束性几乎没有。导致学校和企业深层次的合作缺乏驱动力也缺乏约束力,产教融合容易流于形式和做表面文章,合作企业往往存在浮躁和急功近利的现象,合作成效低。三是产教之间供给和需求的双向对接困难重重,市场上的优质资源和产业优秀元素难以直接进入专业建设和课堂教学,产业升级中的先进技术、先进工艺难以融入教育教学资源,学校体制内教师缺乏企业生产实践和技术研发训练。因此,产业技术链上游企业要参与产教融合平台建设,高职院校要将融入产业优秀元素作为专业教学改革的重要路径,将产业先进技术、先进工艺、优秀文化融入专业教学,将专业教学需要与产业企业发展需要相对接,实现毕业生就业的供需有效对接。

明确企业主体责任是引导、规范和激励企业参与职教办学的重要基础。刘晓研究认为,教育部等六部门于2018年印发的《职业学校校企合作促进办法》(简称《办法》),就企业参与职业教育的社会责任、参与方式与内容以及政策保障等做了规范和引导,而如何贯彻执行《办法》,切实促进企业参与职业教育,必须从制度体系、行业环境、利益筹码等方面为企业提供更加有效的保障措施。校企合作作为职业学校和企业通过共同育人、合作研究、共建机构、共享资源等方式实施的合作活动,核心是要让企业成为重要办学主体,既涉及宏观的职业教育布局和结构,又涉及人才培养模式改革,还事关职业教育组织形态和服务供给多元化,是完善现代办学体制和职业教育治理体系的一项制度创新。双方基于互惠性的利益机制、长效性的交往机制和有效性的组织机制而实现双方均衡,要让每一方都能找到利益结合点,创新为达到目标而持久存在的相互作用形式。

(二)产教融合平台与模式方面:围绕共建生产性实训基地和集团化办学等模式展开,平台的技术研发问题逐渐受到关注

1. 生产性实训基地模式(学校+企业)

产教融合作为职业院校服务社会、参与社会经济活动的重要方式,是打通教育链、人才链、产业链、创新链的重要手段。伴随着产教融合政策的相继出台,产教融合面临的主要问题不是资金及合作对象的匮乏,而是创设一个能够有效整合资源、实现利益共享的合作平台(翁伟斌,2019年)。在产教融合背景下,高职院校校内生产性实训基地建设面临供给侧和需求侧耦合不平衡、产与教的矛盾、双导师制育人机制不完善、人才培养成本分担机制缺失等诸多难题(黄德桥、杜文静,2019年)。由于学校和企业功能定位不同,校企合作不稳定、融合渠道不贯通、合作形式较单一,支撑产教融合的社会服务组织还不成熟,高水平的中介组织和机构数量不多,产教融合的质量监控和保障体系尚未有效建立等。制约产教融合的主要问题需从政府、学校、产业及社会组织多层面分析。在政府层面,产教融合的刚性法律法规和政策体系尚未有效建立;政府引导多元投入、稳定保障的产教融合运行的资金、经费支持机制有待完善;政府主导的产教融合信息网络体系需加快建立。在学校和企业层面,职业院校总体上发展时间不长,积淀还不够,职业教育吸引力需通过学校深化改革和创新发展,特别要通过校企协同加快建设高水平双师队伍和综合性的生产性实训实习基地(雷忠良,2018年)。高职产教融合体制突破要强化双主体作用,重点通过产教融合平台上双主体共同开发专业课程、共建实训基地和技术创新中心,促进学生在真实职业环境中增强职业技能(王扬南,2018年)。

2. 集团化办学模式(行业+政府+N校+N企)

校内生产性实训基地和集团化办学是推动产教融合的重要载体,是提高职业教育人才培养质量和就业竞争力的有效途径。高职院校已探索出"以引企驻校、引校进企、校企一体等方式,吸引优势企业与学校共建共享生产性实训基地"的有效经验和模式,当前要聚焦校企共同组建产教融合集团(联盟)(姜大源,2018年)。2015年,教育部印发《关于深入推进职业教育集团化办学的意见》(简称《意见》),鼓励多元主体组建职业教育集团,作为《国务院关于加快发展现代职

业教育的决定》的配套文件之一,《意见》强调充分发挥政府推动和市场引导作用、规范完善职业教育集团治理结构、健全集团化办学运行机制和强化集团化办学保障机制。我国第一个职业教育集团"北京蒙妮坦美发美容职业教育集团"于1992年10月诞生,截至2018年,全国职教集团1 400余个,覆盖90%以上的高职院校和100多个行业部门。刘立峰、李孝更等人(2020年)基于全国职业教育集团化办学统计与公共服务平台的118个职业教育集团化办学的典型案例,运用内容分析法对其成立形式、集团类型、成员构成、牵头单位、管理和运行机制以及现存问题进行研究,发现:我国职教集团的成立形式以批准成立为主,绝大多数职教集团是行业型和区域型,促进教育链与产业链融合的局面已基本形成,牵头成立单位多为中高职,基本建立了由决策、组织协调和执行组成的三层级组织构架。以契约为主要联结纽带的职教集团普遍面临自身的合法性问题(集团成员原隶属关系不变、体制不变、产权性质不变、组织结构不变、人事关系不变"五不变",成员以认可集团规章制度的人才共享、设备共享、员工培训共享、场地共享、信息共享"五共享"形式联结在一起)。职教集团在实际运行中利益各方存在着知与行、建与用、责与利等方面的矛盾,存在各自为政的体制性障碍、各自为准的制度性障碍、各自为利的权益性障碍、信息不一的沟通性障碍、不平衡带来的心理性障碍。梁俊研究认为(2017年),集团化办学模式是高职院校的有益尝试,其治理机制优化是提升高职办学水平的有效手段,培育多元集团、建立对话机制、完善扶持政策等措施有利于破解当前职业教育集团发展的困境。职教集团内部各利益相关者之间利益冲突的根源在于集团内部成员单位围绕办学目标所展开的争议,要从契合社会需求角度指出职教集团化办学的价值意义,从治理目标、治理结构及治理效能角度揭示集团化办学的治理机制问题,明晰集团治理目标,优化其治理结构和提升其治理效能。

3. 工程技术研究中心模式(产学研合作)

产教融合平台研究着重围绕共建生产性实训平台和集团化办学展开,平台建设和运行中遇到的"技术研发"问题逐渐受到关注。当前,高职产教融合面临的主要问题是如何创设一个能有效整合"学、产、研"办学要素资源、实现学校和企业各方利益共享的育人平台。"工程技术研究中心"产教融合模式是高职校企合作高级阶段模式,面临如何"获取资源建立中心,处理好研发与教学的关系、研发项目的跨学科关系、参与主体的权益分配关系"四大问题(兰小云,2017年)。

兰小云研究认为,工程技术研究中心产教融合模式是指高职院校凭借行业、企业或普通高校的资源,与其合作共同申报并获准在校内建立国家级、省级或地市级工程技术研究中心,从而依托该工程技术研究中心与行业、企业共同开展技术研发、专业建设、教学改革、师队建设、人才培养等教育教学和科学研究工作的合作模式。目前,我国工程技术研究中心较多见于在普通高校、科研院所和企业建立,在高职院校建立尚处于起步阶段,山东、江苏、河南、重庆等省市开始有国家级、省级或地市级工程技术研究中心落户高职院校。例如,山东商业职业技术学院的国家农产品现代物流工程技术研究中心、淄博职业学院的山东省曲霉应用工程技术研究中心、威海海洋职业学院的山东省船舶控制工程与智能系统工程技术研究中心、河南林业职业学院的河南省果园管理特种机器人工程技术研究中心、重庆建筑工程职业学院的重庆市建筑产业化工程技术研究中心。这些中心创造了开展产教融合教育模式的极好条件,而作为一种在我国高职院校尚处起步阶段且对研发要求极高的产教融合模式,如何获取建立工程技术研究中心的条件、有效发挥其育人功能,是创建工程技术研究中心产教融合模式必须面对的现实问题。从本质上讲,该模式是一种产学研合作模式,是一种以"研"为中心的可持续发展的行企校合作模式。高职院校依托工程技术研究中心,开展融教学、研发、生产为一体的人才培养,培养学生技术应用能力和创新能力等综合职业素质,企业通过合作获取技术创新智力资源,获得技术创新与应用收益。这种模式将提升高职教育在经济社会发展中的价值,使高职教育的"高"名副其实。

高职院校产教融合难以推进的根本原因是技术研发、社会服务能力有限,高水平建设就是要用新视角看待办学基本要素,并赋好每种要素新的内涵,不能在所有办学要素上平均用力,突破口是"研究"(徐国庆,2019年)。徐国庆认为,国家示范骨干校建设完成后,我国高职教育内涵发展进入了高原期,校企合作如何深化、课程建设如何突破、高水平师资队伍如何形成、高质量研究成果怎样产生都需要研究。当前,课程建设难以体现水平差异,示范骨干建设时期课程建设的主要内容是打破学科体系的课程组织框架,转向工作体系的课程组织框架,这两种课程模式在形态上有很大差别,而实现这一基本转向之后,便发现课程建设难有进一步发展。师资队伍量的提升难以带来质的变化,高职院校在提高教师实践能力和双师结构的同时,大幅度提升高水平教师的数量,如高学历高职称教师、高层次人才计划教师拥有量明显增加,但教师实际水平并没有明显提升,在教学质量、课程建设、科学研究、品牌提升等方面发挥作用比较有限。有的高职院校把技术研发作为办学特色进行建设,但研究难以产生有重要影响的成果。普遍重视技术和产品研发,以实用新型专利为主,呈逐年大幅度增长趋势,发明专利数也呈递增趋势,但受教师和学生研究水平的限制,研究成果质量总体不高。研究工作的推进对内涵建设产生推动作用,但是"研究"在高水平内涵建设中应该处于什么位置,对此人们尚未获得清晰认识。因此,高水平建设的关键抓手和突破口是"研究",要形成一批高水平技术研究中心。

(三)产教融合载体与制度创新方面:聚焦探索现代学徒制、产业学院和混合所有制办学,成为产教融合研究的热点和重要趋势

1. 探索现代学徒制办学

现代学徒制是我国职业教育改革与发展的热点,是国内职教人才培养模式和校企合作机制创新的主要形式,目前已实现个体主导向政府主导的跨越,但是行业主导不足,尤其是招生与招工一体化难以实现(郑文,2018年)。关晶研究认为(2011年),以德国双元制为典型代表的西方现代学徒制有以下基本特征:一是国家战略层面的制度管理,二是多元参与的利益相关者机制,三是以企业为主、工学结合的人才培养模式,四是以学徒为主的双重身份,五是统一规范的教育培训标准,六是与国家职业资格体系的融通。赵志群研究认为(2013、2014年),校企合作的人才培养模式是国际现代学徒制建设的核心理念。我国有深厚的学徒制传统,有过成功的正式学徒制体系和学徒制改革经验,如半工半读教育实验。存在一些地方或行业性相关制度,如原劳动部1998年《关于建立和实施名师带徒的通知》制订了名师带徒制度实施方案。现代学徒制涉及相关利益群体更多,更需要建立新型的、规范化的运作机制;学徒对象扩大(包括在校生和普通高校毕业生等多种人群);学徒制与正规教育相融合,以及第三方培训或中介机构的出现等。现代学徒制能削减结构性失业,促进弱势青年就业,并实现更高程度的"校企合作"。汤霓、王亚南、石伟平等人研究认为(2015年),现代学徒制不是简单地在现代职业教育中恢复传统学徒制,时代背景赋予了它全新内涵。现代学徒制本质上是一种技能形成制度,不同利益相关者在这一制度框架下的利益博弈,将会直接影响技能形成体系的发展走向。影响现代学徒制构建的利益主体及其诉求,阻碍现代学徒制的症结为挖人外部性、学徒异化、替代忧虑、校

企割裂,应通过采取非市场治理措施、制订学徒制课程内容框架、建立企业师傅教师资格制度、完善法制建设四种路径,消解上述症结。徐国庆研究认为(2017年),高职教育发展现代学徒制的策略应当从对现代学徒制的现代性的分析中去寻求。现代性主要体现在师徒关系的现代化、面向产业的现代化、指导方式的现代化与培养标准的现代化,构建策略主要包括通过制度构建具有公共性的师徒关系,根据现代产业的特点进行学徒训练内容开发与机制构建,对师傅的指导能力进行专业化训练,以及开发具有统一性、权威性的学徒训练标准。

从实践探索看,高职院校与企业合作开展现代学徒制时遇到的问题比较多,企业不愿意深度介入,或者只希望通过浅层介入以赚取学徒培训费用,真正成功的实践案例不多。为了解广东省现代学徒制试点情况,徐芳(2018年)对广东省8所试点院校和24家企业进行了调研。结果显示,高职院校现代学徒制试点存在国家缺乏宏观制度保障和经费支持、"双主体"尤其是企业育人主体发挥不够、"双导师"团队建设不理想、学生"双身份"未落实等问题。由此提出破解困境的对策:一是制度设计与经费保障并重,加强"双基础"条件建设;二是政府推动与校企转型并驱,强化"双主体"系统培养;三是科学甄选与内训提升并施,促进"双导师"队伍建设;四是法律增补与合同约制并构,增强"双身份"权益保障。现代学徒制专业课程体系构建是实施现代学徒制教学的前提与基础,陈秀虎、谌俊等人(2015年)从构建现代学徒制课程体系的主要依据和基本要求入手,分析现代学徒制专业课程体系基本组成和构建方法,提供课程体系构建的典型案例。贾文胜、潘建峰等人(2017年)借助社会建构理论,通过剖析某高职院校现代学徒制实践案例,分析了高职院校实施现代学徒制面临的制度障碍及消极影响,由此提出要构建五大机制:寻求各方利益契合,构建利益驱动机制;搭建联合管理平台,构建沟通协商机制;组建双师结构团队,构建教师合作机制;校企协同课程开发,构建课程开发机制;建立多方评价体系,构建质量保障机制。

2. 探索产业学院办学

产业学院又称行业学院、企业学院。高等学校与企业共建产业学院是高等教育环境变化的结果,它打破传统的封闭办学模式,有效整合学校和企业的教育教学资源,是产教融合的一种新型组织形态。2005年左右,我国高职院校为实现工学交替的人才培养方式,与规模型企业进行理念、机制与模式等方面的对接与融合,而建立一种产学研深度合作的校企联合体,称之为"产业学院"(徐秋儿,

2007年)。产业学院的核心竞争力包括高效的资源整合能力、独特的专业集群以及高质量的毕业生等三个方面,需要创新体制机制,增强异质性的活力优势;突破"引企入教"瓶颈,促进专业内涵建设;优化资源整合机制,实现价值增值;拓展科研和服务能力,使竞争优势最大限度延展(宣葵葵、王洪才,2018年)。高职院校产业学院发展模式是通过国有资本与其他所有制属性资本的共同加入,服务产业及其集群发展,具有独立法人资格,开展市场化治理的高职院校二级学院办学主体;这一模式也是产教融合先行先试的创新路径,是通过创新理念、思想和路径的引导,通过高职院校二级学院管理体制机制、学科专业课程、培养模式、教学管理、师资队伍建设、协同育人、科学研究和社会服务的根本性变革,促进转型发展,加快产教融合,提升高职院校办学实力的创新性活动(杨应慧,2018年)。产业学院体现了混合所有制形式,但过于依赖契约、缺乏刚性约束管理机制。杨应慧研究认为,产教融合背景下,高职院校产业学院发展存在诸多问题,包括政府政策支持力度不足、主体参与积极性不高,职责不清、治理方式不够健全,利益共赢难以达成、产业学院运作成本较高、校企合作层次的不平衡等。产教融合背景下,高职院校产业学院发展路径包括:明晰产业学院定位、均衡各方利益关系、有效降低成本、强化产业学院的协同功能、构建健全的自组织机制等。蔡瑞林、徐伟等人研究认为(2018年),校企共同体产业学院是产教深度融合的新型办学实体,培养产权具有不完全性,也是推进产业学院建设的关键所在。需要充分发挥校企共建产业学院的主导作用,建立"契约"和"非契约"混合实施策略,在培养产权的模糊界定过程中推进产教融合,对培养产权采取必要的非价格限制,审时度势界定公共领域的培养产权,才能有效提高产业学院治理水平。万伟平研究认为(2020年),产业学院作为近年来兴起的一种新型产教融合组织形态,在破解产教两张皮、促进产教系统对接等方面取得了一定成效。但在现行运行机理下,产业学院发展的共性困境表现为:缺乏独立性的法律地位,尚未建立现代化的治理结构和治理方式,运行成本高且办学效益低下,校企合作育人意识与能力不强等。鉴于此,应通过法律层面赋予产业学院独立性的法人地位,建立现代化的治理结构,优化产业学院的运行机制,构建多层次的能力提升机制,有效降低运行成本等来突破多重困境。

3. 探索混合所有制办学

混合所有制办学已成为高职教育办学模式在产教融合体制上实现突破的重要内容(林宇,2016年),2014年出台的《国务院关于加快现代职业教育发展的决定》,提出积极鼓励和支持混合所有制办学改革,不少高职院校对此进行了探索。产教融合实践平台要融实践教学、技术服务、创新创业、产业孵化于一体,选择区域标杆企业深度合作,探索建立混合所有制等具有利益关系和市场规则的平台运行机制,形成资源共建共享新生态(成军,2017年)。然而,高职院校混合所有制办学改革困境重重。彭晓兰(2018年)通过分析江西省参与混合所有制办学改革试点高职院校的实践,发现存在着参与试点院校数量少、专业覆盖面窄;合作方各类要素投入参差不齐;合作模式、合作渠道单一;治理结构以及配套制度建设欠缺等问题。并建议:通过更新改革理念,建立健全相关制度,明晰产权,确立治理结构,来推动高职混合所有制办学改革走向深入。段明、黄镇等人研究认为(2018年),全国绝大多数公办高职院校的混合所有制办学模式改革,主要停留在校企合作方式上,包括校中厂、厂中校等形式,如宁波职业技术学院成立的海天学院、杭州职业技术学院成立的达利服装学院等。公办高职院校实现混合所有制办学模式改革突破,可以利用学校经营性资产管理政策,探索公办高职院校二级学院混合所有制办学模式改革,以学校资产管理公司为产权管理人,与社会资本混合成立具有独立法人资格的混合所有制公司,对二级学院进行托管,充分利用社会资本所具有的产业资源优势与市场优势,在内生动力、公益性与营利性等层面实现突破。待时机成熟时,将该二级学院独立成为混合所有制职业技术学院,为公办高职院校混合所有制办学模式改革探索新路径。

职业院校混合所有制作为职业教育领域体制机制变革的突破口,目前无论是在理论层面、实践层面,还是制度层面都存在一定的困境(俞林、周桂瑾,2018年)。高职院校混合所有制改革是事关职业教育创新发展的重要举措,找准高职院校混合所有制的动力所在,才能更好地激发改革思路、落实改革目标(张啸宇,2018年)。俞林、周桂瑾等人从职业院校混合所有制的办学定位、发展路径及治理结构等角度进行分析,提出以深层资本关系为纽带,从办学理念、专业与课程建设、师资建设、校企合作及资源共享等方面构建职业教育混合所有制"发展共同体",进一步确保职业院校混合所有制办学的质量和效率。段明研究认为,"原发混合型"高职院校办学模式改革的动力是希望通过与国有资本合作,获取更多的资源,增强市场竞争力,如南通紫琅职业技术学院,由于江苏省教育发展投资中心的介入,使其获得事业单位法人资格。张啸宇研究认为,从实践运行角度看,国家提出的高职院校混合所有制改革并未形成地方政府的落地举措,民办教育先发地温州市原本计划在全市职教会议上印发《关于职业院校开展混合所有制办学改革的实施办法》,但因条件不成熟而搁置。尽管有苏州工业园区职业技术学院和南通理工学院等混合所有制改革的积极探索,但实践中公办高职院校还是对混合所有制改革提出了质疑。比较典型的是在2014年泰州举办的全国高职高专校长联席会议年会上,不少公办高职院校的代表对混合所有制众说纷纭、莫衷一是。高职院校混合所有制不论是作为一种显性的制度安排抑或成功的实践探索,目前都没能激发起高职院校的内在动力。张啸宇在研究中以行动者网络理论为分析工具,建构了高职院校混合所有制改革的动力模型,并在此基础上总结出三点启示,即教育领域的改革要通过构建强大的行动者网络来实现;核心行动者对异质行动者利益的整合是改革成功的关键;问题转译是构建和推进网络发展的重要环节。

(四)文献述评

梳理相关文献发现,高职产教融合研究的重点已从宏观战略转向微观策略研究,逐渐从政策设计转为政策落地,成为"双高计划"建设的具体行动研究。其中,如何通过产教融合实践平台建设来推动高水平高职院校和专业建设,探索多主体育人模式改革和现代学徒制、混合所有制办学等,已成为学界关注的热点,呈现出明显的研究趋势。

趋势一:高职"双高计划"建设中的产教融合办学更加关注"研究",要求传统校企合作内容和维度进一步深化并向"产学研合作"方向拓展,与此同时,产教融合平台建设遇到体制机制上的诸多困境,困扰产教融合平台建设的问题更加综合复杂。徐国庆研究认为(2019年),"双高计划"建设中,高职院校内涵的进一步建设不能在原有基础上继续徘徊,要用新的视角去看待常规办学基本要素,努力赋予每种要素全新内涵,在原有建设基础上把内涵建设真正推向深处。孙善学研究认为,近十年来,对于产教融合、校企合作,教育领域已经做出较多的实践探索,产教融合作为职业教育人才培养模式在院校广泛实施,院校与区域行业企业的合作关系广泛建立。然而,当前产教融合、校企合作仍处于较浅层次,企业缺乏主动性自觉性、合作模式较为松散、合作水平不高,仅凭教育部门一元驱动,很难突破当前瓶颈。以徐国庆为代表的专家学者认为,过去十多年,绝大多数高职院校把校企合作作为办学的核心要素进行建设,合作内容主要是企业为学校实践教学与学生就业提供支撑,但发展到现在,普遍感到校企合作光在"人才培养"

这一维度上再难以形成新的明显特色。有的高职院校在校企合作新内容上，尝试与企业合作进行产品和技术研发，但未形成足够规模和有影响的成果。比如，积极探索校内共建"技术服务中心"和依托大型龙头企业共建"工程技术研究中心"等高阶校企合作平台；积极探索现代学徒制、混合所有制以及产业学院办学模式，虽然探索了经验做法，但也遇到了体制、机制及操作上的诸多困境。产教融合平台作为应用型人才培养和高职院校服务区域社会的主要窗口，直接影响着学校核心竞争力及服务国家、行业、区域经济的能力。翁伟斌研究认为（2019年），职业教育产教融合平台建设面临的困境包括目标性偏差、服务内容较为薄弱、学校知识体系与行业人才诉求不协调，导致平台建设中产教供需双向对接渠道不畅通。为了促进产教融合平台建设的有序运行、健康发展，充分发挥作用，在平台建设过程中，需要更新思维，寻求体制机制等方面的突破，加强战略研究，提高管理水平，按照"统筹规划、突出重点、优化配置、深化管理"原则，充分发挥产教融合平台作为产学交互学习与协同创新"场"的作用。开展"课程制"与"项目制"相结合的创新型人才培养的产教融合教学实践，各专业以工作室为单位，以项目组为团队，推广项目研究过程、积极组织竞赛活动，以项目充实课堂教学，提升教学效果，建立产教融合教学平台。

趋势二：关于高职产教融合平台的体制与模式相结合的研究，关注重点从传统"生产性实训基地""职教集团"模式逐渐走向混合所有制（二级）产业学院模式，以及通过"产教融合集成化实践平台"的集成性、共享性体制突破而探索现代学徒制、混合所有制办学等，平台上的"学、产、研"一体化办学成为重要趋势。产教融合的主要措施是依托生产性实训平台探索现代学徒制、混合所有制办学模式，创建吸纳资本、知识、技术、管理等要素参与办学的产业学院。如何将产教融合贯穿到办学体制机制、教育目标与标准、人才培养模式与过程、教育教学评价和人才评价等各环节，是生产性实训平台建设的重点任务（孙善学，2018年）。要依托平台来创新双主体教学机制、人才互聘、应用技术研发等，包括解决谁来提供技术技能人才培养、职业教育到底教什么、如何保证学习者权益等问题的职教人才培养制度（董刚，2018年）。张艳芳、雷世平等人研究认为（2018年），混合所有制产业学院是公办高职院校利用经营性资产和社会资本合办的，具有混合所有制特征和产业服务功能，建立现代法人治理模式，实行市场化运作的二级学院或以二级学院机制运作的办学机构。国家出台混合所有制办学相关政策法规时，要考虑基于独立法人视域规划产业学院办学，效仿《民办教育促进法》对产学院采用分类管理的立法体例。朱跃东研究认为(2019年),高职混合所有制二级产业学院是深化校企合作、产教融合的重要形式,在推动职业教育改革和创新发展中发挥着关键作用。然而,在当前的实践操作中,面临着独立性不足、行政色彩浓厚、运作成本高昂等问题,需要不断加强法律建设,赋予二级产业学院独立的法人地位,建立现代化的治理结构,创新市场化的运行模式,构建多层次的能力提升机制,多措并举削减办学成本。林榕(2020年)以高职物流专业为例,分析基于"集成创新"的产教融合实训平台建设思路与路径,认为应适应现代行业发展需要,按照集成性、先进性、真实性、实用性以及经济性原则进行建设,强化技术开发、技术转让、技术咨询和技术服务,为服务企业转型升级提供技术支持,将平台服务面和受益面最大化,成为面向区域或行业的教育培训基地、技能鉴定中心、技术研发与服务平台等。提出实训平台建设要集成政校行企资源,将校企协同育人贯穿教学改革全过程,加强实训平台设施设备现代化建设、构建职业特色鲜明的实践育人体系、优化实训教师队伍,提升实训平台育人能力,提高复合型人才培养质量。

现有研究表明,高职产教融合办学和"双高计划"建设背景下,产教融合各类平台必须通过体制与模式相结合的创新而突破校企合作的深层次障碍,帮助校企合作走出困境。现有研究为本研究奠定了重要的基础,但研究还显得较为薄弱,需要进一步深入。

二、研究的主要内容

在前人研究的基础上,本书选取高职产教融合集成化实践平台为研究对象,结合"双高计划"建设中产教融合体制机制突破等目标,以"学、产、研"合作办学和混合所有制办学为切入点,提出以"共享工厂"理念和模式来设计和建设产教融合集成化实践平台,试图探索形成校企双主体育人新模式和新方案。本书中的"高职产教融合的混合所有制'共享工厂'模式",特指高职院校和企业围绕职业教育实践教学目标,以"共享工厂"理念和模式建设产教融合集成化实践平台、探索平台上的混合所有制办学,推进高水平高职院校和专业群建设,培养符合行业企业实际需要的高质量人才。

在本书中,"共享工厂"既是理念,又是模式;既是建设理念的凝练,也是实体关系的表征,它是供需链上不同利益主体以共建"工厂"为平台,通过不同方式投入和获益的共享模式。本书重点回答高职产教融合集成化实践平台"如何建、如何用、如何管"的三个基本问题：一是平台的融合发展（共建共赢）问题，如何达成利益、技术、标准、人员、制度和文化全方位融合？二是平台的综合集成（实体平台）问题，如何集实践教学、社会培训、企业真实生产和社会技术服务于一体？三是平台的跨界管理（多元主体）问题，如何完成校企、校内跨界运营治理体系的搭建？围绕以上产教融合基本问题展开研究，形成相应的内容框架。

（1）产教融合中行业企业参与职教办学的主体责任及担当研究。通过解读产教融合政策与职教20条、"双高计划"等，梳理行业企业参与职教办学的主体责任、参与方式、参与内容及实施条件，剖析行业企业参与动力不足、作用发挥不充分的深层缘由。借鉴三螺旋理论"大学—产业—政府"互动作用关系，介绍发达国家职业教育中的产学合作教育模式及企业主体责任，提出产教融合实体平台建设的混合所有制"共享工厂"模式及其相应的主体责任。

（2）混合所有制"共享工厂"模式的理念、内涵、特征研究。从高职"学、产、研"一体化办学和混合所有制办学改革入手，围绕产教融合集成化实践平台的校企双主体育人，针对"校热企冷"困境和学生就业结构性矛盾，研究混合所有制"共享工厂"模式的组织形态、主体间关系属性、核心要素和内涵特征，为下一步研究提供学理支持。

（3）混合所有制"共享工厂"模式的建设内容与运行架构研究。从产教融合的根本性体制变革要求出发，围绕"共享工厂"模式如何建设和如何运营两大问题展开理论研究，着重寻求制度突破和文化突破。一是立足办学体制多元化，研究"共享工厂"的混合所有制办学模式，围绕混合所有制改革中的核心问题展开。二是运用协同学原理和现代治理理论，研究混合所有制"共享工厂"模式的跨界治理和协同发展机制。三是根据教育教学原理，研究产教融合"共享工厂"模式的一体化培养体系，包括专业人才培养目标与方案、实践教学标准与过程、1+X证书、就业创业等。

（4）混合所有制"共享工厂"模式的构建策略与运营治理研究。着重从制度创新角度，展开混合所有制"共享工厂"模式的构建策略分析。一是从组织管理学角度，研究"共享工厂"实体平台构建方案，包括建设思路、目标任务、管理体制与架构、责权利界定等。二是运用组织生态学原理，研究"共享工厂"生态化发展策略，着重分析组织环境（外部政策和内部合作）、组织结构（管理机构、职能分工）、组织功能（人才培养、技术服务、员工培训等）。三是从企业用户角度，研究

"共享工厂"建设成效和绩效评价,探寻激发企业意愿的有效对策。试图从校长的价值领导力视角,探寻校企合作的价值共识与跨界治理思路。

(5)混合所有制"共享工厂"模式赋能"三教"改革研究。立足"双高计划"高职院校专业群建设和产教融合育人体系建设需要,分析混合所有制"共享工厂"模式促进专业群"三教"改革的优势,提出教师、教材、教法等改革的路径设计与操作方法。以"双高计划"建设目标为背景,总结常州国家高职改革试验园区内的常州机电职业技术学院与行业企业共建"共享工厂"的实践做法,试图形成可供借鉴的理论模型和操作范本。

三、研究方法与设计

(一)研究的主要方法

1. 文献法

通过文献资料检索和参加学术会议等,广泛了解世界职业教育产教融合的典型经验和成功做法,梳理国内产学融合、校企合作政策和研究成果,高职院校开展的实践探索情况,产教融合平台建设的体制、模式、机制等困境障碍,汲取混合所有制改革等研究成果,为开展本研究拓宽视野和借鉴思路。

2. 对比法

对比德国、新加坡、英国和澳大利亚等国职业教育模式的产教融合相关内容,分析职教中企业主体责任的界定落实及产教融合模式机制等;对比国际产学合作教育、"工程标准2000"和"欧洲工程师"认证计划的相关能力标准,研究依托大学科技园、产学研联盟、生产性实训平台等实现产教深度融合的前沿做法,以及高校校办企业(科技型企业)改制的经验教训,为本研究提供参考借鉴。

3. 访谈法

通过访谈教育行政机构和高职院校相关领导,高职院校二级学院院长、产教合作机构管理者等,了解高职产教融合地方实践的政策思路、重点突破,以及院校层面实践的难点、痛点、堵点,听取相应的改革诉求和建议思路。

4. 案例法

以常州机电职业技术学院"双高计划"建设为案例,跟踪了解该校"共享工厂"建设情况,分析其构建策略、运行机制及育人成效等,为政府决策和高职院校实践提供参考和启发。

(二)研究思路与过程

对照《国家职业教育改革实施方案》,以高职产教融合实践平台为研究对象,围绕解决"融合发展""综合集成""跨界管理"三大难题,借鉴三螺旋理论"大学—产业—政府"互动关系,分析企业参与职教办学的主体责任及意愿不强的深层缘由;通过研究混合所有制"共享工厂"模式内涵及建设内容,形成"共享工厂"构建方案和实践教学等制度范本,探寻职业教育"双主体"育人和混合所有制办学的基本规律,为高水平高职院校和专业建设提供思路借鉴,为教育行政部门和高职院校决策提供咨询参考。

本研究的重点内容:第一,梳理产教融合政策和体制机制变革的路径与模式,探索依托产教融合集成化实践平台推进混合所有制办学的对策思路。第二,梳理高职院校混合所有制办学现状和职业教育中企业责任不到位的突出问题,厘清问题之间的逻辑关系,从学理上解析混合所有制"共享工厂"模式架构,形成产教融合工厂式、集成化、共享性的平台模式。第三,探究混合所有制"共享工厂"模式的市场化运营与绩效评价、约束机制等。难点是解答如何融合发展、如何综合集成、如何跨界管理三个问题:即融合发展(共建共赢)上,如何达成利益、技术、标准、人员、制度和文化全方位融合;综合集成(实体平台)上,如何集实践教学、社会培训、企业真实生产和社会技术服务于一体;跨界管理(多元主体)上,如何完成校企、校内跨界运营治理体系的搭建。

本研究的基本观点:目前,职业教育产教融合的主要症结是企业参与职教的主体责任不明确、不到位,企业直接参与高职院校人才培养的积极性不高,因此,非常有必要梳理研究企业责任及担当问题,厘清问题之间的逻辑关系,寻找企业动力,为推动企业积极参与职业教育提供学理支持。高职院校与行业企业共建产教融合实践平台的深层次问题是解决校企合作体制和长效机制问题,当前最为迫切的是探索体制与模式紧密结合的平台创新,而在混合所有制"共享工厂"平台上实施共同育人、合作研究、共建机构、共享资源等合作活动,可以在体制层面保障企业主体责任和办学权益,推进企业落实主体作用和办学积极性,可以从源头上实现高职人才培养"供"与"需"双向衔接,创新产教融合的组织形态和服务供给多元化。混合所有制"共享工厂"模式的创新,必须在建设理念、办学形态架构、运营治理、育人体系建设等方面呈现出突破传统的新做法和新成效,重点是制度突破和文化突破,关键是将创新真正落实到高职"三教"改革之中,体现在教师能力与学生能力的双提高上。

本书的主要创新之处:一是研究内容的创新。针对高职教育产教融合的"校热企冷"困境,紧扣"双主体""集成化""融合发展"关键词,通过"共享工厂"模式研究高职产教融合实践平台构建和运行问题,进而探索平台上的混合所有制办学改革,助推企业真正融入职教人才培养全过程。二是研究视角的创新。从经济学投资成本与收益比较视角,分析企业参与办学的内驱力与利益目标;从企业社会责任角度,研究企业参与办学的动机、方式和程度;从组织生态学和协同学视角,研究"共享工厂"模式的管理创新、文化认同与绩效提升,探索解决校企利益基础与目标、主体责任与边界、合作内容与方式等现实问题。通过跨学科研究,探寻混合所有制"共享工厂"模式的存在机理和运行规律。三是实践操作的创新。围绕混合所有制"共享工厂"模式实际运行中的"成本与收益""教学与生产""运营与约束"等核心问题,系统分析企业参与办学的内驱力、方式程度、利益目标与风险担忧,形成"共享工厂"运行模式和实践操作的范本;同时针对平台跨界管理、长效机制、绩效评价等难题,提出解决思路或对策。

四、本书的逻辑结构

本书的主要内容包括六个部分(第二至七章),其逻辑结构如下。

1. 理论基础与体制机制变革

高职产教融合的本质是在产业活动与教育活动之间,在学校育人主体与企业育人主体之间建立沟通顺畅、信息对称、利益协调的协同合作关系和行动网络。第二章从六种理论的阐释入手,分析这些理论对高职产教融合、校企合作关系和校企命运共同体、"共享工厂"建设原理等所作出的解释。

第一,三螺旋理论的要旨是大学、产业与政府三种机构之间的流动,都表现出另外两种机构的一些能力,但同时仍保留原有的身份和独特作用。三者之间通过持续的联系和合作,支持其他螺旋产生新的创新,从制度调整、演化机制和大学变革三个维度分析得出三螺旋理论的最大贡献,即大学(创业型大学)在国家创新中扮演更加突出的角色，基础研究、应用研究与技术开发升级活动之间的界线越来越模糊，使得大学与企业、科研院所一起从事技术的研发、孵化与应用，并将这些成果投入到实际的经济生产活动中去。高职产教融合的"学、产、研"三大系统和机构之间的合作关系也呈现出三螺旋模型。

第二，系统协同理论解释了远离平衡态的开放系统，在与外界有物质或能量交换的情况下，如何通过自己内部子系统之间的协同作用，自发地出现时间、空间和功能上的有序结构，从而实现整体系统和子系统的目标。系统协同理论描述各种系统和现象中从无序到有序转变的共同规律，从协同效应、伺服原理、自组织原理三个方面解释了学校与企业、科研院所之间的协同合作现象，实质是提倡在普遍作用机制支配下有序地、自组织地、有效地集体化运行，包括产教融合平台作为开放系统的有序运行、产生整体协同效应，以及平台上各个子系统通过自组织运行，形成新的宏观运行结构，达到平台的整体平衡状态。

第三，现代治理理论解释了利益相关者通过正式契约所构成的组织模式中的权力关系安排，强调治理结构网络化、治理工具市场化和价值取向民主化，为产教融合实践平台上学校与企业、科研院所之间网络关系的跨界建构、权力关系的运行与制衡协调、平台运营管理与育人总目标的有效达成，提供了切实可行的参考途径。现代治理理论提倡不同性质组织之间的跨界多边合作，强调合作的契约性、平等性、关系性和共享性，通过责权利对等和信息对称等有效治理，从合作伙伴中获取自身难以通过交易获取的关键性资源，以实现合作组织之间的资源共享、资源互补。公司治理理论和价值链治理理论同样对"共享工厂"模式的治理、运营、形成价值共识等有重要参考作用。

第四，共生理论揭示了社会共生系统的目的性、整体性、开放性、自组织性等基本特征，以及共生单元、共生环境、共生关系的形成路径，强调个体通过与自然、与文化、与社会，以及与自身的共处而自然地协调各种关系，这为探寻产教融合实践平台上产学研合作教育的内在合作机理和校企合作命运共同体形成路径及模式，提供新的研究视角。

第五，生命周期理论描述了生命体的基本成长轨迹和周期性现象，解释了从出生、成长、壮大到衰退、消亡整个生命阶段及其决定机制，强调生命体在不同发展阶段的角色、功能和模式特征，这为学产研合作组织、混合所有制"共享工厂"认识自身合作活动的发展阶段、个体角色与位置关系，确定当前阶段的合作模式与决定机制等奠定合作的心理基础。

第六,共享经济理论从"供应方与需求方""互联网技术平台""信任机制"三个层面描述共享经济形成的因素与模式,解释共享主体背后的动机,通过资源配置机制实现协作共享和降低成本。共享经济是基于技术手段提升闲置资源利用效率的新范式,以平台化、高效化、开放性和分布式作为特征,整合多种要素及资源配置机制,已成为一种盘活存量、提升效率和增进服务的重要举措。共享经济形成的关键是制度供给,它是产权领域的一场变革,租赁合约取代买卖合约,从人格化交换到非人格化交换的转变。高职混合所有制"共享工厂"模式就是要依据共享经济理论进行产教融合平台的共享性创新建设。

以上六种理论强调了高职产教融合、校企合作育人的实质是"资源"的流动与互动、共享与互补,决定合作成败的关键是教育要素资源能否从企业、科研院所流动到学校,能否通过有效治理实现资金、人才、管理、文化等要素在合作体内部不同组织之间的跨界流动和循环输出。在梳理了高职产教融合办学的理论基础之后,该章从实践层面分析了产教融合体制机制变革路径与模式,以及高职院校混合所有制办学政策指向。从工程技术技能人才成长和培养的基本规律出发,梳理了高等教育产教融合的基本路径、模式和高职产教融合的国际国内典型模式、高职产教融合的国家政策和混合所有制办学的区域试点政策,提出在高职产教融合实践平台上探索体制与模式双重变革路径,即在模式变革上,尝试"学、产、研"一体化办学的模式思路;在体制变革上,尝试混合所有制办学的体制变革思路,通过双重变革推进高职产教融合办学质量的提升。

2. 高职院校混合所有制办学

第三章首先运用经济领域国有企业混合所有制改革研究成果,进一步厘清教育领域混合所有制办学的基本概念,从实践层面阐述目前高职院校混合所有制办学的现状和典型模式。进而,通过分析公办高职院校混合所有制办学改革中遇到的现实问题,剖析这些问题属于混合所有制改革哪个层面、何种性质的问题,借鉴高校校办企业和科技型企业改制的经验教训,提出"学、产、研"一体化培养与混合所有制平台建设相结合的育人思路。通过分析制约产教融合和校企合作的主要障碍,产业集群和专业集群化发展趋势,引出高职产教融合集成化实践平台上"学、产、研"一体化办学的三螺旋关系,以及产教融合集成共享平台的"双重融合"优势。在此基础上,阐述依托平台探索混合所有制办学的基本思路。

高职探索混合所有制办学涉及公有资本产权开放、共生体跨界治理、准市场化运营和合法性等问题，该章通过梳理混合所有制改革困境、问题及性质，结合"双高计划"建设的项目背景，提出高职产教融合集成共享平台上的混合所有制"共享工厂"办学模式。其中，通过解析"学、产、研"一体化办学中三螺旋互动的特征和效应，为下文混合所有制"共享工厂"模式的办学架构、建设与运营等做出理论铺垫。理想的"学、产、研"三螺旋互动关系应当表现出：三个独立主体之间的共存合作，具有稳定的空间组合格局及形态模式，每个主体的作用力、影响力不断交替变化，能体现彼此的需求共振与利益嵌入，能形成明显的合作依存效应、协同共享效应和溢出共赢效应。

3."共享工厂"模式的核心要素与办学架构

第四至七章是本书的重点内容。高职"双高计划"建设的主要抓手是高端产教融合集成化实践平台，重点任务是破解产教融合体制机制问题，强化企业重要主体作用。该章首先从高职产教融合的企业主体责任入手，分析企业参与职教办学属于社会责任考虑，根本动因是有助于实现企业"利润"，企业"协办主体"身份意味着承担履行"协办责任"。从技术、制度和文化三个层面透析产教融合中企业参与动力不足的障碍与缘由，探寻产教融合的性质与特征，提出探索混合所有制"共享工厂"模式以推进产教融合实践平台体制机制变革，从而破解"校热企冷"的合作困境。

接着，该章阐述混合所有制"共享工厂"模式的概念、内涵、建设理念、核心要素及特征，包括混合所有制"共享工厂"模式的育人本质功能。"共享工厂"在办学体制、投资体制和管理体制上进行混合所有制模式架构，坚持"发展目标的公益性原则，开放性与共享性的统一，以协同文化为价值认同，回归立德树人教育本质"基本理念，具有工厂式组织形态、集成化组织运行和共生性组织发展三大核心要素。

该章论述的重点内容是提出混合所有制"共享工厂"模式的组织形态架构，包括办学模式"1＋N"架构、办学实体形态架构、办学意识形态架构。高职混合所有制"共享工厂"模式是学校公有资本与企业非公有资本合作共建的产教融合实践平台，形成"1＋N"共生体的混合所有制办学模式。混合所有制"共享工厂"模式在所有制上是公有制为主体、非公有制参与的（政府或行业）办学体制。在投资体制上，主要由学校公有（国有）资本和企业非公有资本共同投资建设，投资主体在宏观层面上是公办学校和非国有企业，微观层面上可能还包括私人（允许社会私人资本投资）。在管理体制上，由不同资本代表组成决策机构和监督机构,参照现代企业制度前提下的董事会制度,按出资多少分配表决权,保障公有资本和非公有资本的安全和权利平等。

4. "共享工厂"模式的制度突破与文化突破

第五章着重从"以学为体,产研为用"的生成性思维出发,论述了混合所有制"共享工厂"建设的哲学思维体验,分析该模式的制度突破和文化突破。一切模式、制度、文化的构建都来自人的思维,并反映构建者的思维结构与方式、思维层次与哲学修养。混合所有制"共享工厂"模式的哲学思维主要体现在生成性思维的模式架构、意象思维的"形合"与"意合"统一、社会哲学思维的基本制度构建、教育实践思维的育人形态构建和生命哲学的生态发展观五个方面。制度突破方面主要包括:产权开放、界定与平等保护制度的突破创新,共生体"1+N"跨界运营治理制度的突破创新,"学"为轴心的学产研协同合作制度的突破创新。制度系统主要包括基本制度和派生制度,其中基本制度决定性质和形态,派生制度指向行为规则,对基本制度内涵具体如何操作进行规定。混合所有制"共享工厂"模式基本制度的核心任务是决定所有制、产权归属以及产权运作收益的分配规则;派生制度的核心任务是决定学校和企业活动的共同方式和分工合作,以及如何共享使用资源、介入实践教育教学环节的规则。制度运行的客观效果终将固化为文化,文化是模式和制度结合的最高形态。文化突破方面,主要论述了"共享工厂"要从制度创新向文化创新进阶,提出混合所有制"共享工厂"模式培育的是"协同文化",论述"共享工厂"协同文化的内涵及如何培育,提出"共享工厂"模式办学的社会责任与文化引领。"共享工厂"新模式与新制度结合的最高形态便是形成与之相适应的新文化,一种有利于学产研协同合作、包容共生的协同文化。

研究高职产教融合的混合所有制"共享工厂"模式,需要跳出教育学和管理学范畴,借助哲学思维、生态学原理等相关启示,解释"共享工厂"模式的共生现象和文化心理,形成"共享工厂"建设特有的思维范式和文化属性。"共享工厂"模式的理论构建与实践运行,是一种超越原有思维局限而更注重关系与过程的新思维突破,是一种更高层次更加丰富的职业教育办学的哲学思维体验。公办高职混合所有制办学改革的重心是体制模式的转换,就是办学体制结构、不同文化属性和思维模式综合转变的过程。混合所有制"共享工厂"模式的综合创新能否获得社会认可,关键是能否从新制度、新文化和新思维等层面突破原有办学束缚,创造出属于自己的模式特性。

5. "共享工厂"模式的入股运营与跨界治理

第六章着重从实践层面阐述混合所有制"共享工厂"模式的产教融合平台"如何用、如何管"问题,以及校长如何以价值引领"共享工厂"治理、实现"学为轴心"地位问题。在混合所有制"共享工厂"模式的入股运营与绩效方面,主要包括四个部分的内容:不同性质资本的产权结构、股份制下的公司治理结构、公有非公有资本的权益与效能、学产研集成共享的目标与绩效。股份制、混合所有制改革是产教融合体制突破的有效途径,高职混合所有制"共享工厂"模式根据不同性质资本产权结构形成股份制下的"1+N"跨界治理体系,要从成本与收益出发,考察教育投资的合理回报问题,厘清入股运营的目标、任务与绩效。混合所有制"共享工厂"运营的目标是保障公有资本和非公有资本的股东权益,围绕"学"之轴心展开"学、产、研"集成共享,促进"1+N"共生体生态平衡。运营任务是促进"多元主体育人体系、N个体自组织网络系统、学产研协同合作系统"的有序有效运行,以及促进"制度→执行→治理"系统性达成。运营绩效主要体现在"学、产、研"三方面的边际收益递增,以及1+1+1＞3的协同效应。

在混合所有制"共享工厂"模式内部跨界治理方面,主要围绕四部分内容进行论述:内部权力关系与权力规则、内部跨界治理的重点突破、内部跨界治理的价值选择、内部跨界治理的制度生成。混合所有制"共享工厂"体制架构使内部治理的权力规则具有跨界性、多元性、关系性和契约性特点,内部治理是学校和企业之间的跨界认同与共同治理。要抓取"1+N"校企合作问题因素和跨界治理核心要素,以校企合作共同利益与价值共识为基点,按整体性制度创新"确定元制度→决定基本原则性制度→派生具体操作性制度→生成其他新制度"的基本思路,寻求治理结构、治理机制和治理模式的新制度生成,促进"共享工厂"的集成共享与有效治理。该章进一步阐述了处于轴心地位的学校,"学"之轴心地位如何通过校长价值领导力来实现,促进"共享工厂"形成"以学为体,产研为用"功能格局和"学为轴心,产研为翼"角色位置关系,共同维系共生体生态平衡。提出校长的价值领导力着重体现在:引领把握企业参与办学的责任边界及程度,引领解决共生体核心问题与主要矛盾,引领从供应链和价值链视角提高治理效能,促进企业真正参与人才培养全过程。校长是学校的灵魂人物,是"共享工厂"建设的主导者和顶层设计者,要通过价值领导力从外围有意识地影响"1+N"校企内部跨界治理,处理好"大学校"与"共享工厂"之间体制、业务、文化等层面纵横复杂的关系。

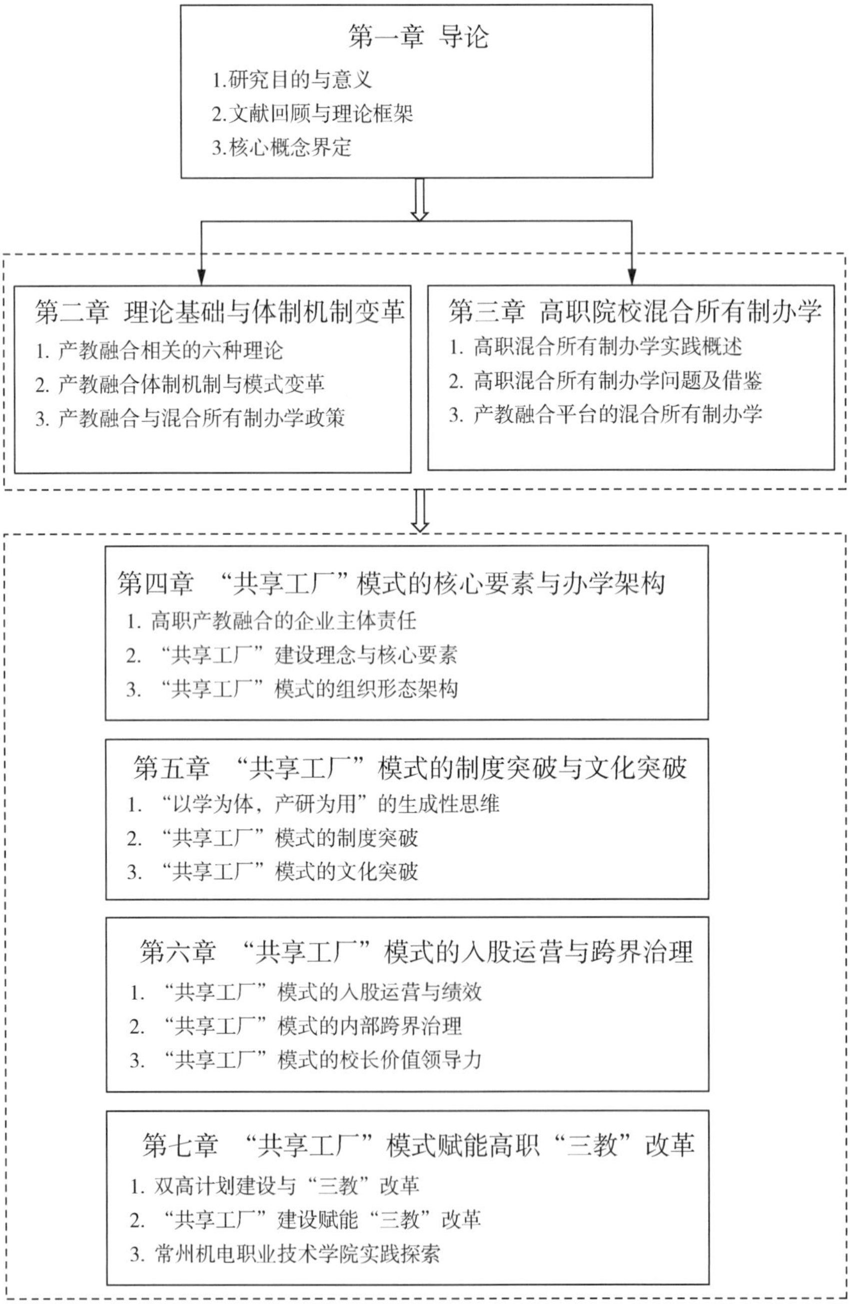

```
┌─────────────────────────────────┐
│        第一章 导论               │
│  1. 研究目的与意义               │
│  2. 文献回顾与理论框架           │
│  3. 核心概念界定                 │
└─────────────────────────────────┘

┌──────────────────────────┐  ┌──────────────────────────┐
│ 第二章 理论基础与体制机制变革 │  │ 第三章 高职院校混合所有制办学 │
│ 1. 产教融合相关的六种理论    │  │ 1. 高职混合所有制办学实践概述 │
│ 2. 产教融合体制机制与模式变革 │  │ 2. 高职混合所有制办学问题及借鉴│
│ 3. 产教融合与混合所有制办学政策│  │ 3. 产教融合平台的混合所有制办学│
└──────────────────────────┘  └──────────────────────────┘

┌─────────────────────────────────────────────┐
│   第四章 "共享工厂"模式的核心要素与办学架构    │
│   1. 高职产教融合的企业主体责任               │
│   2. "共享工厂"建设理念与核心要素             │
│   3. "共享工厂"模式的组织形态架构             │
└─────────────────────────────────────────────┘

┌─────────────────────────────────────────────┐
│   第五章 "共享工厂"模式的制度突破与文化突破    │
│   1. "以学为体,产研为用"的生成性思维          │
│   2. "共享工厂"模式的制度突破                │
│   3. "共享工厂"模式的文化突破                │
└─────────────────────────────────────────────┘

┌─────────────────────────────────────────────┐
│   第六章 "共享工厂"模式的入股运营与跨界治理    │
│   1. "共享工厂"模式的入股运营与绩效           │
│   2. "共享工厂"模式的内部跨界治理             │
│   3. "共享工厂"模式的校长价值领导力           │
└─────────────────────────────────────────────┘

┌─────────────────────────────────────────────┐
│   第七章 "共享工厂"模式赋能高职"三教"改革     │
│   1. 双高计划建设与"三教"改革                │
│   2. "共享工厂"建设赋能"三教"改革            │
│   3. 常州机电职业技术学院实践探索             │
└─────────────────────────────────────────────┘
```

图 1-1　篇章结构的逻辑示意图

6. "共享工厂"模式赋能高职"三教"改革

第七章着重论述混合所有制"共享工厂"模式如何赋能高职院校"三教"改革，介绍了常州机电职业技术学院对"共享工厂"模式的实践探索，梳理建设情况和成果成效。该章主要从国家"双高计划"建设项目和"三教"改革相关政策入手，分析当前"双高计划"建设和"三教"改革面临的实际问题，阐述依托产教融合"共享工厂"平台进行"三教"改革的优势、效应与路径措施。混合所有制"共享工厂"模式在促进"三教"改革上具有体制性优势，能够赋能改革全过程、催生改革新机制、生成改革新成果。在"共享工厂"如何赋能"三教"全过程方面，主要包括以下内容：能够承载"三教"改革整体目标，统筹综合集成，提供资源内外禀赋。在"共享工厂"如何生成新机制方面，主要包括以下内容：促进"三教"之间整体、联动、融合运行，促进校企合作机制创新，产生成果导向的"双高计划"平台效应。在"共享工厂"如何催生新成果方面，主要包括以下内容：通过"产、研"联动，带动教师双师型能力突破；通过"书、证"融通，带动新形态教材研制开发；通过生产研发任务与教学任务嵌入运行，带动模块化教学创新。接着，该章总结常州机电职业技术学院的实践探索，以该校"双高计划"建设任务为背景，主要包括以下内容：智能制造专业集群"共享工厂"平台概述，"共享工厂"模式解决的教学问题及方法路径，"共享工厂"建设的成果成效及平台效应，等等。

第三节　核心概念界定

一、高职产教融合办学

产教融合即产业界与教育界的深度合作、交叉融合。高职产教融合办学就是高职院校为提高其人才培养质量而与行业企业开展的深度合作，校企双方围绕专业人才培养目标，通过校企之间的资金、技术、人才、管理等众要素交叉合作，对办学资源进行共建共享和优化配置，实现人才培养质量水平能够适应行业企业的实际需求。具体地讲，就是高职院校根据所设专业（群）建设目标和运行规律,把专业(群)所面向的相关产业对人才质量的具体要求融入专业教学的各项活动中去,使产业要素与教育要素交叉融合,在人才培养、科学研究、社会服务等领域与行业企业相互支持、相互配合、相互促进,形成学校与企业深度融合的办学模式。高职产教融合的优势是高职教育人才培养更具针对性和时效性,培养的人才能够满足产业发展的动态需要,更好地支撑和服务产业发展。产业发展与教育教学由结合、合作走向融合,是我国近年来科技发展和产业升级对高端技术技能人才培养的新要求。

产教融合与校企合作是职业教育的基本办学模式,也是建设知识型、技能型、创新型劳动者大军,完善现代职业教育制度的关键所在。王丹中(2014 年)从高职教育产学研结合的相关概念入手,分别从基点、形态、本质三个角度阐释了产教融合的内涵,认为产教融合的本质在于"再社会化",院校制度与企业制度的融合,技术价值与产业价值的融合,创业与就业的融合,学院文化与企业(工业)文化的融合。产教融合的基点在于"着落区域",高职院校人才培养必须服务学校所处的地方经济和地方产业。产教融合的形态在于"随需而生",空间布局上是产学研结合,空间形态呈现"园—校"融合或要素融合特征。前者形成政府、行业、企业为一体的空间合一的"园—校"融合办学模式,如科技园和创意园;后者把企业研发中心、教师办公室、生产实训室、产品设计制作中心、展示中心等集成在一个空间,把产品价值链若干环节的技术开发集成在一个空间,把实训室和实体企业集成在一个空间,要素融合将逐渐成为产教融合常态模式。从载体形式看,以政(官)、行(产)、企、校不同主体需求为契合点,形成多模式的合作载体,包括"企+校"模式、"行+校"模式、"行+企+校"模式、"政+校"模式、"政+企+校"模式、"政+行+企+校"模式。

党的十九大对职业教育深化产教融合提出明确要求。2017 年,国务院办公厅印发《关于深化产教融合的若干意见》,将产教融合上升为国家教育改革和人才资源开发的基本制度安排。马树超等人研究认为(2018 年),从中国高职教育 20 年大发展看,坚持产教融合是高职教育发展壮大的关键所在。高职院校坚持与产业、行业、企业之间合作共建、互通互融,努力将代表产业发展趋势的先进元素融入人才培养过程,将产业先进技术、先进工艺、企业优秀文化融入教育教学过程,在建设双师型教学团队、生产实训基地、形成办学特色、创新人才培养模式、服务地方经济和产业发展方面取得明显成效。近年来,高职院校开始注重将产业先进技术与工艺融入专业建设与课程建设,提升人才培养能力和服务贡献能力。比如,南京信息职业技术学院创新"UPD合作模式",与技术链上游企业群(Upstream firms)共建公共技术服务平台(Platform),将生产标准、技术标准融入教学大纲和课程内容,推进产业先进技术元素深度融入人才培养过程,为技术链下游企业群(Downstream firms)提供技术服务和人才支撑。深圳职业技术学院通信技术类专业与华为公司开展深度合作,将华为面向在职工程师的认证融入教学,课程开发与证书认证互促互进,形成技术技能人才"课证共生共长"模式。当前,产教融合办学是国家职业教育改革实施方案的主线,也是国家"双高计划"建设的基本原则,将成为中国特色职业教育发展模式的内涵底色。

二、产业(企业)集群与专业集群

1. 产业集群及其发展特征

"产业集群"概念来源于产业经济学,根据暨南国际大学国际企业学系课题组研究(2011年),当某一特定产业的上、中、下游发展,有着地域性或体质依赖的关联倾向,而逐渐演化成具有经济效率的互动合作关系,而企业彼此之间也存在着高度竞争却又相互依赖、互利共享的关系时,就形成了产业集群的潜在条件。当企业之间形成地域性集群,其产业便在内在动力下进行自我发展、重新建构与弹性调整,大幅提升整体产业的竞争力。集群效益已经被全球经济学家公认为是驱动产业发展最有效率的模式。严含、葛伟民等人研究认为(2017年),"产业集群"不同于"产业集聚",两个概念既有联系又有区别。产业集聚是指同一产业在某个特定地理区域内高度集中,它的资本要素在空间范围内不断集中的一个汇聚过程,一般是指同类企业集中在特定区域范围内的一种呈现状态。产业集群则是指在特定区域中具有竞争与合作关系且在地理空间上集中,有交互关联性的企业、专业化供应商、服务供应商、金融机构、相关产业的厂商及其他相关机构等组成的关系性群体。产业集群还包括由于延伸而涉及的销售渠道、顾客、辅助产品制造商、专业化基础设施供应商等,政府及其他提供专业化培训、信息、研究开发、标准制定等的机构。产业集聚必然导致产业集群。产业集群有以下几个方面特征:第一,一定范围地理区域内有大量企业,并且大部分企业基本围绕统一产业或紧密相关产业而从事产品开发、生产和销售等经营活动。第二,产业内部的企业之间,具有一个或几个显著的产业特征作为联结,企业之间实行纵横各类专业分工,围绕产业链出现一些服务性机构和行业组织等。第三,通过集群成员之间供需关系的连接,实现上、中、下游产品关系,形成整个集群的成本优势。第四,产业内部的企业个体大部分属于规模不大的中小企业,但整个集群具有显著的规模优势和较高市场占有率。第五,集群产品销售具有较强的市场渗透力,部分集群在发展过程中形成了技术创新系统和与地区专业市场互动发展的局面。第六,集群企业具有明显的学习效应,一个企业的成功往往带动大批具有分工合作关系的企业向其学习。第七,大型集群区会出现品牌效应和品牌运作模式,出现空间扩散的"星团型"分布模式。第八,网络经济发展以后,会出现品牌效应和运作模式基础上的虚拟产业集聚区和集群区,出现平台型的产业集群。不同产业集群的纵深程度和复杂性相异,代表着介于市场和等级制之间的一种新的空间经济组织形式。

2. 专业集群及其发展要求

产业(企业)集群发展有带动高职教育专业集群化发展的可能趋势,专业集群既是一种专业组织形态,又是一种专业发展思维和发展模式。高职专业集群是在某个特定区域,高职院校群落以所在区域内支柱产业集群、优势主导产业为服务对象,紧扣所在区域产业集群经济发展,实现院校专业之间的竞争互补、资源共享、集约发展。赵昕、张峰等人研究认为(2013年),基于产业集群的职业教育专业集群是指在某个特定区域中所形成的相关专业与专业群在空间上的集聚,实现人才培养培训的规模化与集约化,推动区域职业教育一体化协调发展和提升竞争力。专业集群的特征主要体现为区域性、统筹性、集约性和适应性,主要建设内容包括专业结构与布局的优化调整、品牌专业建设、公共实训基地建设及区域职业教育集团建设等。"专业集群"概念首次在官方文件出现是2015年教育部、国家发展改革委、财政部《关于引导部分地方普通本科高校向应用型转变的指导意见》(教发〔2015〕7号文),文件在"转型发展的主要任务"部分第三条提出:"建立行业企业合作发展平台。建立学校、地方、行业、企业和社区共同参与的合作办学、合作治理机制。校企合作的专业集群实现全覆盖。"第四条提出:"建立紧密对接产业链、创新链的专业体系。按需重组人才培养结构和流程,围绕产业链、创新链调整专业设置,形成特色专业集群。"顾永安研究认为(2016、2021年),专业集群是对应产业集群上同一产业链、创新链的岗位(群)需求,按照群落状建设的原则,以与主干学科关联度高的核心专业为龙头,充分融合若干个学科基础、工程对象与技术领域相同或相近的、具有内在关联的若干专业的有机集合。应用本科专业集群具有亲产业性和学科支撑性两个基本特征,有四种建设模式:对接产业链(集群)的"以链建群"模式,围绕核心专业的"以核建群"模式,依托二级学院的"以院建群"模式,基于办学特色的"以特建群"模式。魏明研究认为(2021年),产业集群在演变的不同阶段产生了对专业性人力资源和特色专业建设的需求,成为职业教育专业集群建设的服务对象和基础依据。职业教育专业集群为产业集群提供相应知识和技术等要素支持,根据不同要素组合形成区域内跨院校的一系列相关专业间的相互作用联系的专业综合体,具有依存性、区域性、动态性等基本特点。产业集群内本地企业间的竞争会产生扩散效应,产业集群所形成的供应、技术和环境条件会促使政府、教育机构、企业和个人对生产要素投入更多,如政府投资建立技术学院或培训中心,联合成立研发机构,与当地学校、研究机构等建立关系,带动学校开设专业和课程,以促进专业化人力资源的形成以及满足企业研发的外部化。因此,高职院校应根据集群组织特点和具体需求,形成合理的专业地域、类型和层级结构,建立共享型、异质化的专业集群体系,通过产业内职业分析方法探索具体化的专业设置方向,切实提高专业服务产业的能力。

三、高职"学、产、研"一体化办学

高职"学、产、研"一体化办学由"产学研结合""产学研合作"演化而来,指高职教育办学主体根据技术应用型人才培养规律和目标要求,在一定空间内建立学校与企业、科研院所之间的合作联盟,依托产教融合实践平台的体制机制优势,在特定平台上集聚、整合人才培养所必须的教育要素资源、生产要素资源和研究要素资源,通过契约式、关系型的跨界治理和网络化、自组织运行,促进各方主体之间的资源共享、任务嵌入、能力互补、协同合作,形成"学、产、研"一体化的办学形态(育人模式)。高职"学、产、研"一体化办学,主要是针对技术技能型人才培养中企业生产型资源和研发型资源不足、分布离散问题,以及产教融合、校企合作体制机制不活问题,在借鉴国内外应用型本科人才培养经验的基础上,基于"双高计划"建设目标而提出的新型产教融合办学思路。高职"学、产、研"一体化办学由三种不同的育人元素构成,强调三种元素的一体化建设、一体化运行、一体化管理,强调"以学为体,产研为用"的功能关系和"学为轴心,产研为翼"的角色关系。"学、产、研"一体化办学思路可以消除校企合作的时间、空间、实体平台的物理性限制,有助于在产教融合平台上推进体制、机制层面的突破,有助于探索平台上的混合所有制办学、现代学徒制等改革,有助于推行1+X证书制度和深化"三教"改革。鉴于此,原来我们习惯的"产、学、研"使用顺序,在本书相关章节中统一表述为"学、产、研"的顺序,以突出"以学为体,产研为用"和"学为轴心,产研为翼"的基本研究思路。

四、混合所有制与高职混合所有制办学

1. 混合所有制

混合所有制是经济学领域关于国有企业改革的概念。刘崇献研究认为(2014年),"所有制"是传统政治经济学比较强调的一个概念,偏重于宏观层面,即生产资料归谁所有的问题,典型的所有制包括公有制和私有制两种。所有制问题在西方经济学中一般称为"产权",偏重于微观层面。可见,混合所有制概念也具有宏观和微观两个层面的含义,宏观层面是指公有制和私有制的并存,微观层面是指企业的产权结构和资本构成中不仅包括公有资本也包括私有资本或国外资本。国企改革是贯彻混合所有制改革的重点领域,国有资本、民营资本、外资等不同所有制资本,通过联合新建、增资扩股、公开上市、股份或资产转让、员工持股等方式,可形成各类混合所有制企业。党的十八届三中全会通过《中共中央关于全面深化改革若干重大问题的决定》,第一次明确提出"积极发展混合所有制经济"的改革新思路,成为党中央经济改革的重大举措之一。《决定》提出了通过"国有资本、集体资本、非公有资本等交叉持股、相互融合"以及"实行企业员工持股,形成资本所有者和劳动者利益共同体"的混合所有制经济发展方式。根据邱海平的研究(2014年),这项重大改革的背景和目的主要在于:从宏观上来看,2008年国际金融危机的爆发,使中国经济发展的外部环境变得更加艰难,国有企业和非公有制企业都面临着新的挑战和困难。从微观上来看,一方面,国有企业在某些方面存在垄断现象,大部分国有企业的经营机制不能完全适应市场经济环境要求,迫切需要提高管理效率;另一方面,非公有制经济存在家族化色彩浓、治理结构不科学、持续发展能力弱、经营领域受限制等各方面问题。通过

积极发展混合所有制,进一步改善国有企业和非公有制企业的治理结构和提升经营管理能力,目的和意义在于实现"国有资本放大功能、保值增值、提高竞争力"和"各种所有制资本取长补短、相互促进、共同发展"。从近年来的实践运行来看,混合所有制经济对国有企业改革的深化、资源配置效率的提高、企业竞争力的增强起到了重要作用。

2. 高职混合所有制办学

高职院校混合所有制办学改革是深入推进高职办学模式和体制机制创新,落实深化产教融合、校企合作的重要载体,发展混合所有制职业院校是职业教育盘活教育资源、深化产教融合办学的有效路径,也是当前职业教育改革和发展的难题。2014年5月颁布的《国务院关于加快发展现代职业教育的决定》,首次将经济领域的混合所有制概念引入职业教育领域,明确提出"探索发展股份制、混合所有制职业院校"的办学体制机制改革要求。2019年,《国家职业教育改革实施方案》提出"鼓励发展股份制、混合所有制等职业院校和各类职业培训机构",职业教育混合所有制改革便成为职教界研究的热点和重点,也成为高职院校探索办学体制机制创新的重要实现途径。研究发现,高职院校混合所有制办学的逻辑起点是破解"深化产教融合、校企合作"的体制机制障碍,如何通过政策保障、多方协同、搭建平台、创新模式,如何落实"推进行业企业全过程参与职业教育"和"探索行业企业参与的职业院校治理结构,积极探索实行理(董)事会决策议事制度和监督制度",是混合所有制办学的重点领域。朱跃东、何凤梅、李玮炜等人研究认为(2019年),我国高职混合所有制办学改革可以分为以二级产业学院为典型的"小混合"模式和以学校整体为典型的"大混合"模式,而这两种模式在当前都面临一定阻力和障碍,主要聚焦于思想观念转变难、政策落地实施难、短期利益兑现难、国有资产评估与风险管控难、产权融合难等方面。王志兵研究认为(2019年),高职院校混合所有制办学要全面理解国家政策内涵,准确掌握政策导向,明晰混合所有制改革的主体对象是谁,厘清混合所有制改革的实现形式,把握资本、技术、管理等投入要素和定位,形成参与各方相互认同的理念、目标、行动、责任,才能探索出混合所有制办学的成功发展之路。结合高职院校混合所有制办学实践案例和相关理论研究,郭素森、杨张欣、张成宽等人研究认为(2019年),混合所有制职业院校应具备四个特征:一是政府方与社会资本方均系举办者;二是各方产权明晰,出资比例明确;三是建立并运行基于产权的现代法人治理结构和规范的现代学校制度;四是构建具有公办和民办职业院校双重优势的运行机制。从目前的实践探索看,国有资产的处置及管理是混合所有制改革的焦点,资产评估与股权确认是混合所有制改革的基础,法人治理与内部运行是混合所有制改革的关键,校企协同育人是混合所有制改革的最终目标。

五、高职产教融合的混合所有制"共享工厂"模式

"双高计划"建设中,高水平高职院校和专业建设的主要抓手是打造产教融合集成化实践平台,推进产教深度融合、校企深度合作,提升复合型技术技能人才的培养质量。高职产教融合集成化实践平台是多元主体资源集成、合作运行、互惠共享的有形载体,它是根据高职人才培养目标和实践教学实际需要,由"学、产、研"不同主体投入知识、技术、资本、设备、管理等异质性要素,在同一个空间集中汇聚,构建融合实践教学、技术研发、创新创业、产业培育于一体的集成共享育人平台。本书提出的"共享工厂"模式,就是由供需链上不同利益主体投资共建"工厂",并在工厂平台上通过不同方式投入和获益的"共享"模式。高职产教融合的"共享工厂"模式,特指(公办)高职院校和企业、科研院所按照"学、产、研"一体化办学思路,围绕职业教育实践教学目标,建设产教融合集成共享实践平台,推进高水平高职院校和专业建设。进一步讲,依托产教融合集成化实践平台建设"共享工厂",就是借鉴共享经济理论和企业工厂概念,将企业共享平台建设思路与模式引入教育领域的产教融合平台办学,以提升学生解决实际问题的实践能力。而本书提出的高职产教融合的混合所有制"共享工厂"模式,就是从高职产教融合办学体制机制问题和混合所有制改革问题入手,围绕国务院产教融合若干意见和职教20条提出的"发挥企业重要主体作用""鼓励探索混合所有制改革"政策思路,运用"学、产、研"一体化办学思路,在产教融合实践平台上实施的学校公有资本与企业非公有资本交叉融合的混合所有制办学模式。本书着重围绕《国家职业教育改革实施方案》和"双高计划"项目建设,开展高职产教融合实践平台建设的基本理论与构建策略研究,探索职业教育双主体办学规律,提高企业直接参与人才培养的积极性。因此,高职产教融合的混合所有制"共享工厂"模式,既是平台的实体组织形态和集成共享模式,又是高职产教融合、校企合作的办学理念和办学模式,还是多元育人主体共享共生的实践发展思维。

第二章

理论基础与体制机制变革

第一节 产教融合相关的六种理论

高职产教融合的本质是在产业活动与教育活动之间，在学校育人主体与企业育人主体之间建立沟通顺畅、信息对称、利益协调的协同合作关系和行动网络。可以从三螺旋理论和系统协同理论视角解释高职产教融合和学产研合作的基本关系，从现代治理理论、共生理论、生命周期理论视角解释校企合作共同体内部建设和互动运行的方法原理，从共享经济理论视角解释校企合作模式的"共享性"及实现优势互补、资源共享、互利共赢的基本规律。

一、三螺旋理论

1. 三螺旋理论基本概述

20世纪90年代，随着现代大学地位与作用的变化，美国纽约州立大学亨利·埃茨科维兹教授首次提出创新结构理论——三螺旋理论。随着《三螺旋》的出版，这一理论日益受到世界各国和大学、产业、政府三方的高度重视。三螺旋是一个分析性的规范概念，它起源于不同社会中政府在与学术界、产业关系中角色的转变,既相互独立又相互依赖的"大学—产业—政府"之间的相互作用是改善知识社会中创新条件的关键因素。三螺旋模型包括三个基本要素:第一,在一个以知识为基础的社会中,"大学"在社会创新中扮演的角色更加突出,大学的作用与政府的作用、产业的作用不相上下。第二,大学、产业、政府三方之间会进一步建立创新合作关系,政府制定的创新政策是三方相互作用的自然结果,而不是仅仅出自政府一方。第三,大学、产业、政府每一方在完成自己传统功能的同时,也承担另外两方的部分角色和部分功能。因此,埃茨科维兹主张,"大学"应当与"产业"建立起良好的合作伙伴关系,而"政府"应当支持大学与产业之间这种关系的形成。大学不是产业,却具有产业的某些功能,大学在参与产业机构、政府机构之间的互动活动中仍具有自己的界限和范围,仍要保持自身的相对独立性。三螺旋理论并不强调大学、产业、政府中谁是创新主体,而是认为,三种机构都可以是社会创新的组织者、参与者和创新主体。在创新活动的整个过程中,或者在创新的任何阶段,无论是以哪一方为主,最终三方的互动都是要形成动态的三螺旋,推动社会各种创新活动的深入开展。在这个三螺旋式的互动过程中,大学、产业和政府三方各自都有独特的作用和方向,却又能彼此和谐地相互作用、协作创新、交叉融合,最终形成三方共同发展的良好态势,产生区域经济与社会发展的繁荣景象。

  周春彦在评介亨利·埃茨科维兹《三螺旋》时认为(2006年),自创新理论在西方国家出现以来,西方国家众多学者都是从经济学角度来研究创新问题,而《三螺旋》却更多地从社会学视角来分析和研究创新活动的组织实现问题。三螺旋理论的要旨是,大学、产业、政府这三种不同性质的机构都具有与他方不同的独特能力,同时表现出另外两方的一些能力,三方在交叉运行时都保留原有的角色作用和独特身份。三种机构在各自的创新活动中产生各自的运行螺旋,这三种机构之间又通过相互作用,通过持续的联系和合作,支持其他螺旋产生新的创新。后来,埃茨科维兹在《创业型大学与创新的三螺旋模型》中,讨论大学是如何将它的核心功能从教学与科研扩展到经济与社会发展的,从而作为"大学—产业—政府"三螺旋关系的一部分,在创新动力学中扮演关键角色。他认为,一所创业型大学是"大学—产业—政府"三螺旋发展的动因,它会在知识应用及增加知识创造的投入方面采取积极主动的态度。一个三螺旋体系通常开始于大学、产业与政府的相互联系,其中一方试图增加另一方的作用。在知识经济的发展中,创业型大学发挥作用的"区域性"日益增强,这种大学的作用通过以下几方面(阶段)表现出来:提供"知识空间"(阶段1)——→为高技术企业的孵化提供资源;提供"共识空间"(阶段2)——→领导与政府和产业的合作;提供"创新空间"(阶段3)——→创造新的组织形式。创业型大学作为一种新兴现象是学术发展"内在逻辑"导致的结果,这种发展曾经使学术事业从集中于教学拓展到研究。此外,大学、产业、政府之间互动作用关系向"三螺旋"的转变,表现出相对自治的机构领域间相互依赖的特征。随着创业型大学的多样化发展、产业群的增强和"研究中心"的兴起,尽管大学具有单独研究的惯性倾向和强烈动机,但"产、学、研"合作研究已经成为创业型大学融入三螺旋模型的战略趋势,势不可挡地成为大学与产业、政府合作发展的路径。

2. 学产研合作关系的三螺旋模型

三螺旋理论的创建主要用于分析知识经济时代大学、产业和政府之间相互交叉影响的三螺旋新型互动关系,它强调三者都是动态体系中的领导者、组织者和参与者,强调单边在运行过程中既保持自身的特有作用,又通过三边相互作用、互惠互利,彼此重叠,达到三者共同的社会利益与目标。苏竣、何晋秋等人(2009年)从制度调整、演化机制和大学变革三个维度,分析得出三螺旋理论的最大贡献,即大学在国家创新中扮演更加突出的角色,基础研究、应用研究与技术开发升级活动之间的界线越来越模糊,使得大学与企业、科研院所一起从事技术的研发、孵化与应用,并将这些成果投入到实际的经济生产活动中去。借鉴三螺旋理论,在高等技术应用性人才培养活动中,"学、产、研"三方也在相对独立的运行过程中产生交叉互动作用,都在相互影响和相互促进中达到联动上升,彼此之间具有"需求—供给"双向交互,呈现明显的三螺旋特征。可以说,学产研合作关系具有三螺旋式的联动作用机理,学产研协同创新的理想状态是形成三螺旋模型。

高职产教融合办学过程中,高职院校、企业、科研院所分别是"学、产、研"活动的主体,分别代表不同的社会角色和社会功能,各方在自身的运行中都与他方产生交叉作用,彼此既制约又依赖,互为影响。三螺旋模型大体隐喻了三者之间的这种交叉影响关系,无论哪一方最终都要融入三螺旋结构关系中,推动各自目标的实现;不管三个螺旋如何运行、交叉或重叠,彼此都不可能演化代替另一个独立的螺旋。简言之,在学产研合作系统中,高职院校、企业、科研院所都是相对独立的运行主体,都要坚持自身的角色、功能、使命和运行规律,不能越位完全替代他方。企业的主要任务是生产产品和创造经济效益,遵循的是市场经济规律,不能完全代替学校去办学,不能按经济规律去直接参与办学;学校的主要任务是培养人才,遵循的是教育教学规律,不能完全代替企业去办公司("共享工厂"平台的公司化运营),不能按教育规律进行企业化运营管理;科研院所的主要任务是创新科技成果,遵循的是创造性思维活动规律。因此,对任何一方而言,都必须明确自身和他方的社会组织功能及差异,科学定位各自的发展目标与重点,强调彼此之间输入输出状态的动态平衡,强调彼此相互作用、正向影响,但不能越位或缺位。

二、系统协同理论

1. 系统协同理论基本概述

协同即齐心协力、互相配合的意思。1971年,联邦德国斯图加特大学物理学教授H. Hake在系统论中最早提出了协同的概念,指大量子系统组成的大系统,在一定条件下,由于各子系统的相互协调、合作或同步的联合作用等集体行为,整个系统会产生$1+1>2$的协同效应。系统协同理论解释了远离平衡状态的开放系统,在与外界有物质、信息或能量交换的情况下,如何通过自己内部子系统之间的协同作用,自发地出现时间、空间和功能上的有序结构,从而实现整体系统和子系统的目标。根据吴彤(2000年)、白列湖(2007年)、孙烨(2013年)等人的研究,协同理论的基本概念有:竞争、协同、序参量和伺服。其中,序参量和伺服是两个中心概念,序参量是大量子系统集体运动的宏观整体模式,伺服即支配和规定。竞争是协同的基本前提和条件,它反映在生态系统中各个物种之间的相互竞争中,是系统演化的最活跃的动力,事物发展的不平衡性实际上是竞争存在的基础。加上系统诸要素或不同系统之间对外部环境和条件的适应与反应不同,获取的物质、能量、信息的质量也存在差异,因而必定存在和造成竞争。从开放系统的演化角度看,竞争造就系统远离平衡态的自组织演化条件,也推动系统向有序结构的演化。协同是一种集体行为,是系统中诸多子系统的相互协调、彼此合作或同步一致的联合作用,是特定系统的整体性、相关性的内在表现。自组织系统的演化动力来自系统内部的竞争和协同这两种相互作用。子系统的竞争,使系统趋于非平衡状态,这是系统自组织的首要条件;子系统的协同,则在非平衡条件下使子系统中某些运动趋势联合起来并加以放大,从而使之占据优势地位,支配系统整体的演化。序参量和系统内部大量子系统运动状态的相互作用过程,就是伺服过程,即大量子系统先产生序参量,后伺服于序参量的过程。

协同理论的主要思想和原理:第一,协同效应。由于系统内部协同作用而产生的结果,是指复杂开放系统中大量子系统之间相互作用而产生的整体(集体)效应。对于任何一个复杂开放的系统,在外来能量的作用下,或者当物质的集聚状态达到某种临界值时,子系统之间就会产生协同作用。这种协同作用能使系统在临界点发生质变,产生协同效应,使系统从无序结构变为有序结构,从混沌中产生某种稳定结构。协同作用是自然界复杂系统有序结构形成的内驱力,协同效应说明了系统本身存在自组织的现象。第二,伺服原理。即快变量服从慢变量,序参量支配子系统行为,它从系统内部稳定因素和不稳定因素间的相互作用方面,描述了系统的自组织过程。系统在接近不稳定点或临界点时,系统的动力学和突现结构通常由少数几个集体变量即序参量决定,而系统其他变量的行为,则由这些序参量支配或规定,主宰系统演化的整个过程。第三,自组织原理。自组织指系统在没有外部指令的条件下,其内部子系统之间能够按照某种规则自动形成一定的结构或功能,具有自发性、自主性和内生性特点。自组织原理解释了在一定外部能量流、信息流和物质流输入的条件下,系统会通过大量子系统之间的协同作用,而自发形成新的时间、空间或功能的有序结构。

协同理论作为系统科学的一个重要分支,是一种自主地、自发地通过子系统相互作用而产生系统规则的思想和方法。协同的方法,从动力学角度对系统自组织的形成作了很好地描述和解释,它描述了各种系统和现象中从无序到有序转变的共同规律,因而成为构造各类系统的理论基础和解决复杂性系统问题的方法。

2. 学校、企业、科研院所之间的协同合作

系统协同理论从协同效应、伺服原理、自组织原理三个方面解释了"学、产、研"之间的协同合作现象,实质是提倡在普遍作用机制支配下三方有序地、有效地、自组织地集体化运行。协同的主要思想和方法运用到管理活动实践时,表现为系统协同之后存在子系统同向合作、伺服互动和整体系统的功能倍增。实际上,在产教融合平台上的学校与企业、科研院所三方协同中,竞争问题显然不是

重点,合作问题才是重点,交往交互产生合作,相互作用、正向影响产生合作关系。就是说,如何去组织、去实现有生命力的共生合作关系,才是产教融合平台管理所关注的重点。合作关系的演化过程有初始的存活性、发展的强壮性和后续的稳定性三个基本问题,需要管理者从"利益、收益、效益"等角度加以考虑,需要强调各子系统之间同向合作、相互配合、双向影响,从而激发潜能、减少内耗,提高相关要素的工作效能并产生互补效应,最终使系统的整体功能放大。过去一段时期,高职院校在校企合作办学中寻找合作方,往往通过私人交情,习惯采取传统的私人交情式合作,而研究表明,私人交情不是构成系统之间实质性合作的根源,合作双方是否具有长期交往的利益关系(正向影响)才是根源。这一点,高职院校要有充分地认识。

三、现代治理理论

1. 治理理论基本概述

"治理"(governance)是一个政治学术语,区别于"统治"(government),目前被广泛应用于社会经济、政治、管理各个领域,出现了全球治理、公共治理、公司治理、网络治理、价值链治理等众多治理理论。根据赵景来(2002年)、胡祥(2005年)等人的研究,20世纪90年代以来,在西方福利国家出现管理危机、市场和等级制的调节机制失灵、众多社会组织集团迅速成长的背景下,"治理"一词流行使用于促进公共行政事务管理模式改革和重塑政府运动中,治理理论的提出是为了解决社会"一致、有效性"的问题。在西方经济学、政治学与管理学领域,治理理论之所以引起众多学者、政治家和政治组织的共同关注,主要是因为全球化时代人类政治生活发生重大变革,政治过程的重心正在从统治走向治理,从善政走向善治。在国家或政府不能发挥主导作用而需要联合行动的领域和问题上,"治理"概念表现得很有用,国际社会是"没有政府的治理"的典型,在考虑全球化背景下建立必要的国际社会秩序、制度、规则和公正方面,"全球治理"具有日益重要的意义。世界银行1992年年度报告就是以"治理与发展"为标题,联合国开发署1996年发布题为"人类可持续发展的治理、管理的发展和治理的分工"的年度报告;经济合作与发展组织(OECD)1996年发布一份题为"促进参与式发展和良好治理的项目评估"的报告。联合国还成立全球治理委员会,并出版

《全球治理》杂志。治理理论的主要创始人罗西瑙在代表作《没有政府统治的治理》和《21世纪的治理》中,将治理定义为一系列活动领域里的管理机制,虽未得到正式授权却能有效发挥作用。治理与统治不同,它是一种由共同目标支持的活动,这些管理活动的主体未必是政府,也无须依靠国家的强制力量来实现。

治理理论分支出来的公司治理理论和价值链治理理论,与本书内容密切相关。公司治理理论研究和解决的问题是,如何使资金的提供者按时收回投资并获得合理的回报,包括现代公司制的内部组织系统,和与现代公司制运行息息相关的市场体系以及法律体系。其实,公司治理既是一个经济问题,也是一个法律问题,同时是内部政治问题。周金泉研究认为(2007年),在公司治理的法律体系中,法律及法律执行效果是影响公司治理的关键因素,法律系统(如公司法、证券法、破产法等)要对投资者的利益保护作专门规定。公司治理的法律机制处于基础性地位。根据吴建新、刘德学等人的研究(2007年),全球价值链是指为实现商品或服务价值而连接生产、销售、回收处理等全部过程的全球性跨企业网络组织,涉及从原料采购和运输,半成品和成品的生产分销,直至最终消费和回收处理的整个过程,包括所有生产、销售、回收等活动的组织及其价值、利润分配,全球价值链上的企业进行从产品设计、开发、生产制造、营销、物流、消费、售后服务、最后循环利用等各种增值活动。全球价值链治理中的生产网络可以分为三种类型:领导型(日本和韩国)、关系型(德国、意大利和东亚的海外华人)和模块型(美国)。领导型生产网络的治理,一般由总公司对海外分支机构实施较强的控制,或由一个领导厂商协调各层次供应商。关系型生产网络的治理,主要依赖网络主体之间的社会关系(如声誉和信任),而不是领导厂商的权威。模块型生产网络的治理,供应商向领导厂商提供全承包服务,除了设计外几乎不需要领导厂商的支持或投入。格里菲等人(2003年)在生产网络理论基础上,提出全球价值链治理的五种典型方式,按照价值链中主体之间的协调和力量不对称程度,从低到高依次排列为:市场型、模块型、关系型、领导型和层级制。这五种类型中,有的由于交易复杂程度的增加,降低了供应商适应新需求的能力;有的由于交易复杂程度的降低,使契约的完全性增加。比如,市场型治理方式,通过契约可以降低交易成本,产品比较简单,供应商能力较强,不需要购买者太多投入,且资产的专用性较低时,就会产生市场治理。而层级制治理方式,表现为产品很复杂、外部交易的成本很高,而供应商的能力很低时,领导厂商不得不采用纵向一体化的企业内治理方式。

2. 学产研不同系统的跨界多边治理

现代治理理论解释了利益相关者通过正式契约所构成的组织模式中的权力关系安排,强调治理结构网络化、治理工具市场化和价值取向民主化,为产教融合实践平台上学校与企业、科研院所之间网络关系的跨界建构、权力关系的运行与制衡协调、平台运营管理与育人总目标的有效达成,提供了切实可行的参考途径。现代治理理论提倡不同性质组织之间的跨界多边合作,强调合作的契约性、平等性、关系性和共享性,通过责权利对等和信息对称等进行有效治理,从合作伙伴中获取自身难以通过交易获取的关键性资源,以实现合作组织之间的资源共享、资源互补。混合所有制"共享工厂"模式的治理属于多边组织合作的跨界治理,"共享工厂"本身作为一个校企合作的新型组织系统,可以积极借鉴公司治理和价值链治理思路进行治理,增强合作体组织目标与主体行动的有效一致性。治理的基本要素包括治理结构、治理模式、治理机制、治理绩效等,核心是协调好主体之间的各种"关系",公司治理的核心,就是处理好所有权与经营权分离中的各种主体之间的关系。钱颖一研究认为(1995年),公司治理结构是用以处理不同利益相关者,即股东、贷款人、管理人员和职工之间的关系,以实现经济目标的一整套制度安排。它包括:(1)如何配置和行使控制权;(2)如何监督和评价董事会、经理人员和职工;(3)如何设计和实施激励机制。关于治理机制,它是治理结构下一系列权力的分配、制衡与调整的宏观行为规范和微观运作规则的综合,它主要围绕利益分享和关系协调两大核心机制展开,针对目标冲突和机会主义而采取一系列规则约束和激励。关于治理模式,在全球治理中,跨界合作组织治理一般有"主导型"和"关系型"两种模式倾向。关于治理绩效,则是对照治理目标内容进行的效率评估。

四、社会共生理论

1. 社会共生理论基本概述

"共生"是生物科学中的基本概念,又叫互利共生、互惠共生,生物界最初提出的广义共生概念即"共生是不同生物密切生活在一起",并与寄生有所区别。共生对物种的起源和进化的创新能力有着决定意义。复旦大学洪黎民教授在

《共生概念发展的历史、现状及展望》(1996年)中对共生论的发展作了介绍：国外生物学家有提出，共生是两个或多个生物，在生理上相互依存程度达到平衡的状态；共生被定义为几对合作者之间的稳定、持久、亲密的组合关系，即所谓普通生物学原理——细胞或个体内外生物之间的共生组合的普遍法则。狭义的共生即指生物之间的组合状况和利害关系。共生理论的基本概念有共生单元、共生环境、共生模式、共生关系、共生系统、共生体等。根据袁纯清(1998年)、吴晓蓉(2011年)等人的研究，共生由共生单元、共生模式、共生环境三大要素构成。共生单元指共生体的基本能量生产和交换单位，它是形成共生体的基本物质条件；共生模式也称共生关系，指共生单元相互作用的方式或相互结合的形式；共生环境是指共生关系(模式)存在发展的外部条件，共生单元以外所有因素的总和构成共生环境。共生理论认为，共生系统具有目的性、整体性、开放性、自组织性等基本特征。目的性是共生系统的主要特征，即共生系统内部诸元素的主动性，通过主动性适应或改变环境。整体性是共生系统的基本属性，系统内各组成部分与整体之间存在相互联系和相互依存关系。开放性是共生系统存在和发展的必要条件，即系统与其内在要素通过系统结构和层次间的相互联系作用，与环境进行物质、能量和信息交换与转换。自组织性作为一个过程演化的概念，表示系统的运动是自发的、不受特定的外来干预而进行的，系统的自组织包括系统的进化与优化。总之，共生的基本原理包括共生能量生成、共生界面选择、共生系统相变、共生系统进化等原理，其中，共生过程产生新能量是共生的本质特征，共生进化是共生系统的本质。

由此可见，共生反映了组织之间的一种依存关系和物质、信息、能量关系，共生关系的本质表现在共生过程中产生新能量。随着共生思想逐渐应用到哲学、经济、管理等社会科学领域，人们认为，共生不仅是一种普遍的生物现象，也是一种普遍的社会现象。其中，社会共生论对人与人、人与社会之间的共生现象进行了解释。胡守钧在《社会共生论》(2001年)中，提出借用生物共生论某些基本观点研究社会共生现象，建立一种社会哲学。原理1：人与人之间的关系既有互斥性又有互补性。人为了生存和发展，必须与他人合作。原理2：人人平等是共生的前提。每个人皆享有生存和发展的权利，同时也承担尊重他人生存发展权利的义务。原理3："斗争—妥协"是共生的方式。社会永远存在利益冲突，使得斗争不可避免；缓和与沟通，使得斗争达到妥协，以求共生。原理4：法律是共生的度。法律区分利益界限,契约、协议、合同等是法律的延伸细化。原理 5:社会发展是共生关系的改善。生物的进化主要在生物的互相关系之中。原理 6:共生与竞争。人皆有生存和发展的权利,但不保证每个人成功。个人成功与否取决于竞争力和环境所给的机会。日本东京农工大学尾关周二研究认为(2003 年),共生理念分竞争性共生和共同性共生,他主张并支持,人与人之间形成共同性共生,共同性共生的理念就是在共同性基础上的共生,以人类共同性价值为基础(竞争以不破坏共同性价值基础为条件制约),同时又积极承认个性价值的一个共生理念。

2. 学产研命运共同体("共享工厂")的形成

共生理论揭示了社会共生系统的目的性、整体性、开放性、自组织性等基本特征,以及共生单元、共生环境、共生关系的形成路径,强调个体通过与自然、与文化、与社会,以及与自身的共处而自然地协调各种关系,这为探寻产教融合实践平台上学产研合作教育的内在合作机理,校企合作命运共同体的形成路径及共生模式提供新的研究视角。对称性互惠共生是自然界中的一个组织规则,也是新的合作组织形成和发展的主要动力。在共生理论中,共生关系的形成要有三个要素的支撑:主体要素、资源要素和约束条件。共生的核心是共存、共享、共赢。学产研合作表现出明显的网络特征和共生特性,"共享工厂"的办学属性和内在关系特征决定"共享工厂"的健康发展要呈现出"学、产、研"对称性、互惠性的共生状态。也就是,要求"共享工厂"在整合"学、产、研"不同类型资源的问题上,考虑各个共生单元的特征属性、目标需求及差异,在共生环境层面制定符合共生发展的战略规划和制度规则,形成学校、企业、科研院所之间的相依相存关系和对称性互惠共生。通过不同共生单元之间的物质、能量、信息流动和作用交互,促进每个共生单元的能量增加、能量互补和共同进化,促进"共享工厂"整个系统成为紧密合作的"学、产、研"对称性互惠共生体。

五、生命周期理论

1. 生命周期理论基本概述

生命周期是一个生物学概念,指生命有机体从出生、成长、成熟到衰退、消亡的整个过程。这一概念引入经济学、管理学,首先运用于产品领域,进而扩展到企业和产业领域,便出现了产品生命周期、企业生命周期、产业生命周期等理论。

产品生命周期理论主要研究特定产品在市场供求关系中从进入市场、市场成熟到退出市场等不同阶段及特点,主要反映某一特定市场对某一特定产品的需求随时间变化的基本规律。企业生命周期理论描述了企业发展历经创立、成长、成熟、衰退、消亡的连续演化过程,解释了企业在不同发展阶段的行为、特征及问题、影响因素等基本规律。产业生命周期指特定产业从出现、发展到衰退、消亡等具有阶段性和不同规律性的厂商行为(进入或退出)改变过程。与研究微观产品和宏观产业相比,企业生命周期理论最具有影响力,更具有代表性的意义。企业生命周期理论认为,企业作为人工组织,具有类似生物体的生命决定机制和进化退化机制,要按照企业生命体新陈代谢规律,通过创造生命价值而获得生存和发展的基础。企业作为具有生物特性和社会特性的复杂开放系统,发展表现为各种因素交互影响的从创立、成长到成熟、衰退的动态复杂演化过程,这个过程使企业生命周期充满不可预知性和不确定性。根据薛求知、徐忠伟等人的研究(2005年),企业生命周期理论的分支有进化论、阶段论、归因论、对策论。阶段论中有两种阶段论在国外影响较大。一种是爱迪思(Adizes)的阶段论,将企业生命周期分为三个阶段,分别是成长阶段、再生与成熟阶段、老化阶段。另一种是格雷纳(Greiner)的阶段论,将企业作为一般组织去研究,认为各个阶段包含了一段相当平静稳定的进化成长期,结束于不同形式的组织管理危机(企业的领导模式与管理风格等)。企业发展受到企业的年龄、规模、稳定进化时期、剧烈改革时期与产业成长率等内外因素的互动影响,并牵动企业领导者的管理模式,而企业成长中的每个阶段也支配企业领导者的管理风格与企业的转型变化。当然,任何一个企业的兴衰,都不是由单一因素造成的,而是由内部产品核心竞争能力、外部产业市场环境和企业家因素等综合因素共同作用的综合结果。

2. 学产研合作组织("共享工厂")的生命周期

生命周期理论描述了生命体的基本成长轨迹和周期性现象,解释了从出生、成长、壮大到衰退、消亡整个生命阶段及其决定机制,以及生命体在不同发展阶段的角色、功能、模式和问题归因等特征。企业生命周期理论从企业生命体的生存和发展角度考察企业的成长,动态地评价企业成长各阶段的特点及对策,揭示了企业成长与老化的部分规律,这有利于企业管理者对企业实施对症下药,积极改变生命周期的结构,推迟老化阶段的到来。生命周期理论为混合所有制"共享工厂"模式的生命阶段、生命进化、发展归因、发展对策等生命成长规律和生命周期现象,提供了新的认识视角和解释视角,也为学产研合作组织中的每个主体客观认识合作活动的发展阶段及特点、每个阶段的个体角色与位置关系,确定当前阶段的合作模式与决定机制、问题归因等,奠定推进合作的良好心理基础。根据企业生命周期的规律,混合所有制"共享工厂"模式无论作为一个实体办学平台,还是作为产教融合的一种办学模式,都有从形成、发展到衰退、消亡的阶段和过程,都要经历不断进化、演化、退化的生命历程。当然,在进化和发展的任何一个阶段,"共享工厂"治理者都要客观分析当前实际问题或可能潜在问题,积极采取相应的发展对策,避开各个阶段危及平台生存和发展的各种误区或陷阱,灵活求变,突破各个发展阶段的制约和局限,不断激发每个主体的积极性和创新活力,促进共生体的生命健康和持续成长。

六、共享经济理论

1. 共享经济理论基本概述

"共享经济"这一概念最早由 Felson 和 Speath 提出,认为共享经济是一个或多个人在与一个或多个其他人进行联合活动过程中,消费产品或服务的行为,如汽车分享、房屋租赁分享等行为。共享经济的本质在于降低交易成本、实现成本最小化,使原来不可交易的资源进入可交易的范围。卢现祥研究认为(2016年),共享经济与传统经济的不同在于,共享经济通过信息网络和信任搭建共享平台,暂时转移闲置资源的使用权,以闲置资源的重复交易和高效利用为表现形式。贺明华、梁晓蓓等人研究认为(2018年),共享经济从内容形式上看,主要包括产品服务系统、再分销系统、协作式生活方式三种类型。从共享主体来看,不管供给方参与者是企业还是个体,主体中必有一方扮演消费者的角色,由此可分为以下四种共享方式:一是 B2C 式共享,即一个公司拥有的产品能够在网上社区被共享,直接把产品租赁给网络参与者。二是 C2B 式共享,即企业借助社会化力量运作,通过众包获取临时性劳动力,通过众筹便捷获取社会化资金等。三是 P2P 式共享,即个体参与者扮演着产销者的角色,他们之间通过共享平台,进行产品服务的分享或交换,如滴滴出行。四是 G2C 式共享,即共享产品的拥有者是政府或分支机构,城市自行车就是 G2C 模式的典型案例。总之,共享经济模式下的参与者行为,是由消费需求方、服务提供方、平台运营商三方参与动机契约而成的互利互惠活动，核心是降低交易费用、提高商品和服务的效用价值。

与传统经济形式相比，共享经济是一种以资源共享和协同消费为基础的新经济模式，它的实现逻辑是以使用权代替所有权，正常运转的重要保证在于合作各方之间的信任机制的建立。根据王璟珉、刘常兰、窦晓铭等人的研究（2018年），共享经济的存在具有三种基本特质：具有未充分利用的资源、大量分散的群体或个人进行有效率的交易、依托互联网技术平台，即闲置资源、共享平台和人人参与。因此，共享经济有三个构成要素：资源供给方与需求方、共享平台、未充分利用的资源，这是区别于传统经济形式的重要特征。在交易的过程中，共享平台首先会获取资源持有者与需求者的诉求，对信息进行基本筛选后，通过平台将供需双方进行快速高效的匹配，进而实现交易，条件是满足充足的市场、高效的搜索与匹配、搭建信任机制。在共享经济平台上，信任机制的建立进一步降低了交易成本和交易风险，交易双方的交易历史记录的信息都会相对透明、基本对称，用户的信用度也被作为交易活动是否进行的常规选择标准。归纳起来，共享经济商业模式与传统经济商业模式的区别主要体现在交易资源、平台模式、交易主体和雇佣关系四个方面，即：第一，共享经济强调对现有资源的使用和优化，为消费者提供更加多元化和个性化的商品和服务；第二，企业多采用数字平台交易模式，资源所有者依旧持有资源的所有权与管理权，平台替代了传统经济中常见的供应商、生产商和客户之间的链接桥梁；第三，以个人为单位的交易是共享经济的主要形式，企业大多发挥平台用户的连接作用，需求者与供给者处于平等地位，交易更具协商余地和灵活性；第四，企业与平台员工之间没有雇佣关系，资源提供方的工作时间与地点，可以根据员工个人实际自由选择，经济收益由个人工作量决定，平台仅抽取少量佣金。

2. 产教融合平台的"共享工厂"模式

共享经济模式的相关理论从"供应方与需求方""互联网技术平台""信任机制"三个层面，描述共享经济形成的因素与模式，解释共享主体背后的参与动机，以及如何通过资源配置机制实现协作共享和降低交易成本。共享经济模式是基于技术手段而提升闲置资源利用效率的新范式，它以平台化、开放性、分布式和高效率为特征，整合多种要素及资源配置机制，成为一种盘活存量、提升效率和增进服务的重要举措。而共享经济模式形成的关键是制度供给，它是产权领域的一场变革,租赁合约取代买卖合约,从人格化交换到非人格化交换的转变。高职混合所有制"共享工厂"模式就是要依据共享经济理论的相关启示,进行产教融合平台的创新建设与实践运营,关注每个共享主体背后的各种驱动因素。或者说,高职院校与合作企业在产教融合平台上形成"共享工厂"运行模式,就要借鉴和运用共享经济理论相关观点及共享经济商业模式,基于互联网技术和社会化网络平台,从降低学校办学成本和减少社会教育资源闲置浪费出发,通过一定物理空间和共享平台来集聚"学、产、研"异质性教育教学要素资源,提供信息对称和信任交互,匹配供应方与需求方的双向供给,达成"学、产、研"三方合作的利益共赢和风险共担,提升教育教学资源使用效率和高职人才培养质量。

第二节　产教融合体制机制与模式变革

产业链与技术链、人才链之间的衔接融合,要求产业与教育通过体制变革而走向融合,产教融合正成为破解产业和教育之间主要矛盾、解决经济社会发展不平衡不充分的战略抉择。我国高等(高职)教育产教关系经历了产品导向的产教关系同构、知识本位导向的产教关系弱化、创新驱动导向的产教关系恢复等阶段之后,目前已经进入了新的产教融合发展阶段。高职产教融合的创新发展,需要从高等工程技术技能人才的成长及培养规律出发,梳理高等(高职)教育产教融合体制机制变革的基本路径与典型模式,从而在产教融合体制与模式的进一步拓展和升级创新中回答"社会需要怎样能力标准的技术技能人才"或"技术技能人才应该具备怎样的知识、能力和素养"等问题,提高职教人才培养质量。

一、工程技术技能人才成长及培养规律

产教融合即产业与教育两个系统交互融通,学校与企业双元育人主体之间深度合作、融为一体,使人才培养符合产业链、创新链、技术链发展要求,合力解决教育链、人才链中技术、流程、原理等关键问题的过程及状态。国际高等教育

领域工程技术技能人才培养的普遍做法和实践经验,为拓展产教融合体制变革提供了实践经验与相应思路。工程技术技能人才在国际上通常被称为 Engineer(工程师),主要分布在工农业生产部门的相应工程领域和技术技能岗位,从事规划、设计、施工和管理等专门实践工作。经济全球化和教育国际化趋势,促使各国必须培养符合国际水准的合格工程师,以在世界经济秩序中赢得有利地位。有研究表明,我国工程技术技能人才队伍规模宏大,但整体质量不高,尤其是解决实际问题的工程实践应用能力不足,已成为制约产业转型升级的重要因素。高等教育需要尊重并根据工程技术技能人才成长规律、人才培养的特殊规律及其内在本质要求,提升产教融合和学产研合作教育的成效,培养"中国制造2025"需要的工程技术技能人才。

1. 工程技术技能人才的能力特质及标准

"能力"是人才规格及培养质量的最直接说明。从国际上看,以欧洲工程教育的一体化进程为代表,为统一工程师能力特质的标准并促进在国际人才市场上的自由流动,目前,世界上已建立起工程师执业资格认证和工程教育鉴定的国际性互认体系。比如,《华盛顿协议》要求工程专业本科生具备沟通合作能力、专业知识技能、终身学习能力及责任感等。根据姚威、邹晓东等人的研究(2012年),20世纪90年代初,欧洲工程协会联盟(FEANI)在承认各国工程教育体制多样化的前提之下,由22个成员国于1992—1993年提出运作"FEANI公式",由此创设了"欧洲工程师"专业称号,同时建立了一整套相应的制度。根据要求,欧洲工程师资格分为完全不同但地位对等的两个部分:理论知识和实践经验。其中,理论部分要求经过一定的工程教育,专业技能只有经过工程实践之后才能获得。根据陈国松、许晓东等人的研究(2012年),在博洛尼亚进程背景下,欧洲工程协会联盟实施"欧洲工程师"认证计划,并发表著名的"FEANI公式",相当于欧洲工程人才培养标准。这些标准包括理解工程职业并担当专业责任义务、掌握工程学科知识与技术知识、运用工程技术解决具体问题等。国际上,工程师的能力特质和人才培养都有一定的标准。比如,美国工程与技术鉴定委员会(ABET)在"工程标准2000"(EC2000)中,提出本科工程人才培养的11条标准,包括技术设计、实践技能、协作精神、职业道德水平、终身学习能力等不同方面。近年来,我国高等教育逐渐融入全球化体系,更加注重高等教育质量的提高,已将专业标准、教育教学标准等教育相关标准建设列入高等教育改革的重要内容,并强调将行业技术标准融入教育教学内容之中。2011年,中国工程教育专业认证专家委员会制定的《工程教育专业认证标准(试行)》,就对本科工程技术人才培养提出7条"通用标准"和若干"专业补充标准",与欧洲标准较为接近。从国际上对工程师能力标准认证及工程教育鉴定标准可以看出,工程技术技能人才是拥有先进生产技术的高素质的劳动者,这类人才的能力特质具有显著的"技术性""应用性""实践性"等内在特征,要求具备过硬的技术技能应用能力。同时,在工程技术技能人才的能力内涵中,蕴含着丰富的实践性、综合性和人文性,普遍的规格特点就是,在相应的工程技术领域,能够"掌握新知识、会用新技术、解决新问题"。

2. 工程技术技能人才的跨界性成长规律

工程技术技能人才的成长环境一定是跨越产业界和教育界的,其完整的专业能力培养一定是跨越教育活动和生产活动的"学、产、研"共同培养,在能力成长、能力发展的不同阶段,必然要依托不同的实践技术项目的真实技术技能训练。第一,根植于产学跨界的成长环境,要求有高等专业教育与大工程真实体验的交叉融合。工程技术技能人才是在特定行业领域、技术领域和工业企业等生产经营部门,专门从事工程设计、技术实施、具体操作的专业性人才,良好的高等专业教育是其成才的教育基础,工程技术实践是其成才的必经之路。研究表明,鉴于学科知识的获取主要靠学校教育(教育界)完成,技术技能的获取必须在工程真实实践中(工业界)完成,所以工程技术技能人才成长的土壤、氛围和环境,必然具有鲜明的跨界性和开放性特征。第二,完整专业能力的系统培养,要求在产教融合中实现知识习得、技术运用、问题解决。现代工程越来越显现出系统化、智能化、人性化等外部特征和科技含量不断增加的内部特征,不同类型、不同层次的工程技术技能人才,必须能运用所掌握的学科知识和先进技术,创新性地解决工程施工现场面临的具体问题。中国工程院"创新人才"项目组研究认为(2010年),创新型工程技术人才应具有"科学知识+技术知识+经验知识"的知识结构,在能力上应体现工程设计、技术集成和实践操作及其他相关能力的多元复合。与之相应,工程技术技能人才的成长过程就是上述完整能力的系统的培养过程。第三,在能力成长、能力发展的每个阶段,都要求依托产教融合的项目训练平台,在平台上,通过真实的生产实践和技术技能训练,实现教育成才和岗位成才的紧密结合。总而言之,工程技术技能人才成长具有跨界性、实践性和长期性的特点,教育成才与岗位成才相结合是其成长的基本规律和一般路径。其中,在学校的教育学习阶段,要为之提供工程项目训练平台,进行真刀实枪的工程技术训练;在职业性岗位活动阶段,必须介入真实的工程建设具体技术项目,持续锻炼工程技术和综合职业能力。

3. 工程技术技能人才的学产研合作教育规律

高等教育是科技第一生产力与人才第一资源的重要结合点,工程技术技能人才培养是对先进生产技术与劳动者两大要素的重要结合,必须采取学产研结合的教育方式与培养模式,培养过程必须做到产教融合、校企合作,这就要求进行产教融合办学的体制机制变革。美国国家工程院(NAE)在研究报告《工程教育适应系统的设计》(2003 年)中指出,大学工程教育的体制应该是"政府—大学—企业",政府决定政策并进行宏观控制,大学与企业必须紧密结合、彼此合作。再如,欧洲博洛尼亚进程中实施的"欧洲工程师认证计划"和"欧洲工程教育项目鉴定计划"都致力于工程教育与工程技术领域的合作、大学与产业企业部门的合作,从而保证工程师的培养质量,实现工程技术人才在欧洲市场内的自由流动。

现代高等教育包括工程教育、技术技能教育等已进入大工程观视野下的产教融合教育时代。所谓工程,就是综合运用自然科学和社会科学的理论与技术手段去改造客观世界的实践活动,无论是高等工程技术人才、复合型技术技能人才,还是各类工程师,他们的成长都是面向世界新科技发展、社会实际需求和人类美好未来,都是基于特定工程技术领域和具体技术实践环境而持续提升完整专业能力的复杂渐进过程。工程技术技能人才的教育培养,必须体现出工程性、技术性、实践性、操作性和跨界性特点,根本途径在于遵循人才成长规律和技术技能实践规律,进行"学、产、研"合作教育。然而,我国高等教育和高职教育领域的学产研合作教育仍存在诸多体制机制障碍,必须寻求路径和模式的新一轮突破。

二、高等教育产教融合基本路径与模式

高等教育产教融合的战略重点是通过体制机制变革,激发出"学、产、研"相结合的内生动力,激发出学校与企业、科研院所甚至政府之间寻求合作的内在需

求,从而调动行业企业等合作机构的积极性。综观世界高等教育产教融合办学体制机制变革,归纳起来,主要有以下三种基本路径与模式:以学校人才培养为主导的"产学合作教育"模式创新,以企业(科研机构)技术创新为主导的"大学科技园"模式创新,以政府集成化技术创新平台为主导的"产学研联盟"模式创新。

1. 产学合作教育模式:政府扶持,以学校人才培养为主导的产教融合体制机制创新

产学合作教育又称合作教育(Cooperative Education,简称Coop),国际上最有影响的代表国家是美国和加拿大。根据郄海霞(2019年)、王路炯(2021年)等人的研究,合作教育是一种将专业理论学习与企业实践工作有机结合的人才培养模式,最早在美国辛辛那提大学取得成功之后,逐渐扩展到加拿大滑铁卢大学、日本筑波大学等其他高校,形成了多种合作教育模式。辛辛那提大学采用工学交替模式培养人才,在政府的外部支持下,学校和企业是推动具体合作教育项目实施的两个核心主体;加拿大绝大多数高校都实施合作教育模式,滑铁卢大学是加拿大乃至全球高校合作教育的典范,是全球最大的合作教育中心。因为得益于合作教育,20世纪90年代以来,滑铁卢大学连续在加拿大大学排行榜上名列前茅,合作教育的学生在毕业时已有1年左右的工作经验,一入职很快就能胜任工作,深受企业和社会用人单位的普遍欢迎。从美国和加拿大合作教育的国际典型模式看,政府在产学合作教育中的影响度和参与度较小,学校和企业作为主体要素,政府只是作为中间角色对合作教育进行政策性扶持和推动。国内合作教育也有一定程度的探索,最早以合作教育名义进行试点的是1985年上海工程技术大学纺织学院与加拿大滑铁卢大学的合作。2010年以来,教育部联合有关部门和行业协会共同实施"卓越工程师教育培养计划",强调通过行业指导和校企合作来培养各行业高质量创新型工程技术人才。近年来,产学研结合的合作教育越来越受到国家、地方政府和各类高校的高度青睐和重视。

20世纪80年代,国际上成立了世界合作教育协会,提出将合作教育改成"工作一体化学习"(Work Integrated Learning,简称WIL),美国高校中有三分之一实施了这种教育模式。美国合作教育委员会负责协调所有院校的合作教育工作,1976年《高等教育法》独立设立了合作教育基金。合作教育委员会对合作教育的定义是:合作教育是一种结构化教育策略,将课堂学习与在富有成效的工作经验中学习两者相结合,提供了理论与实践相结合的"工学交替"先进经验,使学

生、学校和企业雇主各方成为负有特定责任的伙伴关系。美国在产学合作教育中，通过建立认证制度来促进和保障合作教育的质量，直接打破产学合作体制障碍，助力美国成为全球合作教育领域中的标杆与引领者。根据林健、彭林等人的研究(2017年)，美国1995年制定《合作教育项目属性(标准)》，1998年合作教育认证委员会正式成立并出台合作教育认证标准。辛辛那提模式是典型的工学交替运行模式，合作教育的学生一学年内实行3次轮换，在规定时间内完成学校与企业的各项任务，学生以学徒身份或课程作业形式加入研究团队，参与具体真实的科学研究。

加拿大合作教育模式是由学校、企业、政府和合作教育协会合作开展的学生带薪实习，并获得相应学分的教育模式。加入合作教育项目的学校和雇主单位都采用统一的标准工作期(4个月的整数倍)，学生可以在一个工作期结束后与另一个用人单位交换。合作教育项目主要有两种实施模式：夹心模式和整年工作模式。其中，夹心模式在大学期间可以选择4个月工作期与4个月学习期交替运行；整年模式是在大三结束后开始一整年工作期，然后返校完成大四课程和毕业设计。合作教育在管理机制上由政府提供政策和财政支持，合作教育协会牵头规划、标准制定和项目认证，学校负责项目组织实施，用人单位提供工作岗位并负责学生工作期的管理。比如，滑铁卢大学在政府不断紧缩科研经费的倒逼下，主动寻求与产业企业的全面长期合作，政府主体作用相对弱化。滑铁卢模式强调"企业顶岗工作"，通过构建利益共同体来保证校企合作的稳定性和高标准，实现校企之间的互惠共赢。合作教育项目的教学体系由实施体系和评价体系两部分组成，前者包括职业发展课程、职业生涯指导和带薪实习，后者包括工作报告、工作学期表现，分别配有任课教师和企业雇主进行指导和评价，学生实习工作情况受学校的教育与职业发展行动部、产学合作教育与专业事务办公室等合作教育机构的专门监督。滑铁卢大学非常重视学术研究与实习工作的科学结合，要求学生的工作学习学期与本人的学术研究项目密切相关，包含至少一个学术研究项目的30%。学校与企业共建研究中心、知识产权转化专利执照科及商务创业与技术中心，鼓励学生与教师创办高校技术中心。总之，产学合作教育模式是在政府扶持下，以学校人才培养为主导的产教融合体制机制的创新模式。

2. 大学科技园模式：政府引导，以企业(科研机构)技术创新为主导，学校人才培养参与园区技术研发项目

大学科技园最初又称大学科学园、科技工业园，作为高等教育与最新科技、

地方经济一体化发展的创新组织模式,最早出现在20世纪50年代的美国,硅谷是美国最成功的高新技术园区。1951年,在斯坦福大学副校长弗雷德里克·特曼的推动下,斯坦福大学加强与工业界合作,创办了斯坦福研究园,成为著名"硅谷"的基础。斯坦福大学与高科技公司融为一体,共同研发孵化、共同培养人才,形成了产学融合的科技园区发展模式,大学的技术成果源源不断地在这里转化为产品、企业和产业,周围衍生出大批高新技术企业群。随后,美国依托麻省理工学院、哈佛大学在波士顿128号公路地区建立高新技术园区,依托杜克大学等著名大学建立北卡三角研究园等著名的大学科技园。1975年,剑桥大学创办剑桥科学园。英国大学科技园是以附近大学的科研发明为基础,依托大学人才和资源优势而建立的研发孵化生产园区。1983年,德国依托柏林工业大学建立大学科技园——西柏林革新与创业中心。这一时期,新加坡建立了肯特岗科技园,印度建立了班加罗尔科技园,我国台湾地区建立了新竹科学工业园。大学科技园本质上是大学与企业(科研院所)、政府之间协同创新的高新技术产业化的综合性科技服务平台,通过实施产业集群和资源共享的一体化合作策略,形成异质资源集聚、高新技术创新、科技企业孵化、新兴产业裂变的链式发展,实现三螺旋的组织形态与组织模式创新。

与此同时,大学科技园也是高等教育产教融合体制变革的有效模式,主要是以高科技产业为引领,以技术创新为驱动,以研发和孵化为核心,以创新创业平台建设为重点,催生出的产学研结合体。它的核心功能是集聚整合创新要素、融合培育创新创业人才、孵化高新技术产业企业、辐射引领区域产业集群发展,在政府引导下,以企业(科研机构)技术创新为主导,学校人才培养参与园区技术研发项目、高新技术孵化和创新创业培育。我国第一所大学科技园于1988年由东北大学创建,后来在国家实施"产学研联合开发工程"计划和科教兴国、人才强国战略的推动下,哈尔滨工业大学科技园、清华大学科技园、北京大学科学园、南京大学科技工业园、上海大学科技园、武汉大学软件基地等一批大学科技园,成功地在大学与企业之间建立起新的科技成果转移机制和人才培养联动机制。国家层面的大学科技园建设工作于1999年启动,经过二十多年的快速发展,国家级、省级和高校自办的三级大学科技园体系日趋成熟,在促进现代服务业发展和创新创业人才培养需求方面,通过搭建创新创业实践平台,延伸了高校人才培养的功能,培养了一批既懂技术又懂管理的复合型创新创业人才。研究发现,大学科技园在政府政策引导下,以政策环境优越、高端人才集聚和学术资源汇聚的示范作用,集聚集成"学、产、研"不同领域的一流创新资源和高端创新要素,通过完善的创新创业激励政策和中介服务、孵化器管理机构,推进学校人才培养与企业用人单位之间全方位联动合作,推进产教融合的纵深发展。高校可以充分利用园区集成共享的生产性和研发性资源、雄厚的科技力量、创新创业的先进理念与文化、环境优势,通过高层次研发机构的新技术辐射与企业(科研院所)合作建设共享性技术平台、科技创业实践平台、创业教育培训平台,吸引园区企业向学校投入新技术生产线和工艺设备,提供课堂学习与企业生产实习、创新创业有机结合,共建大学生科技创新创业基地、技术技能大赛集训中心,有效实施实践教学与技术研发、生产实训的高度融合。

3. 产学研联盟模式:政府主导,以集成化技术创新平台为载体,学校参与重大技术项目攻关,进而带动人才培养

产学研联盟作为实施国家技术创新工程和高等教育产教深度融合的重要载体,已成为整合高校、科研院所的优势科技资源配置到企业科技创新活动中,促进产业技术集成创新的有效模式。与发达国家相比,我国产学研联盟仍处在初级阶段。2008年提出构建"产业技术创新战略联盟",国家六部委联合印发的《关于推动产业技术创新战略联盟构建的指导意见》(国科发政〔2008〕770号文)指出:"产业技术创新战略联盟是由企业、大学、科研机构或其他组织机构,以企业的发展需求和各方的共同利益为基础,以提升产业技术创新能力为目标,以具有法律约束力的契约为保障,形成的联合开发、优势互补、利益共享、风险共担的技术创新合作组织。"近年来,地方政府积极构建产学研联盟,在政府的战略推动、政策吸引和搭台主导下,企业、高校、科研院所在特定物理空间(园区)集聚合作,开展技术合作、建立公共技术平台、实施技术转移和联合培养人才;"学、产、研"各方通过签署具有法律约束力的合作协议,缔约成员任务分工、行为约束与利益保障;设有稳定的管理机构和管理制度。产学研联盟凭借其优势互补、利益共享、风险共担、共同发展的综合优势,已成为国家实现自主创新和科技创新资源优化配置的重要手段与有效模式。研究发现,产学研联盟其实集中指向体制性"联盟"意义、紧密型组织模式的意思,站在"产""学""研"("政")的不同立场和不同视角,便会有不同的概念解读、内容侧重和不同的组织模式,比如,站在政府立场,有政府与社会资本合作的PPP(Public Private Partnership)模式,站在高

等教育"学"的立场,就衍生出"共同体""产业(行业、企业)学院"等概念模式,均涉及体制层面的产学研紧密结合的组织模式变革。

归根到底,产学研联盟是架在产业界、科技界与教育界之间并促成沟通合作、集成共享的桥梁,企业通过与大学、科研机构联盟,可以聚合科技创新力量和资源,解决单一企业面临的科技资源短缺问题,实施产业核心技术突破;大学和科研院所可以提高科技创新资源利用效率,培养和锻炼教师队伍,拓宽办学经费来源。对高校人才培养来说,产学研联盟不仅是一个产学研结合的技术创新平台,更是一个有天然体制优势的产教融合集成化实践平台,可以弥补传统实践教学平台资源匮乏、校企合作稳定性长效性不足的弊端:各类创新资源可以及时转化为实践教学项目资源,最新技术成果可以及时融入实践教学和专业课程内容,教师参与重大技术攻关项目和成果产业化项目可以提升实践教学能力,学生也可以参与科研项目而训练专业技能。高校依托产学研联盟,可以实现实践教学与技术实际应用有效结合,对接技术前沿而激活课程改革,邀请生产企业和科研机构参与课程体系与教学内容调整修订,将最新研究成果引入教学内容或进入毕业环节。可以实施能力导向的校所企协同教育模式,教学活动组织与生产实践过程、技术研发过程紧密结合,使人才培养紧跟技术创新前沿,培养质量契合产业企业发展的现实需要。总而言之,产学研联盟具有产教融合、跨界合作的体制机制优势,既可以保障科研与生产紧密衔接,实现创新成果的快速产业化;又可以保障高校人才培养与技术创新、产业发展高度契合,提升人才培养质量和产业核心竞争力。

三、高职产教融合的国际国内典型模式

(一)国际典型模式

1. 德国双元制模式

在世界职业教育产教融合模式中,以德国为代表的双元制职业教育是许多国家学习和效仿的对象。德国双元制职业教育是以企业(教育企业)为中心的,投资的主体是企业,教学的主体也是企业。职业学院学生的入学条件主要为完全中学高中毕业生,职业或专科完全中学的高中毕业生只能进入开设有相关专

业的职业学院,有些州允许符合专科大学入学条件者入学。学生必须与培训企业签订学习合同,凭合同在职业学院注册后开始学习。整个学习期间,企业给学生发放生活津贴。在双元制职业教育中,企业都做培训,但不是所有的企业都有资格参与职业教育。据调查,德国只有四分之一的企业有资格做职业教育,这样的企业称为教育企业。一旦学生进入教育企业,就要与企业签订教育合同。按照联邦职业教育法,学生要把30%左右的时间用于学校学习,把70%左右的时间放到企业实践。企业有专门的老师负责为每个学生制订教学计划。学生在3年左右的学习时间里,所享受的津贴(不是工资)都由企业支付。双元制职业教育中,三分之二的经费由企业承担,另外三分之一的经费由政府提供。在德国,企业一旦成为教育企业,就要承担公益性社会责任,付钱培养人才,但培养的人才也可能为其他企业所用,这就是德国教育企业的社会责任。

2. 新加坡教学工厂模式

新加坡"教学工厂"是世界职业技术教育中一个全新的教学模式,就是把学校按工厂的模式办,把工厂按学校的模式办,让学生在产品生产中学到专业知识和实际技能。在新加坡职业教育改革与发展中,教学工厂模式是对德国双元制精神实质的传承,被新加坡各理工学院和工艺教育学院广泛采用。20世纪80年代,新加坡在与德国政府开展的技术合作项目中,积极借鉴德国双元制进行本国职业教育改革,希望以此实现国家经济技术的发展和人力资源的开发。但新加坡的国情并不具备实施德国双元制那样的条件,于是提出基于学院本位的"教学工厂"办学理念和教学模式,希望通过这一模式的实施,实现与德国双元制人才培养模式同等的功效,满足新加坡当时发展高新技术产业、现代服务业等高端产业对高素质技术应用型人才的迫切需要。它的内涵与功能主要表现在:第一,教学工厂是以学院为本位,而不是以企业为本位。它是在现有教学系统(包括理论课、辅导课、实验和项目安排)基础上设立的,不是"三明治"式的课程安排,也不是"双元制"课程安排。第二,企业项目和研发项目开发是教学工厂不可缺少的重要组成环节,教学工厂将实际的企业环境引入教学环境之中,将两者综合在一起,使学生能将所学的理论知识和专业技能应用于真实岗位和工作环境里。第三,教学工厂的目的是为学生提供一个更完善和更有效的学习环境和过程,是学生能力开发和教师专业能力培训的重要途径,并确保有关培训课程与企业生产需求、岗位技能需求挂钩。第四,教学工厂是一个发展模式,它随着学院的成长和发展而与时并进,学院能力基础的强化将促进教学工厂模式的提升,并加深教学与企业环境之相结合。因此,新加坡"教学工厂"既是一种教学模式,更是一种教育理念,即职业教育要与科技工艺的发展相适应,理论知识的教学要与实践技能的训练相结合,学校要与企业紧密沟通、融合培养。

3. 英国三明治模式

20世纪八九十年代,英国政府通过各种政策法律措施吸引各利益相关主体开展多方协同育人,逐渐形成了各种灵活多样的职业教育模式,其中,三明治(Sandwich)课程在国际上颇有影响力。英国最早的三明治模式是在工程和应用科学领域开发的,这些领域至今仍然在接收三明治学生。三明治课程是有效的工作本位学习形式,强调理论与实践的相互促进、对学生工作实习进行有效管理、充分发挥学生工作实习的作用。根据何杨勇、韦进等人的研究(2014年),三明治课程又译作工学交替课程,指学生进行"理论—实践—理论"(学习—工作实习—学习)的课程学习方式,通常应用于英国高等教育的四年本科学习。三明治课程是包含一年工作实习的本科学习方式,旨在促进理论和实践的融合,根据工作实习与学术学习的关系,三明治课程可以分为在实习中学术学习、实习是学术学习的资源、把学术课程应用于实习之中、学生核心技能培养四类。三明治课程实施时,对专业教师职责、整体课程的设计、实习场地的选择以及学校、企业和学生的职责等方面均有明确的规定。林健、耿乐乐等人研究认为(2019年),三明治模式的重点是课程的整合性,校内课程学术学习与在大学或学院以外的行业或专业工作经历交替进行。其中,校外工作经历必须与校内课程学习相关,将前者作为课程不可分割的一部分,由大学或学院负责并受其指导和控制。参与三明治模式学习的学生进入企业学习会获得一定的报酬,如果学生与企业双方能够达成就业意向,学生毕业后可以直接在企业工作。三明治模式的教育优势在许多领域已经被视为同样有效,如工商管理、社会科学、语言与国际研究等,至今,大多数的制造业、服务业和公共部门的许多分支,都接受三明治模式培养的学生。三明治模式基于工作导向的课程为学生提供了在工业界一年的工作机会,然而,三明治模式对学生的吸引力却正在下降。这可能是由于学生人口结构变化或经济不景气给雇主带来压力,或者因为学生是第一代接受全日制高等教育的家庭成员,渴望迅速完成学业进入就业。此外,企业不愿花大量时间管理学生、大学不易在企业为每位学生寻求到工作岗位、大学三明治工作岗位运营成本高等因素,也是选择三明治模式的学生比例下降的主要原因。

4. 澳大利亚 TAFE 模式

澳大利亚 TAFE 模式(Technical and Further Education,技术与继续教育)坚持以能力为本位、技能综合训练为基础和市场为导向的办学特点,已被公认为欧洲之外国家中最为成功的职业教育与培训模式。20 世纪 90 年代以来,澳大利亚为解决技能人才短缺问题和提升职业教育吸引力,通过制定职业教育法规政策,成立职业教育专门管理机构,以国家协作和行业参与两个因素为基础,形成以国家协作和行业主导为特征的职业教育管理体制,建立起行业企业全面参与的职业教育和培训运行机制。先后出台《通向未来的桥梁:1998—2003 年国家职业教育和培训战略》和《构建我们的未来:2004—2010 年国家职业教育与培训策略》,发布《使澳大利亚技能化:职业教育和培训的新方向》和《联邦－州政府实现澳大利亚劳动力技能化 2005—2008 协议》,通过《澳大利亚劳动技能化法案》,确定了职业教育发展的国家目标和管理、规划、拨款、会计等制度。TAFE 模式的成功主要得益于国家资格框架体系,通过国家资格框架构建起来现代职业教育与培训体系。职业教育体系的国家框架包括三个组成部分,即国家资格体系、国家培训质量保证体系和培训包,其中的国家资格体系是核心。TAFE 学院采用"一所学校、多种学制"的办法,开展职业教育与培训,学制比较灵活,全日制学生根据实际情况自主安排学习时间。学院内存在多种形式的职业教育,既有正规教育也有非正规教育,既有职前教育又有职后教育,既有全日制教育也有社会业余培训教育等,学生中一半以上来自中学毕业生,其他是在职职工或失业人员再培训,课程开发严格依据行业培训顾问委员会制定的经澳大利亚国家培训局批准后颁发的培训包。TAFE 模式涵盖了职业教育、培训和继续教育,整合贯通了劳动力培训、职业资格标准、职业教育与基础教育衔接以及终身教育等各环节,它是澳大利亚全国通用的职业技术教育形式,也是职业教育产教融合的典型模式。

(二) 国内基本模式

1. 校企共建生产性实训基地

高职院校校内生产性实训是由学校提供场地和管理,企业提供设备、技术和师资支持,校企合作联合设计和系统组织实训教学的实践教学模式。生产性实训基地同时具有学校育人和企业产品生产的双重功能,是推动产教融合、校企合作的重要载体,也是提高职业教育人才培养质量和就业竞争力的有效途径。教育部 2015 年发布的《高等职业教育创新发展行动计划(2015—2018 年)》指出:"推动校企共建校内外生产性实训基地、技术服务和产品开发中心、技能大师工作室、创业教育实践平台等。"从国家示范性建设到"双高计划"建设,高职院校生产性实训也从基于"仿真操作"的仿真型基地走向了更高层次的基于"真实生产"的生产型基地建设。仿真型是将企业真实生产流程按一定比例缩小的仿真操作平台,可以展示完整生产过程、模拟常规操作过程,但缺乏真实性和实战性,学生对岗位技能获得、操作安全规范等体验不够。基于真实生产的生产性实训基地建设主要分学校主导和企业主导两种模式,学校主导模式主要是以学校为主组织生产和实训,学校自主建设、企业来料加工、按市场机制运行,在生产产品和经营业务的同时,完成对学生的实训教学任务;企业主导模式主要是学校提供场地、企业为主组织生产和实训,场地完全按照企业的工厂车间进行设计与建造,既加工生产真实产品又满足现场实践教学需要,实训过程与生产过程完全同步。"生产性"是生产性实训基地存在的必要条件。生产性实训基地要求校企合作必须依托企业某一典型产品的生产过程,生产项目与教学项目同步合一,整个实训过程实际上是某一典型产品的整个生产过程。企业基于真实产品的生产项目来执行实践教学计划、训练学生岗位技术技能,实践教学内容通过真实生产项目、真实职业岗位来体现,与职业技能标准相符合。

近年来,高职院校在生产性实训基地建设中探索了众多产教融合体制变革的模式。国务院 2017 年印发的《关于深化产教融合的若干意见》指出:"鼓励以引企驻校、引校进企、校企一体等方式,吸引优势企业与学校共建共享生产性实训基地。"根据陈玉峰等人的研究(2018 年),石家庄职业技术学院在共建共享型生产性实训基地方面,探索了"引智型""引资型""投资型"等合作模式,构建了"五结合"实践教学模式。其中,"引智型"即引入行业领军人物、企业高端人才(设计大师)及其设计公司进校园,成立特色学院(如晏均设计学院)、建设创意空间;实施现代学徒制,利用企业承接的创意项目,让学生全程参与项目设计、文创产品研发和创意设计比赛,实现专业建设与行业发展对接。"投资型"即学院向企业投入部分生产设备与企业联合建设,基地均设在企业,依托实体企业把实践教学和产品生产结合起来。比如,该校与石家庄数英仪器有限公司合作共建了电子信息类生产性实训基地,与河北浦安检测技术有限公司共建了食品检测生产性实训基地,与河北合佳化学品有限公司共建了化工制药类生产性实训基地。黄德桥、杜文静等人研究认为(2019年),基于产教融合的生产性实训基地应该具有鲜明的社会性、实践性、对接性和全程性等特征:要突出培养学生技术技能的社会属性,表现在教学与生产性活动均采用社会化标准;要在真实的工作环境中实干真做,既满足教学活动需要,又开展生产经营活动;学校和行业企业要将协作规划融入产业活动、将育人活动对接人才标准,把产业前沿科技、产业理念、产业文化、产业力量引入教学活动;员工培养要纵深贯穿于专业规划、课程标准、职业标准、岗位任务、生产运营等全过程,实训基地是就业孵化与生产实践的多功能基地。尽管有以上探索,但是在生产性实训基地建设中,"产"与"教"之间在运行治理方面仍然存在矛盾和冲突,供给侧与需求侧的耦合不能实现动态平衡,比如,院校教学实践与企业生产运营的矛盾,单一性技能训练与岗位技能多元化不匹配,"双导师制"育人机制不完善,人才培养成本分担机制缺失等难题突出。

2. 校行企组建职教集团

职业教育集团是指由一个或多个职业院校与行业、企业、政府等多个具有独立法人资格的组织、团体、协会等在自愿平等、互利共赢的基础上,以职业教育人才培养、促进就业、服务社会为核心,以章程为共同行为规范而组建的产教融合组织形态,具有民间性、契约性、松散性、开放性等特征。2015年,教育部印发《关于深入推进职业教育集团化办学的意见》(教职成〔2015〕4号文),提出职业教育集团化办学的指导思想和目标任务:要坚持以服务发展为宗旨、促进就业为导向,以建设现代职业教育体系为引领,以提高技术技能人才培养质量为核心,以深化产教融合、校企合作、创新技术技能人才系统培养机制为重点,充分发挥政府推动和市场引导作用,本着加入自愿、退出自由、育人为本、依法办学的原则,鼓励国内外职业院校、行业、企业、科研院所和其他社会组织等各方面力量加入职业教育集团,探索多种形式的集团化办学模式,创新集团治理结构和运行机制,全面增强职业教育集团化办学的活力和服务能力。2017年,国务院印发的《关于深化产教融合的若干意见》提出:鼓励区域、行业骨干企业联合职业院校共同组建产教融合集团(联盟)。集团化办学是一种以契约为纽带构建的大规模、多层次组织样态,可以通过产教融合、校企合作推动不同主体优势互补,通过以强带弱推进教育资源优质均衡发展,扩大优质资源的覆盖面和受益面。根据崔炳辉(2019年)、刘立峰(2020年)等人的研究,我国职业教育集团类型多样,根据组织形式和服务面向不同,可分为行业型(约54%)、区域型(约14%)、复合型(约13%)、特色型(约13%)、涉外型(约3%)职教集团。从成员构成上看,职业教育集团以政府主导、学校主体、行业引领、企业参与等多元组建,各成员单位的原有领导体制、产权性质、组织结构、人事关系等基本不变,主要在办学模式与层级、专业设置与布局、教育教学与改革、科研开发与利用、学生培养与实训、师生创新与创业、社会服务与培训方面实行相对的统一规划和管理。从实践探索看,我国职业教育集团多以行政主管部门批准成立为主,自上而下的政府行政驱动是集团组建的主要推力,集团的牵头单位要么是省级示范(骨干)院校,有较高办学水平和教科研成果,要么是规模以上企业,有生产经营特色项目和特色优势,其他成员在集团化办学过程中的作用并不突出。在内部治理和制度建设层面,职教集团缺乏与其自身发展相配套的制度安排,没有理顺政府、行业、企业和学校等在集团成员中的地位、角色和作用,各方的积极性未充分调动起来,各方的利益需求未得到实质性满足。处于松散结合阶段的职业教育集团,各成员之间在人才供求信息、行业职业标准、职业技能标准等方面对接还不到位,在资源配置、公共服务、财税体制、舆论氛围等方面主要靠行政权力和长官意志推进,"集而不团"是职教集团的严峻事实。

刘立峰、李孝更研究了全国职业教育集团化办学统计与公共服务平台上118个职业教育集团化办学的典型案例,发现:职业教育集团已基本建立了由决策、组织协调和执行组成的三层级组织构架,然而,相应的资产管理制度、考核奖励制度、定期交流制度、成员加盟与退出制度等建制落后。调查的118个职业教育集团中,近60%的决策机构是理事会,近30%的决策机构是专业教学指导委员会等,其他未说明管理体制与运行机制;约24%制定了集团章程,其他基本按合作协议建立相应的管理制度;约12%建立了考核奖励制度;约11%开设了集团网站;少数集团通过举办学术论坛、技能大赛和就业推介会、企业家沙龙,编发集团简报、联合编写出版教材和联合申报项目等方式,积极增强内部吸引力和凝聚力。重庆工商职业教育集团创造性、探索性地提出了"职教股份"的概念。但是,职教集团在实际运行中,利益各方存在着知与行、建与用、责与利等方面的矛盾冲突,在研究对象自述的329条问题中,有46%涉及"校企合作不深入""集团管理松散""政府扶持政策缺乏""经费来源不明晰(足)",存在各自为政的体制性障碍、各自为准的制度性障碍、各自为利的权益性障碍、信息不一的沟通性障碍、不平衡带来的心理性障碍。比如,财权和事权不匹配、分权不彻底的压力型管理体制,高职学校资源匮乏和企业生产供给的价值二元对立,教育公益性与资本逐利化博弈的文化管理体制,致使多元参与主体各自为政。这些障碍制约了集团化办学在不同领域的实质性跨越和整体性价值实现,带来优质职教资源服务供给效率低下、集成集约性不足和供需结构失衡等弊端。除此之外,职业教育集团虽然在法人登记注册模式上取得了较大进展(有公章,可以举办正式的社会活动和实施办学项目),但是,产权问题与体制机制问题没有得到根本性解决,普遍面临集团自身的合法性问题。

3. 校企共建产业学院

产业学院是产教融合、校企合作的新型办学实体,校企共建产业学院是推进职业教育产教融合的重要突破口。高职产业学院是由高职院校和具有相当规模的企业,围绕企业生产经营和学校人才培养而形成产学研一体化深度合作、共享共赢的校企联合体。2017 年,国务院印发《关于深化产教融合的若干意见》提出:鼓励企业依托或联合职业学校设立产业学院。2020 年,教育部办公厅与工业和信息化部办公厅印发《现代产业学院建设指南(试行)》(教高厅函〔2020〕16 号文),决定在特色鲜明、与产业紧密联系的高校(重点是应用型高校),建设若干与地方政府、行业企业等多主体共建共管共享的现代产业学院,并提出:突出高校科技创新和人才集聚优势,强化"产学研用"体系化设计;将人才培养、教师专业化发展、实训实习实践、学生创新创业、企业服务科技创新功能有机结合,促进产教融合、科教融合,打造集产、学、研、转、创、用于一体,互补、互利、互动、多赢的实体性人才培养创新平台。我国高职较早探索产业学院的是中山职业技术学院 2012 年与当地镇政府合作兴办的沙溪纺织服装学院等 4 个产业学院,服务当地产业集群发展。产业学院的企业主体一般具备较先进的生产经营环境,能将行业中的最新实验仪器设备、企业项目案例、课程资源等软硬件资源投入到教育教学过程中。产业学院在区域产业集聚区内办学,利用了知识和信息外溢效应,节约了企业的人才招聘成本、技术研发成本和市场交易成本,产学合作机制契合了政府、产业、学校、企业和学生的利益。

目前,高职院校产业学院建设尚处于起步阶段,存在布局不到位、办学职能不全、治理体系不完善等突出问题。王姣姣等人(2021 年)分析了江西省 17 个产业学院的办学性质、办学模式、面向行业和治理模式,认为通过重构专业、对接产业需求是高职产业学院建设的关键与逻辑。高职产业学院办学性质可分为国有性质和混合所有性质两大类,根据产业学院举办单位的组成情况,大体可以分为校企共建、校地共建和校行企共建三种办学模式,治理模式主要分为董事会领导下的院长负责制模式和二级学院党委领导下的"一核多中心"模式("一核"指掌握产业学院各项工作决策权的学院党政班子,"多中心"指承担具体工作事务的非领导组织,如校企合作委员会、学术委员会或教代会等)。根据杨应慧(2018年)、周红利(2021年)等人的研究,产教融合背景下高职院校产业学院发展存在的问题,包括政府政策支持力度不足、主体参与积极性不高,职责不清、治理方式不健全,利益共赢难以达成、产业学院运作成本较高、校企合作层次不平衡等。实际运行中不能充分发挥各类办学职能,主要职能定位在服务人才培养(现代学徒制或订单班形式)和师资队伍建设方面(教师实践能力),未能与企业共同建立技术研发中心、联合开展科研项目、共同开展职业技能培训等;未能建立完善的治理结构,二级产业学院存在着法律地位不明确、行政色彩浓厚、缺乏现代治理结构、缺乏市场化运行机制等。产业学院作为典型的利益相关者组织,应具备完善的治理体系和治理结构,保障产业学院的高效运行,保障人才培养质量,提升服务产业能力,应成为集人才培养、科研服务和成果转化于一体的校企共享中心。

4. 企业主导的现代学徒制改革

现代学徒制又称企业现代学徒制,强调企业主导下校企合作育人,以稳固的师徒关系为基础,系统地进行技术实践能力学习,已成为高职深化产教融合、校企合作的重要路径。2014年,教育部印发《关于开展现代学徒制试点工作的意见》(教职成〔2014〕9号文),推动现代学徒制在我国职业教育领域的实践探索,成为现代学徒制政策正式颁布的标志。文件提出试点工作内涵包括:积极推进招生与招工一体化、深化工学结合人才培养模式改革、加强专兼结合师资队伍建设、形成与现代学徒制相适应的教学管理与运行机制。2015年,人力资源社会保障部办公厅、财政部办公厅印发《关于开展企业新型学徒制试点工作的通知》(人社厅发〔2015〕127号文),在企业推行以"招工即招生、入企即入校、企校双师联合培养"为主要内容的企业新型学徒制,探索企业职工培训新模式。试点工作为期两年,在北京、上海、江苏等12个省(区、市)铺开,每个省选择3～5家大中型企业作为试点单位,每家企业选拔100人左右参加学徒制培训。2019年,教育部印发《关于全面推进现代学徒制工作的通知》(教职成厅函〔2019〕12号文),总结现代学徒制试点经验,全面推广政府引导、行业参与、社会支持、企业和职业学校双主体育人的中国特色现代学徒制,落实"招生招工一体化、标准体系建设、双导师团队建设、教学资源建设、培养模式改革、管理机制建设"六大重点任务。现代学徒制可以帮助解决校企合作中政府统筹缺少程序和政策可依、顶岗实习难以保证质量、学校培养人才与企业对接困难、学生学习积极性有限等问题。根据黄旭升等人(2019年)对天津市现代学徒制试点实践的研究,天津市先后选拔了三批共16家试点单位(包括13家高职院校与3家企业),各试点单位在双主体育人模式、双招一体化招生机制、合作企业等三个方面逐渐形成了鲜明的本土特色,而在主导权、师资队伍建设与利益诉求三个问题上出现了困惑,如在主导意向上,私企表现得比国企明显;双向挂职的教师和师傅,其工作量与薪酬无法对等核算;学校教学过程的完整性有被切割分块的危险,试点制度设计显得滞后。

教育部实施的现代学徒制以高职院校试点为主,截至2018年8月,教育部先后批准562个试点单位开展现代学徒制试点,其中行业单位21家,试点地区20个,试点企业17家,试点高职院校410所,试点中职学校94所。三个批次试点企业共17家(第一批8家、第二批5家、第三批4家),企业试点仅占3%。孙翠香(2019年)以教育部批准的17家现代学徒制企业试点为例,研究认为,现代学徒制作为一种技术技能人才培养模式,"企业"是实施现代学徒制的关键所在,"企业积极性不高"是制约现代学徒制的瓶颈,需要重点突破。目前,基于企业开展的现代学徒制试点呈现如下特点:区域分布上以中东部省份的企业为主,缺少来自西部省份的企业试点;专业分布上以传统制造类、电子信息类专业为主,偏技术类的专业,尚未涉及第一产业及新兴产业的专业;试点企业中有三分之二选择同时与多所高职院校合作,三分之一选择只与一所学校合作;资金投入以企业投入为主、高职院校投入为辅,地方政府投入较少;获取企业所需要的人才是企业参与现代学徒制的主要动因,试点内容聚焦于机制、制度和标准的探索。总之,从现代学徒制的政策实施和地方试点情况看,企业现代学徒制在试点区域、试点专业上表现得不平衡,资金投入缺乏充分保障,试点内容与企业实际经营存在偏差,企业试点动力不足,企业主导的师徒关系不稳固,人才培养制度创新、成效和特色还不明显。

5. 突破体制的混合所有制办学改革

高职混合所有制办学是职业教育创新体制机制的有效路径,也是深化产教融合、校企合作的重要实践模式。2014年,李克强总理在主持召开国务院常务会议、部署加快发展现代职业教育时,首次提出发展混合所有制职业院校;国务院《关于加快发展现代职业教育的决定》(国发〔2014〕19号文)明确提出"探索发展股份制、混合所有制职业院校,允许以资本、知识、技术、管理等要素参与办学并享有相应权利"。自国家政策发布以来,全国近20个省份在政府文件中提出要积极探索混合所有制职业院校,教育部《高等职业教育创新发展行动计划(2015—2018年)》任务(项目)承接一览表显示,有22个省(区、市)提出关于"混合所有制"的项目。2019年,《国家职业教育改革实施方案》提出"鼓励发展股份制、混合所有制等职业院校和各类职业培训机构"。近年来,以山东省为代表的区域职业院校在地方政府的政策支持下,对混合所有制办学进行了积极的探索与实践,出台了一系列相关文件。根据郭素森等人(2019年)基于全国职业教育混合所有制办学研究联盟平台的研究,混合所有制职业院校作为新时代在中国大地上生长出来的新型办学形式,兼具公办院校资源优势和民办院校体制机制优势而表现出强大生命力,但是,办学面临着以下困境:一是法律法规不健全,造成混合所有制职业院校法人属性不明确的尴尬;二是教育的公益性和社会资本的逐利性之间的矛盾,造成办学投资方(主体)的不同诉求出现较大分歧;三是法人治理结构复杂,内部运行需进一步理顺责、权、利关系;四是监督机制不健全,缺少与之对应的评价体系,等等。总之,职业教育领域引入混合所有制,旨在推动产教融合、校企合作真正"落地",旨在通过资本融合机制调动办学各方积极性,但是作为一种突破体制的新型办学模式,高职混合所有制办学涉及产权、股权、跨界治理等多层面复杂问题,面临现有法律、制度、政策等束缚,而这些难题和束缚正是当前高职教育改革和发展的难点痛点,也是高职产教融合体制变革中急需探索突破的重点内容。

第三节　产教融合与混合所有制办学政策

高职产教融合的体制机制变革,既要有国家层面政策的顶层设计、宏观引领,又要有产业领域和教育领域具体制度的保驾护航、配套耦合。目前,与高职产教融合紧密相关的国家政策和制度主要有四个,即国务院发布的产教融合专项意见和职教 20 条,教育部牵头制定的"双高计划",以及发改委牵头制定的产教融合型企业建设办法。而国家层面还没有对高职混合所有制办学出台专项政策,只是在上述产教融合宏观政策中有相关表述。本节将其梳理如下,从中可以把握高职教育产教融合与混合所有制办学的政策导向。

一、国务院办公厅关于深化产教融合的若干意见

由于受体制机制等多重因素的影响,我国高职人才培养供给侧和产业需求侧在结构、质量、水平上还不能完全适应,产教"两张皮"问题仍然存在,迫切需要深化产教融合、校企合作,促进教育链、人才链与产业链、创新链有机衔接,推进人力资源供给侧结构性改革。2017 年 12 月 5 日,国务院办公厅发布《关于深化产教融合的若干意见》(国办发〔2017〕95 号文),提出深化产教融合的主要目标是:逐步提高行业企业参与办学程度,健全多元化办学体制,全面推行校企协同育人,用 10 年左右时间,教育和产业统筹融合、良性互动的发展格局总体形成,需求导向的人才培养模式健全完善,人才教育供给与产业需求重大结构性矛盾基本解决,职业教育、高等教育对经济发展和产业升级的贡献显著增强。文件中"强化企业重要主体作用"和"推进产教融合人才培养改革"两个部分,表达了产教融合政策的核心思想与重点内容。文件第三部分提出"强化企业重要主体作用",包括 6 个方面的内容和措施,即拓宽企业参与途径;深化"引企入教"改革;开展生产性实习实训;以企业为主体推进协同创新和成果转化;强化企业职工在岗教育培训;发挥骨干企业引领作用。其中,第八条"拓宽企业参与途径"提出:鼓励企业以独资、合资、合作等方式依法参与举办职业教育、高等教育。坚持准

入条件透明化、审批范围最小化、细化标准、简化流程、优化服务,改进办学准入条件和审批环节。通过购买服务、委托管理等,支持企业参与公办职业学校办学。鼓励有条件的地区探索推进职业学校股份制、混合所有制改革,允许企业以资本、技术、管理等要素依法参与办学并享有相应权利。第十条"开展生产性实习实训"提出:健全学生到企业实习实训制度。鼓励以引企驻校、引校进企、校企一体等方式,吸引优势企业与学校共建共享生产性实训基地。支持各地依托学校建设行业或区域性实训基地,带动中小微企业参与校企合作。通过探索购买服务、落实税收政策等方式,鼓励企业直接接收学生实习实训。推进实习实训规范化,保障学生享有获得合理报酬等合法权益。文件第四部分"推进产教融合人才培养改革"的第十五条"推进产教协同育人"提出:坚持职业教育校企合作、工学结合的办学制度,推进职业学校和企业联盟、与行业联合、同园区联结。大力发展校企双制、工学一体的技工教育。深化全日制职业学校办学体制改革,在技术性、实践性较强的专业,全面推行现代学徒制和企业新型学徒制,推动学校招生与企业招工相衔接,校企育人"双重主体",学生学徒"双重身份",学校、企业和学生三方权利义务关系明晰。实践性教学课时不少于总课时的50%。第十八条"加快学校治理结构改革"提出:建立健全职业学校和高等学校理事会制度,鼓励引入行业企业、科研院所、社会组织等多方参与。推动学校优化内部治理,充分体现一线教学科研机构自主权,积极发展跨学科、跨专业教学和科研组织。

由上可见,该文件对产教融合中企业主体作用的内容、实现途径等提出指导性意见,对高职产教融合中体制改革层面的主要政策导向是"鼓励有条件的地区探索推进职业院校股份制、混合所有制改革";对人才培养机制改革层面的主要政策导向是"在技术性、实践性较强的专业,全面推行现代学徒制和企业新型学徒制"。

二、国务院关于国家职业教育改革实施方案

为贯彻全国教育大会精神,落实《中华人民共和国职业教育法》,2019年1月24日,国务院制定发布《国家职业教育改革实施方案》(国发〔2019〕4号文),又称"职教20条",明确提出职业教育与普通教育是两种不同教育类型,具有同

等重要地位。国家职业教育改革的总体要求是：经过5~10年左右时间，职业教育基本完成由政府举办为主向政府统筹管理、社会多元办学的格局转变，由追求规模扩张向提高质量转变，由参照普通教育办学模式向企业社会参与、专业特色鲜明的类型教育转变，大幅提升新时代职业教育现代化水平，为促进经济社会发展和提高国家竞争力提供优质人才资源支撑。具体指标是：到2022年，职业院校教学条件基本达标，一大批普通本科高等学校向应用型转变，建设50所高水平高等职业学校和150个骨干专业（群）。建成覆盖大部分行业领域、具有国际先进水平的中国职业教育标准体系。企业参与职业教育的积极性有较大提升，培育数以万计的产教融合型企业，打造一批优秀职业教育培训评价组织，推动建设300个具有辐射引领作用的高水平专业化产教融合实训基地。该文件着重强调了以下产教融合的落地行动：

第一部分"完善国家职业教育制度体系"的第三条"推进高等职业教育高质量发展"提出：高等职业学校要培养服务区域发展的高素质技术技能人才，重点服务企业特别是中小微企业的技术研发和产品升级，加强社区教育和终身学习服务。启动实施中国特色高水平高等职业学校和专业建设计划，建设一批引领改革、支撑发展、中国特色、世界水平的高等职业学校和骨干专业（群）。

第二部分"构建职业教育国家标准"的第六条"启动1+X证书制度试点工作"提出：深化复合型技术技能人才培养培训模式改革，启动1+X证书制度试点工作。院校内培训可面向社会人群，院校外培训也可面向在校学生。各类职业技能等级证书具有同等效力，持有证书人员享受同等待遇。

第三部分"促进产教融合校企'双元'育人"的第十条"推动校企全面加强深度合作"提出：职业院校应当根据自身特点和人才培养需要，主动与具备条件的企业在人才培养、技术创新、就业创业、社会服务、文化传承等方面开展合作。学校积极为企业提供所需的课程、师资等资源，企业应当依法履行实施职业教育的义务，利用资本、技术、知识、设施、设备和管理等要素参与校企合作，促进人力资源开发。校企合作中，学校可从中获得智力、专利、教育、劳务等报酬，具体分配由学校按规定自行处理。在开展国家产教融合建设试点基础上，建立产教融合型企业认证制度，对进入目录的产教融合型企业给予"金融＋财政＋土地＋信用"的组合式激励，并按规定落实相关税收政策。第十一条"打造一批高水平实训基地"提出：建设一批资源共享，集实践教学、社会培训、企业真实生产和社会技术服务于一体的高水平职业教育实训基地。面向先进制造业等技术技能人才紧缺领域，统筹多种资源，建设若干具有辐射引领作用的高水平专业化产教融合实训基地，推动开放共享，辐射区域内学校和企业；鼓励职业院校建设或校企共建一批校内实训基地，提升重点专业建设和校企合作育人水平。积极吸引企业和社会力量参与，指导各地各校借鉴德国、日本、瑞士等国家经验，探索创新实训基地运营模式。

第四部分"建设多元办学格局"的第十三条"推动企业和社会力量举办高质量职业教育"提出：支持和规范社会力量兴办职业教育培训，鼓励发展股份制、混合所有制等职业院校和各类职业培训机构。建立公开透明规范的民办职业教育准入、审批制度，探索民办职业教育负面清单制度，建立健全退出机制。

由上可见，《国家职业教育改革实施方案》在明确职业教育"类型"地位时，着重对高职产教融合的办学体制和育人机制改革做出政策性安排，强调高水平项目建设（学校建设项目、专业建设项目），强调高水平实训基地建设，对产教融合校企双元育人体制改革的政策导向是"鼓励发展股份制、混合所有制等职业院校"，与之前的"鼓励有条件的地区探索推进职业院校股份制、混合所有制改革"政策相比，又向前跨出了一步。

三、教育部财政部关于"双高计划"建设的实施意见

为落实《国家职业教育改革实施方案》，2019年3月29日，教育部和财政部联合印发《关于实施中国特色高水平高职学校和专业建设计划的意见》（教职成〔2019〕5号文），提出：强力推进产教融合、校企合作，聚焦高端产业和产业高端，重点支持一批优质高职学校和专业群率先发展，引领职业教育服务国家战略、融入区域发展、促进产业升级。"双高计划"坚持"产教融合"的基本原则，即创新高等职业教育与产业融合发展的运行模式，精准对接区域人才需求，提升高职学校服务产业转型升级的能力，推动高职学校和行业企业形成命运共同体，为加快建设现代产业体系，增强产业核心竞争力提供有力支撑。总体目标是：集中力量建设50所左右高水平高职学校和150个左右高水平专业群，打造技术技能人才培养高地和技术技能创新服务平台，支撑国家重点产业、区域支柱产业发展，引领新时代职业教育实现高质量发展。到2022年，列入计划的高职学校和专业群办

学水平、服务能力、国际影响显著提升,形成一批有效支撑职业教育高质量发展的政策、制度、标准。到2035年,一批高职学校和专业群达到国际先进水平,职业教育高质量发展的政策、制度、标准体系更加成熟完善,形成中国特色职业教育发展模式。

该文件提出国家"双高计划"建设的十项"改革发展任务",即加强党的建设;打造技术技能人才培养高地;打造技术技能创新服务平台;打造高水平专业群;打造高水平双师队伍;提升校企合作水平;提升服务发展水平;提升学校治理水平;提升信息化水平;提升国际化水平。其中:在第二项"打造技术技能人才培养高地"任务中提出:深化复合型技术技能人才培养培训模式改革,率先开展"学历证书+若干职业技能等级证书"制度试点。在第三项"打造技术技能创新服务平台"任务中提出:建设集人才培养、团队建设、技术服务于一体,资源共享、机制灵活、产出高效的人才培养与技术创新平台,重点服务企业特别是中小微企业的技术研发和产品升级。建设兼具科技攻关、智库咨询、英才培养、创新创业功能,体现学校特色的产教融合平台,服务区域发展和产业转型升级。进一步提高专业群集聚度和配套供给服务能力,与行业领先企业深度合作,建设兼具产品研发、工艺开发、技术推广、大师培育功能的技术技能平台,服务重点行业和支柱产业发展。在第四项"打造高水平专业群"任务中提出:校企共同研制科学规范、国际可借鉴的人才培养方案和课程标准,将新技术、新工艺、新规范等产业先进元素纳入教学标准和教学内容,建设开放共享的专业群课程教学资源和实践教学基地。组建高水平、结构化教师教学创新团队,探索教师分工协作的模块化教学模式,深化教材与教法改革,推动课堂革命。在第五项"打造高水平双师队伍"任务中提出:培育引进一批行业有权威、国际有影响的专业群建设带头人,着力培养一批能够改进企业产品工艺、解决生产技术难题的骨干教师,合力培育一批具有绝技绝艺的技术技能大师。聘请行业企业领军人才、大师名匠兼职任教。在第六项"提升校企合作水平"任务中提出:与行业领先企业在人才培养、技术创新、社会服务、就业创业、文化传承等方面深度合作,形成校企命运共同体。主动参与供需对接和流程再造,推动专业建设与产业发展相适应,实质推进协同育人。施行校企联合培养、双主体育人的中国特色现代学徒制。推行面向企业真实生产环境的任务式培养模式。

从文件可以看出,"双高计划"是从学校层面出发,落实国家产教融合办学政策的具体行动方案,更多强调学校与企业合作中的机制层面、模式层面改革,比如基本原则中提到"推动高职学校和行业企业形成命运共同体",总体目标中提到"形成一批有效支撑职业教育高质量发展的政策、制度、标准",十大任务中提到"体现学校特色的产教融合平台""施行校企联合培养、双主体育人的中国特色现代学徒制",等等。该文件虽然没有直接出现产教融合体制层面的"股份制、混合所有制改革"内容,但明确了高职院校产教融合的基本原则和建设主线,这些机制变革与模式变革正是"职教20条"产教融合体制层面变革的探索内容。

四、国家发展改革委和教育部联合建设产教融合型企业

2019年3月28日,国家发展改革委和教育部联合印发《建设产教融合型企业实施办法(试行)》(发改社会〔2019〕590号文),明确提出:按照政府引导、企业自愿、平等择优、先建后认、动态实施的基本原则,建设产教融合型企业。根据办法,我国将重点建设培育主动推进制造业转型升级的优质企业,现代农业、智能制造、高端装备、新一代信息技术、生物医药、节能环保等急需产业领域企业,以及养老、家政、托幼、健康等社会领域龙头企业。优先考虑紧密服务国家重大战略、技术技能人才需求旺盛、主动加大人力资本投资、发展潜力大、履行社会责任贡献突出的企业。省级行政区域内的企业按照自愿申报、复核确认、建设培育、认证评价程序开展产教融合型企业建设实施。中央企业、全国性特大型民营企业整体申报建设国家产教融合型企业,由国家发改委、教育部会同相关部门部署实施。办法明确,各地要落实国家支持企业参与举办职业教育的各项优惠政策,结合开展产教融合建设试点,在项目审批、购买服务、金融支持、用地政策等方面对建设培育企业给予便利的支持服务。进入认证目录企业,国家给予"金融+财政+土地+信用"的组合式激励,并按规定落实相关税收政策。激励政策与企业投资兴办职业教育、接受学生实习实训、接纳教师岗位实践、开展校企深度合作、建设产教融合实训基地等工作挂钩。进入认证目录的企业建立实施推进产教融合工作年报制度,并向全社会公示。

2019年9月25日,国家发展改革委、教育部、工业和信息化部、财政部、人力资源社会保障部、国资委等六部门联合印发《国家产教融合建设试点实施方案》(发改社会〔2019〕1558号文),明确提出:通过5年左右的努力,试点布局50

个左右产教融合型城市,在试点城市及其所在省域内打造一批区域特色鲜明的产教融合型行业,在全国建设培育1万家以上的产教融合型企业,建立产教融合型企业制度和组合式激励政策体系。《实施方案》提出,要充分发挥城市承载、行业聚合、企业主体作用,重点在完善发展规划和资源布局、推进人才培养改革、降低制度性交易成本、创新重大平台载体建设、探索发展体制机制创新等方面先行先试。有条件的地方要以新发展理念规划建设产教融合园区。健全以企业为重要主导、高校为重要支撑、产业关键核心技术攻关为中心任务的高等教育产教融合创新机制。省级政府和试点城市要紧密围绕产教融合制度和模式创新,统筹开展试点,落实支持政策,加强组织实施,确保如期实现试点目标。

2019年10月12日,国家发展改革委办公厅和教育部办公厅印发《试点建设培育国家产教融合型企业工作方案》(发改办社会〔2019〕964号文)。该方案在《建设产教融合型企业实施办法(试行)》规定的产教融合型企业建设培育条件外,进一步画出了一些"硬杠杠"。比如,中央企业和全国性特大型民营企业整体申报建设培育国家产教融合型企业的,中央企业应纳入国务院国资委代表国务院履行出资人职责的国家出资企业名录,或中央直接管理的其他企业。民营企业(含外商投资企业)主要经营财务指标应处于行业或区域领先地位,并且给出了明确的参考指标,如建筑业、房地产业企业的资产总额应大于1 500亿元,营业收入大于300亿元。其中,"建立一线技术人员或管理研发人员到职业院校或高等学校兼职制度,或者依托企业建设'双师型'教师培养培训基地"成为申报企业必须达到的四项基本条件之一。此外,申请试点建设培育国家产教融合型企业,还面临企业独立办学、接收学生实习实训、面向社会开展技术技能培训、校企合作共建产教融合实训基地等"选答题"。例如,直接作为举办者独立举办一家以上职业院校(含技工院校)或高等学校,年招收全日制学生共1 500人以上,全日制在校生共4 000人以上。建设完善标准化、规范化的实习实训设施,开展现代学徒制、企业新型学徒制或"1+X"证书制度试点,近3年内接收职业院校或高等学校学生(含军队院校专业技术学员)开展每年3个月以上实习实训累计达3 000人以上,等等。申报企业应至少具备7项可选基本条件中的两项。

不难看出,教育部财政部的"双高计划"和发改委教育部建设产教融合型企业这两个文件,分别从学校侧和企业侧两个方面回应了深化产教融合、校企合作的政策导向和目标措施,也是与之前国务院《深化产教融合的若干意见》和"职教

20条"这两项产教融合宏观政策相配套的具体落地政策。当然,在以上四大政策相继出台的过程中,2018年2月5日,教育部还与国家发展改革委、工业和信息化部、财政部、人力资源社会保障部、国家税务总局等六部门联合出台《职业学校校企合作促进办法》(教职成〔2018〕1号文),旨在促进、规范、保障职业学校校企合作,发挥企业在实施职业教育中的重要办学主体作用,推动形成产教融合、校企合作、工学结合、知行合一的共同育人机制,完善现代职业教育与培训体系。

五、高职院校混合所有制办学的相关政策及导向

产教融合的理想状态离不开组织层面的一体化,在此过程中,"学、产、研"要素资源作为合作组织之间彼此联结的重要纽带,如何使不同类型的资源最大效度地满足区域内相关组织的需求,是高职深化产教融合、校企合作的本质问题。"双高计划"院校建设的主要抓手是产教融合集成化实践平台,集实践教学、企业真实生产和技术服务、社会培训于一体,落实人才培养整体效能,但是"双高计划"院校普遍缺少高水平研究平台、实践平台和技术创新平台,并且存在硬件水平不高、教研联动不强、企业参与不足、高质量研究成果不多、技术转化和应用率低、科研团队水平弱等问题。有学者研究认为,一些学校通过现代学徒制或国际资格认证等作为人才培养建设的突破口,但是还徘徊在常规性和基础性的办学要素集聚、低效率运转上,对平台组合在一起的制度、标准、模式、绩效等效应考虑不够,品牌效应和标杆引领远远不够。在"双高计划"建设过程中,混合所有制办学已成为高职办学模式在产教融合体制上突破的重要内容,比如,通过产业学院、产教融合集成化平台等进行混合所有制办学。尽管国家层面还没有针对高职混合所有制办学出台专门政策,但是,对应"职教20条"提出的"支持和规范社会力量兴办职业教育培训,鼓励发展股份制、混合所有制等职业院校和各类职业培训机构"相关政策,区域性"职教高地建设"和省市"高职质量工程"不同程度地将混合所有制办学列为体制突破的重要内容。2016年以来,山东等省份对职业院校混合所有制办学改革进行了积极的探索与实践,并出台了一系列相关文件。其中,2017年2月,山东省教育厅、财政厅在《关于实施山东省职业教育质量提升计划的意见》中明确提出,2020年,要实现遴选认定40个左右具有示范引领作用的山东省职业院校混合所有制(二级学院)试点项目的目标。2019年2月,

河北省人民政府出台了《职业院校股份制混合所有制办学试点方案》,提高了职业院校探索混合所有制办学的积极性。2020年9月初,山东省教育厅、山东省委组织部、山东省委编办等14部门联合印发《关于推进职业院校混合所有制办学的指导意见(试行)》(鲁教职字〔2020〕10号文),结合职业教育创新发展高地建设,深入推进职业院校混合所有制改革,明确办学形式、设立要求及办学管理,在财政拨款、融资、税收、土地等方面予以支持。这一政策的出台,充分调动企业等社会力量参与职业教育的积极性、主动性,以"混"促"改",推动形成多元办学格局。随后,教育部办公厅在门户网站转发山东省《关于推进职业院校混合所有制办学的指导意见(试行)》的通知(教职成厅函〔2020〕13号文),教育部将山东做法向全国各省转发,供学习借鉴。

结合上述政策及导向可以看出,高职"双高计划"建设的政策大背景是"产教融合",重点任务是破解产教融合体制机制深层次问题,强化企业重要主体作用,推动形成命运共同体。可以说,我国高职产教融合的制度安排已经有了长期而丰富的实践探索,如示范(骨干)校建设中形成的校中厂、厂中校、职业教育集团、产教园等,后来兴起的大师工作室、现代学徒制、行业学院、企业(冠名)学院、产业学院、校企协同创新中心、产业创新战略联盟,当前国家正在试点培育的产教融合型企业、产教融合型行业协会等。过去,高职教育从校企合作体制机制出发探索了多种有效模式,但是模式与体制创新的深层次结合并不多,股份制、混合所有制等操作难度大。在中国特色、世界一流的职业教育模式发展长河中,混合所有制办学是一项新生事物,它是探索高职产教融合体制变革的重要途径,也是高职人才培养模式与机制双重变革进入深水区之后,必然要面对的重要课题。

第三章

高职院校混合所有制办学

第一节 高职混合所有制办学实践概述

高等教育办学模式,是指在办学实践中逐步形成的规范化的结构形态和运行机制,它是办学体制、投资体制、管理体制三大要素与高校之间形成的相对稳定的权力结构关系。近年来,我国高职在产教融合平台上探索的办学模式,主要聚焦于混合所有制办学、现代学徒制办学和产业学院三种类型,其中混合所有制办学模式及面临的一系列问题,最具有体制代表性。本节着重从混合所有制概念及内涵出发,梳理高职混合所有制办学的现状和典型模式。

一、高职混合所有制办学的概念厘清

1. 混合所有制概念及内涵

混合所有制原本是经济学研究国有企业改革的概念,在宏观上指公有制(国家所有和集体所有)和私有制并存,微观上指产权结构和资本结构由公有资本和非公有资本(私有民营资本或境外资本等)构成。我国国有企业改革主要有三个标志性文件:第一个文件,2013年十八届三中全会通过的《中共中央关于全面深

化改革若干重大问题的决定》,第六条指出"积极发展混合所有制经济";第二个文件,2015年发布的《中共中央、国务院关于深化国有企业改革的指导意见》,列举了国有企业改革的四个目标,其中第一个目标就是"发展混合所有制经济";第三个文件,2015年发布的《国务院关于国有企业发展混合所有制经济的意见》,文件指出,竞争性商业类国有企业是混合所有制改革的重点,其中的子公司是改革的重点,关系国家安全和国民经济命脉的商业类国企仍要保持国有资本控股地位。根据常修泽、张文魁等人的研究(2017年),党的十八届三中全会提出"积极发展混合所有制经济",并从产权层面提出"国有资本、集体资本、非公有资本等交叉持股、相互融合",就是微观层面的混合所有制。而企业层面的混合所有制是指企业(微观经济组织)的产权结构和资本构成,包括公有资本、非公有资本或境外资本,企业的混合所有制结构就是公有资本与非公有资本交叉融合的结构。国有企业混合所有制改革所要解决的问题主要包括:第一,国有资本的垄断和资本运行效率低下的问题;第二,国有资本的垄断带来的企业运行高成本、创新活力不足的问题;第三,国有资本由于长期垄断,造成产品市场中对非公有资本不公平的问题;第四,国有资本未完全参与市场竞争,影响中国企业的国际竞争力的问题。与之相应,国有企业的混合所有制改革要过四关:资产评估关、价格确定关、交易透明关、资金到位关。发展混合所有制经济,要在价值层面着重体现出公正型市场经济体制的产权基础,体现出"社会共生"体制的经济支撑,要成为现代国家社会治理体系的重要组成部分。

根据张文魁的研究,国有企业混合所有制改革并不是中国特有的,在国际上,早有很多实例。国内外的代表性实例有:中信集团,通过整体上市引入国际战略投资者,通过国际资本市场减持国企股份的混合所有制;联想控股公司,通过员工持股、转让国有股、整体上市,员工持股和股权多元化改革的混合所有制;法国电力集团,改变董事会结构,形成顺畅的政企关系,实行员工持股;法国雷诺汽车公司,竞争性行业的全球混合所有制,股权结构分散,董事会决策自主独立;德国大众汽车(集团)公司,地方政府和私人家族持股的混合所有制;挪威国家石油公司,通过股权结构改革和公司治理,实行市场化的现代企业制度,形成挪威政府与国家石油公司之间的政企关系;挪威海德鲁工业公司,国家减持国有股,从国家绝对控股到国家相对控股的公司治理,通过股权结构的持续优化促进公司治理,完全竞争的商业类公司的混合所有制;芬兰Vapo能源公司,通过业务重组、股权重组和公司治理改革,形成非上市的混合所有制;北欧 TeliaSonera 电信公司,两国政府持股的上市公司,瑞典政府相对控股、芬兰政府是第二大股东;新加坡航空公司,淡马锡稳定控股的上市公司;英国电信集团,国有股减持和实施员工持股计划的混合所有制。混合所有制改革的初衷是激发国有资本和国有企业的活力,提高运行效率,通过改革,有利于放大国有资本功能、保值增值和激活活力、提高市场竞争力,有利于公有和非公有资本之间取长补短、融合发展。我国已经探索形成了以股份制为基础的各种所有制多元主体、交叉融合、共同发展的混合所有制经济格局,混合所有制经济是国家基本经济制度的重要实现形式。

总而言之,混合所有制经济是指在同一个经济组织中,存在不同性质所有制的产权主体多元投资、交叉持股、融合发展的经济形式。混合所有制改革的关键是产权改革,产权的流动性是形成混合所有制改革的前提条件。刘小鲁(2016年)在研究混合所有制改革效率与背后机制时认为,国有企业混合所有制改革有四个关键问题是不能回避的:第一,效率问题。实行混合所有制改革的国有企业,改革后的效率是否比之前效率高?第二,从股权结构讲,国有企业可以是绝对控股、相对控股或参股,究竟哪种股权结构更有效率呢?第三,效率背后的原因,是混合所有制本身改变了公司治理结构,激发了员工积极性,还是有其他因素?第四,国有企业的员工持股是否会导致利益固化,等等。国有资本如何科学管理是混合所有制改革的重要内容,既要防止国有资本一股独大,又要防止国有资本流失,而单纯地靠控制权改革是走不通的,必须建立符合市场经济要求的公司治理,培育现代企业家,提高企业竞争力。王勇研究认为(2018年),混合所有制企业的有效治理要从"资产"管理转向"资本"管理,要在完善独立董事制度和完善高管激励机制两个方面展开,其中对高管人员的激励问题,要对"体制内高管"和"市场化高管"进行区别化设计不同的激励方案。要建立职业经理人制度,设计合理的薪酬体系。经济学研究认为,混合所有制中资本权力即产权的主要实现形式是股份制,改革必然触及产权结构或股权结构问题,在所有制层面是完善产权制度问题,在经营形式层面是完善现代企业制度问题。

2. 高职混合所有制办学

混合所有制办学,就是把国有企业混合所有制经济改革思路引入学校办学活动,形成公有资本和非公有资本交叉融入的办学形态。由于高职院校本身存在公办学校和民办学校之分,高职院校混合所有制办学包括公办学校实施的与非公有资本交叉融合办学,以及民办学校实施的与公有资本交叉融合办学,这两种情况都属于混合所有制办学。一般而言,我们所说的高职院校混合所有制办学,主要针对公办高职院校实施的与非公有资本合作办学这一种情况。高职混合所有制办学在学校内部实施上,主要分面向学校整体(大混合)和面向二级单位(小混合)两个层面。目前在校级层面上的探索较少,仅在民办高职院校(如南通紫琅职业技术学院等)、公办高职院校(如浙江台州职业技术学院等)有一些校级层面的实践探索。绝大多数的探索还停留在二级单位层面,如二级产业学院模式校企合作,产教融合平台上企业订单培养等。本书所讨论的高职混合所有制办学,特指公办高职院校二级单位层面产教融合实践平台上的混合所有制办学,它在教育教学层面要解决的主要问题是:第一,高职教育与产业发展相互脱节,带来毕业生就业的结构性矛盾和就业质量低问题,人才培养难以符合行业企业和职业岗位的实际需要;第二,行业企业对人才培养的参与不足,企业主体作用发挥不强,企业主体责任落实不够,带来的高职实践教学资源短缺、"产、研"资源分布离散问题,以及人才培养中新技术、新技能更新滞后问题;第三,行业企业对实践教学环节的参与不足,带来的"三教"(教师、教材、教法)改革难问题。结合现有实践探索,高职混合所有制办学的关键是要通过外部政策和内部利益相结合,吸引企业将社会资本参与进来办学,吸引企业参与人才培养和实践教育教学的全过程,提高人才培养质量。

　　从制度经济学分析,高职混合所有制办学的核心是效率问题。在经济学领域,实行混合所有制是市场经济体制下追求效率的需要,具有市场和法治基因的混合所有制才能摆脱低效率,其成功必须坚持法治和市场化原则。同样从效率角度看,公办高职院校通过混合所有制办学,借助企业非公有资本的体制机制优势突破传统办学束缚,激发办学活力和国有资产运营效率,有助于加快形成职教人才供需平衡的新格局。借鉴雷世平的研究(2019年),衡量高职混合所有制办学的标准主要有三个:第一,是否有利于各类资本的保值增值。保值增值是资本运营的内在要求,是学校公有资本混合运营中防止国有资产流失的重要内容,也是非公有资本参与混合所有制职业院校办学的最直接动因。第二,是否有利于激发办学体制和机制的活力。混合所有制办学是用市场化手段激发国有资本主动参与市场竞争,吸收非公有资本的市场运行经验,提高办学活力和治理效率。

第三,是否有利于职业教育高质量发展。通过混合所有制办学,技术技能型人才的培养能否适应行业企业的实际需要,职业技能和综合素养能否在就业竞争中明显提高,能否得到企业用人单位的高度认可。

二、高职混合所有制办学的基本现状

高职院校混合所有制办学改革是深入推进办学模式的体制机制创新,落实深化产教融合、校企合作的重要载体。在国家层面,目前没有专门的高职混合所有制办学政策出台,现有的探索主要是基于产教融合国家政策框架下的自下而上的探索。2014年5月,《国务院关于加快发展现代职业教育的决定》提出,"探索发展股份制、混合所有制职业院校";2015年10月,《教育部高等职业教育创新发展行动计划(2015—2018年)》提出,"充分发挥市场机制作用,引导社会力量参与办学,发挥企业重要办学主体作用,探索发展股份制、混合所有制高等职业院校";2016年12月,《国务院关于鼓励社会力量兴办教育促进民办教育健康发展的若干意见》提出,"探索举办混合所有制职业院校";2017年12月,《国务院办公厅关于深化产教融合的若干意见》提出,"鼓励有条件的地区探索推进职业学校股份制、混合所有制改革"。在省级层面,山东、江西等省出台专门政策,宏观指导高职院校探索混合所有制办学,河北省先行开展股份制混合所有制办学试点工作。在学校层面,混合所有制办学已经成为校企合作体制变革的热点,着重在以往校企合作机制的基础上,进一步取得混合所有制办学体制的突破。在实践探索基础上,全国职业教育混合所有制办学研究联盟也顺势成立。

1. 省级政府出台政策,结合"职教高地"建设,支持混合所有制办学探索

山东省最具代表性。2016年1月,山东省遴选山东海事职业学院混合所有制办学实践项目等9个试点项目,在全国率先启动职业院校混合所有制改革试点工作。9个试点项目涉及潍坊、德州、淄博、莱芜4个地级市,青岛、东营、威海、烟台等地积极跟进,全省混合所有制改革探索的院校达40多家。2017年2月,山东省教育厅、财政厅出台《关于实施山东省职业教育质量提升计划的意见》明确提出,2020年要实现遴选认定40个左右具有示范引领作用的山东省职业院校混合所有制(二级学院)试点项目的目标。近年来,山东省在全国率先以省为单位,建立起支持职业教育改革发展的政策体系,走在全国前列,在国务院首

批激励的全国职业教育改革成效明显省份中,山东作为6个省份之一入选。2019年7月,国家确定在山东建设职业教育创新发展高地,探索确立新时代中国特色职业教育制度和模式,为全国职业教育改革发展提供可复制、可推广的经验模式。2020年1月10日,山东省向社会发布《教育部 山东省人民政府关于整省推进提质培优建设职业教育创新发展高地的意见》(鲁政发〔2020〕3号文)指出,在山东建设国家新旧动能转换综合试验区和自由贸易试验区框架下,把在山东整省推进、提质培优、建设职业教育创新发展高地作为推进"两区建设"的重大行动,打造新时代职业教育现代化样板和标杆。文件在第五部分"建设产教深度融合的校企命运共同体"第十八条"发挥企业重要办学主体作用"指出:鼓励支持社会力量通过独资、合资、合作等形式举办或参与举办职业院校;鼓励支持企业与学校合作办专业、办二级学院,推动开展股份制、混合所有制改革。组建一批职业教育集团,努力覆盖每个设区的市的重点产业和"双高计划"学校优势专业,探索各相关方以产业链、资产链、人才链等为纽带实施实体化运作。允许通过PPP模式、融资贷款、土地置换等途径拓宽筹资渠道,构建政府统筹管理、社会多元办学格局。国家职业教育创新发展高地建设是落实"职教20条"的"山东行动"。

2020年9月8日,山东省为贯彻落实《国家职业教育改革实施方案》和《教育部 山东省人民政府关于整省推进提质培优建设职业教育创新发展高地的意见》等政策文件要求,深入推进职业院校混合所有制改革,省教育厅、省委组织部、省委机构编制委员会办公室、发展和改革委员会、工业和信息化厅、民政厅、司法厅、财政厅、人力资源和社会保障厅、自然资源厅、国有资产监督管理委员会、省市场监督管理局、省地方金融监督管理局、省税务局等14个部门,联合印发《关于推进职业院校混合所有制办学的指导意见(试行)》(鲁教职字〔2020〕10号文),为高职混合所有制办学实践探索提供明确的政策指导。该文件在第二部分"办学形式"的第一条"举办方式"明确提出:政府、职业院校可与区域、行业内技术先进、具有较强品牌影响力的实体企业,以及具备支持举办高质量职业教育实力和条件的其他各种社会力量,合作举办职业院校、二级学院、生产性实训基地、技能培训基地等办学机构,也可合作举办专业、培训等办学项目。二级学院不登记为法人机构;生产性实训基地、技能培训基地等办学机构可登记为法人机构,也可不登记为法人机构。第二条"分类登记"明确提出:职业院校混合所有制改革设立法人机构的,举办者自主选择依法登记为营利性或非营利性法人。登记为营利性的,举办者可取得办学收益,办学结余依照公司法等有关法律法规进行分配。登记为非营利性的,举办者不取得办学收益,办学结余全部用于办学。设立合作办学项目和二级学院,无须进行法人登记。文件第三部分"设立要求"的第三条"设立程序"明确提出:新设立混合所有制职业院校,按照设学程序审批。现有职业院校整体进行混合所有制改革,实行"一校一案",按隶属关系报同级人民政府研究批复。设立混合所有制二级学院、生产性实训基地、技能培训基地等办学机构和专业、培训等办学项目,由学校党委会研究决定。混合所有制二级学院、专业在教育主管部门备案。文件第四部分"办学管理"明确提出:非公资产参与举办混合所有制院校的,按《民办教育促进法》及有关规定管理,以产权为基础建立健全法人治理结构。国有企业参与公办职业院校整体混合办学的,仍按公办院校管理,以产权为基础完善法人治理结构。混合所有制二级学院等办学机构按治理结构、用人管理、薪酬管理、专业设置及招生、收费标准、财务管理六个方面要求进行管理。办学项目参照不具有法人资格的办学机构管理。

至此,山东省结合职业教育创新发展高地建设,深入推进职业院校的混合所有制改革,明确办学形式、设立要求及办学管理,在财政拨款、融资、税收、土地等方面予以支持。这一政策的出台,充分调动企业等社会力量参与职业教育的积极性、主动性,以"混"促"改",推动形成多元的办学格局。2020年9月23日,教育部办公厅在门户网站转发山东省《关于推进职业院校混合所有制办学的指导意见(试行)》的通知(教职成厅函〔2020〕13号文),教育部将山东省的做法向全国各省转发,供学习借鉴。研究发现,山东省教育厅选择的9个混合所有制办学试点项目中有6个位于潍坊市,这有利于形成地区性的集群效应。潍坊市是省部共建的国家职业教育创新发展试验区,拥有高等职业院校11所,技师学院2所,中等职业学校41所。潍坊市2010年就提出合办股份制院校的动议,2011年参与投资建设了混合所有制的山东海事职业学院。潍坊市的公办职业学院混合所有制试点项目包括院校整体、二级学院、生产性实训基地三个领域,基本覆盖了可探讨的混合所有制办学模式,有利于经验的推广、复制与应用。

河北省也较早出台了试点方案。2019年,河北省人民政府出台《职业院校股份制混合所有制办学试点方案》,先行遴选石家庄铁路职业技术学院、衡水职业技术学院、河北工业职业技术学院3所学校开展职业院校股份制、混合所有制办学试点，分别为：石家庄铁路职业技术学院康旅产业学院、衡水职业技术学院交通运输学院、河北工业职业技术学院互联网学院。在国家尚未出台配套政策的情况下，河北省教育厅、财政厅等12个部门研究制定的这一试点方案，成为全国首个出台职业院校混合所有制改革落地政策的省份。

江西省也参照山东省的做法，出台指导性政策。2020年8月24日，教育部和江西省宣布共建国家职业教育创新发展高地。2021年8月24日，恰逢职教高地建设1周年之际，江西省教育厅牵头联合15个部门印发《关于推进职业院校混合所有制办学的指导意见（试行）》（赣教规字〔2021〕15号文），文件提出，按照中央"三个区分开来"精神建立容错纠错机制，支持、鼓励职业院校积极探索校企合作、产教融合的新模式，将学校事业发展与当地产业需求相结合，探索多元、开放、融合的办学新模式。《指导意见》主要由"总体要求、办学形式、设立要求、办学管理、支持政策、试行要求"六部分内容组成。江西省明确职业院校混合所有制办学的三种形式：一是地方政府和社会力量共同举办混合所有制职业院校，二是职业院校和社会力量共同举办混合所有制二级学院，三是职业院校和社会力量共同举办职业技术培训机构、技术服务中心等。明确职业院校混合所有制办学的两种类型：一种是非营利性模式，主要以二级学院为主，按照发改委学费标准，实行政府定价，举办者不取得办学收益，办学结余全部用于办学；另一种是市场化模式，主要以职业技术培训机构、技术服务机构为主，实行市场调节价，参与市场竞争，不享受政府支持政策，举办者可取得办学收益，办学结余依照公司法等有关法律法规进行分配。明确职业院校混合所有制办学的设立要求和管理办法：设立要求包括"合作协议"、"资源投入"、"设立程序"和"退出机制"四个部分的内容。非公资产参与举办混合所有制职业院校的，按《民办教育促进法》及有关规定管理，以产权为基础建立健全法人治理结构。国有企业参与公办职业院校整体混合办学的，仍按公办院校管理。

除了山东省、河北省、江西省，新疆也出台政策，开展试点工作。2018年，新疆启动职业学校混合所有制改革试点项目工作，按要求，各试点学校着重探索混合所有制职业院校法人产权制度，引导国有资本、集体资本和非公有资本等与职业学校双向进入、相互融合，整合汇聚优质资源；探索现代职业学校制度建设，建立以学校章程为办学基础、与多元化办学产权结构相适应的现代职业学校治理结构。2020年,新疆维吾尔自治区教育厅、发展和改革委员会、财政厅联合印发《关于深入开展职业学院混合所有制改革试点工作的通知》(新教函〔2020〕234号文),进一步明确试点的目标、主要特征、探索路径等,强调以二级学院试点项目为基础进行所有制试点,试行引入国家资本、民营资本或行业资本,将二级学院各类教育要素资本整合成若干股份,实施多方按比例持股,按约定享受收益。

2. 学校层面的混合所有制办学探索

近年来,学校层面的混合所有制办学探索已经涌现出许多改革经验和典型,主要包括院校整体层面改革和二级学院层面改革的两大类型。下文以山东海事职业学院(整体)和石家庄铁路职业技术学院康旅产业学院(二级学院)为例,分别进行介绍。

院校整体层面的混合所有制办学就是在学校原有投资的基础上,引入新的非公有制经济投资主体,通过改变学校产权形态和法人形式而进行的合作办学。山东海事职业学院在全省乃至全国率先开展整体层面的混合所有制办学探索,逐渐形成了独具特色的混合所有制办学"山海模式"。山东海事职业学院是山东省人民政府批准设立,由潍坊市政府主导举办、社会力量参与举办的山东省首所理工类混合所有制普通高职专科院校。根据该校官网报道,2016年被省教育厅认定为混合所有制办学试点单位。2018年4月,混合所有制办学项目获得2018年山东省职业教育教学成果奖特等奖、国家级教学成果奖二等奖。在2020年职业教育活动周全国启动仪式上,学校混合所有制办学成果得到教育部部长陈宝生、省委书记刘家义的高度评价。2015年以来,已引进社会资金4亿余元,提升基础建设。2016—2018年,引进北京东方通航教育科技有限公司2 700万元的仪器设备和专业师资团队,合作共建"航空学院"和"北京通航北方实训基地",面向全国年培训规模4 000～6 000人。引进京东电商专业师资团队和1 000余万元仪器设备共建"京东校园实训中心"和"电商学院",打造区域电子商务交易、大数据分析挖掘、企业电商进校园和远程电商教育平台。引进广东汇邦智能装备有限公司1 200万元设备,共建人工智能学院和广东汇邦工业机器人实训基地。引进北京梆梆安全科技有限公司1 000余万元仪器设备,共建"新一代信息技术"专业群。与香港瑞思科技有限公司、上海广嘉国际船舶管理有限公司共同投资1 850万元,引进爱尔兰国家海事学院师资,共建国际化、股份制的海洋工程(OPITO)公共实训中心,是全国首家此类社会化培训机构。学校与特大型央企招商局集团、青岛华洋海事服务有限公司、北京鑫裕盛船舶管理有限公司等知名企业开展校企一体化育人,联合举办航海技术等专业定向委培和现代学徒制试点班,探索现代学徒制人才培养有效模式。学校混合所有制办学体制为各种资源进入职业教育搭建了平台,激发了办学活力,形成了"大混套小混"的创新发展新局面。

二级学院层面的混合所有制办学,就是高职院校与社会资本共建非独立法人性质的混合所有制二级学院,主要是新建或冠名改建成产业学院。石家庄铁路职业技术学院是河北省办学试点之一,根据中国财经报报道,2019年4月,该校与康旅控股集团有限公司举行战略合作框架协议签约仪式,双方以股份制混合所有制形式共同创办了石家庄铁路职业技术学院康旅产业学院。协议明确双方股权构成,经第三方评估确定校企双方股权比例,校方提供办学条件、教学师资团队等资源;企业提供实习实训就业基地、专业课与实训课师资等资源。康旅产业学院实行学校与二级学院董事会双重领导下的院长负责制,成立党总支委员会,建立基于股权结构的董事会、院行政班子和监事会,制定了多项运行规则,构建了"党委领导、理(董)事会决策、监事会监督、专家办学、教授治学"的新型法人治理体系。同时,建立健全干部人事制度、财务管理制度、工资薪酬制度等运行管理制度,在专业设置、招生计划、人员选聘、薪酬管理、职称评聘、机构设置等方面实现办学自主权,形成具有活力的市场竞争主体。双方按股权比例投资新校区建设,破解了职业院校资金不足的问题;依托集团下属多家企业,2019年招收高职扩招生155人,录取第二批高职扩招生424人;校企共同开展课题研究、案例分析、行业前沿探索等,共同设计完成了石家庄第五届旅发大会规划方案,真正实现了产、学、研深度融合。该校每年获得中央财政专项支持700万元,省级财政支持600万元。2019年,学院录取扩招生源877名,获得省级财政专项支持318万元。按照河北省《职业院校股份制混合所有制办学试点方案》,财政部门根据混合所有制改革非营利办学试点开展情况,按照公办院校和社会资本的股权比例,给予试点高职院校生均拨款补助。

3. 全国职业教育混合所有制办学研究联盟

全国职业教育混合所有制办学研究联盟成立于2018年1月,是在教育部国家教育发展研究中心体制改革研究室、山东省教育厅指导下,由山东海事职业学院、海南职业技术学院、辽宁林业职业技术学院、贵州首钢水钢技师学院等职业院校发起成立的开放性、跨界性、实践性、社会化、非法人学术研究团体。联盟于2018年1月13日,在山东省潍坊市举办的职业院校混合所有制改革研讨暨全国职业教育混合所有制办学研究联盟成立大会上正式成立。会议审议通过了《全国职业教育混合所有制办学研究联盟章程》,有理事单位145个,涵盖26个省份的4所本科院校、90所高职院校、19所中等学校和29家企业。在山东海事职业学院下设秘书处,研究联盟秘书处办公经费由山东海事职业学院承担。研究联盟的主要任务:一是以混合所有制办学类型特征研究为重点,以办学实践为基础,以改革中遇到的问题为导向,以技术操作体系建设为主要研究内容,集中研讨,联合攻关,争取实现全面突破;二是推广职业教育混合所有制办学模式,为开展混合所有制办学探索的单位提供建议性的技术支持服务;三是组织成员单位社会化外出考察学习;四是针对共同关注的相关问题,组织学术性的研讨活动进行交流探讨;五是为政府部门相关工作提供基础性研究服务和技术支持。

三、高职混合所有制办学的典型模式

总结前文所述的高职混合所有制办学探索,可以发现,高职院校混合所有制办学主要依托如何"办机构",如何"建平台",如何"做项目"等思路展开探索,在此基础上,分别形成了机构型、平台型、项目型的混合所有制办学典型模式。

1. 机构型的典型模式

机构型典型模式就是以办机构的视角和思路,围绕如何办好具体的组织机构,通过具体机构的建设与运行来开展混合所有制办学,包括举办混合所有制院校、混合所有制二级学院、混合所有制产业学院。如前文所述,"山海模式"中的山东海事职业学院探索的就是混合所有制院校,石家庄铁路职业技术学院康旅产业学院探索的就是混合所有制二级学院。而混合所有制产业学院模式与混合所有制二级学院模式基本类似,没有本质性的差别,混合所有制产业学院有时又称为混合所有制二级产业学院。

在机构型模式中,混合所有制职业院校模式的实践探索,一般是在地方政府支持和指导之下的学校办学体制改革的主动探索。典型代表有:一是山东海事职业学院"大混套小混"的"山海模式"。2011年,山东省潍坊市政府为整合三家企业 3.6 亿元社会资本,投入 536 万元财政资金,联合举办一所具备"混合体制、民办性质、事业单位法人"的高职院校——山东海事职业学院。根据郭素森等人的研究(2019 年),该校以产权改革和体制创新为重点,以办学资产产权化、治理结构现代化、办学效益共享化为导向,创新政府引导、企业主体、市场运作、利益共享的办学理念,探索形成了"一个平台、两类资本、三驾马车、四套机制、五项原则"的混合所有制办学模式。二是苏州工业园区职业技术学院探索的"苏职模式"。苏州工业园区职业技术学院是由苏州工业园区管委会的全额拨款国有事业单位。1997 年,在新加坡总理吴作栋提议下,为了能给中新合作苏州工业园区外资企业培养适切的高端技术技能人才,苏州工业园区管理委员会仿照新加坡南洋理工学院办学模式,出资 875 万元组建了苏州工业园区职业技术学院。成立之初属于公办股份制,2003 年以后是民营资本一股独大,苏州工业园区管委会将持有的 32.5% 股份转让给苏州光华公司(绝对控股),构建起混合所有制办学格局,并将事业单位改制为民办非企业单位。2005 年以后,股权不断多元化,光华公司向学校管理层、骨干教师转让股权 10%。吸收合并的苏州工业园区育才学校,其背后投资方苏州沸点教育咨询公司占股 9%。2018 年,学校法定的出资比例分别为:翔宇教育集团 40%,吉林光华集团 30%,苏州市光华投资公司 10%,苏州沸点公司 9%,员工持股 9%,苏州市劳动和社会保障局 1%,苏州市教育局 1%。三是海南职业技术学院探索的"海职模式"。2000 年,在海南省政府主导下,省教育厅联合罗牛山股份有限公司、海南广播电视大学共同出资创办公办股份制高职院校,按"产权股份化、运作企业化、后勤建设社会化"方式筹办和经营学校,以"不定行政级别、不给财政供养的编制、不再投入建校经费、不增加政府财政负担"为原则办学。2003 年,罗牛山公司由国企改制为民企,学院转成民营资本为主体的混合所有制职业院校。经过增资扩股,目前海南职业技术学院股权结构为:省教育厅 21%,省电大 12%,罗牛山公司 67%。

举办混合所有制二级学院,是探索发展混合所有制办学的重要形式,实践探索居多。实践中,高职院校以举办混合所有制二级学院为试点,大多数以契约性约定方式与企业或社会机构等进行合作共建。比如,沈阳职业技术学院的二级学院与民营企业以混合所有制共同建设软件学院、物联网学院;东莞职业技术学院以学校建筑学院为基础,联合政府、行业、企业建设混合所有制建筑学院;还有山东海事职业学院的北京通用航空学院和京东电商学院、德州职业技术学院的互联网学院、宁波职业技术学院的海天学院、温州职业技术学院的瑞安学院、无锡城市职业技术学院的淘宝影视学院等。根据石猛的研究（2019年），山东交通职业学院与山东通达国际船舶管理有限公司共同发起建立了航海学院，学校拥有51%的股权、企业拥有49%的股权。按照合同约定，双方共建了航海技术、轮机工程技术和船舶电子电气技术3个专业与33个实验实训室，教学仪器设备近3 000万元，社会服务效益已年达500万元。研究发现，混合所有制二级学院模式有助于高职院校从内部自下而上地促进产教深度融合、校企紧密合作，提高教育资源的运行效率，但是也存在许多问题，包括产权配置关系不明晰、股份制不易实施、产教资源与实践教学体系难对接、日常管理机制不完善、实际运行矛盾冲突多，等等。这种模式具有不同于其他模式的鲜明特点，它的社会投资方主要是社会企业，从发起方的法人特性和主动性来看，这种模式下的二级学院本身并没有独立法人地位，但是却处于混合所有制办学的主动位置。这种模式尽管属于一种深度的校企合作办学，但在运行中会出现有关产权界定、资本权益、运营治理的很多实际问题，影响合作的长效性。

举办混合所有制二级产业学院，是高职教育办学体制和办学模式创新的产物，已成为新时期我国高职教育深化产教融合、校企合作的代表性成果。产业学院是指高职院校基于行业引领性企业的产业技术研发、培训优势资源，与企业合作创建工学结合的育人环境，在办学所需要的人、财、物、信息等方面形成与企业开放合作的办学格局，实现共享共赢的校企共生发展模式。在高职混合所有制办学改革实践不断深化的过程中，我国逐步探索出了混合所有制产业学院这一独特的办学模式，比如，辽宁机电职业技术学院的二级产业学院、山东商业职业技术学院校企共建云智产业学院创新团队引领专业群发展；浙江经济职业技术学院依托世界500强企业物产中大集团的强大产业背景，建设混合所有制二级产业学院——浙江经济职业技术学院汽车后服务连锁产业学院。物产中大集团是我国最大的大宗商品流通服务集成商，旗下拥有400余家成员企业，浙江物产元通汽车集团有限公司是物产中大集团重要的成员企业之一。汽车产业学院充分发挥校企合作的资源优势，是集人才培养、培训业务、车辆维修服务三位一体的股份制产业学院，在体制机制上结成一种学校、企业、学生共需基础上的紧密型利益共同体。又如，德州职业技术学院与相关企业成立了互联网学院、航空乘务学院、老龄产业学院等混合所有制性质的二级产业学院，企业投资500余万元购置了必要的实训设施;学校投资100多万元,建设了教学、办公和实习场地。混合所有制二级产业学院模式受传统办学体制影响小,便于资源整合。在实践中,已经基本形成了学校主导、多元主体参与的办学体制,表现为校企共建专业、课程,共育师资、股份共建实训基地。与高职院校联合举办混合所有制产业学院的企业,通常为行业的龙头企业或者企业集团,大型企业(集团)往往拥有雄厚的实力,生产设施完善,生产资料充裕,完全有条件容纳教育规模不大的产业学院全体师生进入企业进行实训,这样的企业有能力全面支持产业学院资源建设,也有条件参与产业学院人才培养全过程。

2. 平台型的典型模式

平台型典型模式就是以建平台的视角和思路,围绕如何建设好具体产教融合平台(生产性实训基地、实训中心等),通过具体平台的建设与运行来实施混合所有制办学。比如,杭州职业技术学院的电梯实训基地就是利用企业提供的资金,建设"行企校"三方联合管理的实训基地,以此开展职业技能培训和社会服务。莱芜职业技术学院与河北邯郸史威冶金设备材料公司共同出资1 000万元,在校内成立了混合所有制企业(生产性实训基地),建成了年产100吨钢结硬质合金材料和模具材料生产线,同时提供实训实习。山东畜牧兽医职业学院生产性实训基地建设运行的"山牧模式"中,以原有校办企业为投资主体,成立了7家股份制企业,建成集教学科研、生产经营、科技服务于一体的生产性实训基地。2005年,开始组建学校国有资产管理运营公司平台,本着"参股而不控股"的原则,先后与山东亚太中慧集团合资合作建立了山东惠康饲料有限公司,与法国格隆集团合资合作建立了颁尼菲克(山东)生物科技有限公司,与广州广盈生物制品有限公司合资合作建立了山东天宇生物科技有限公司,与潍坊鑫盛食品有限公司合资合作建立了山东合力牧业有限公司,与潍坊锦延实业有限公司成立山东新世纪检测认证中心,与山东根源食厨餐饮管理有限公司成立山东天宇食品有限公司,学院分别占20%～40%的股份,企业年销售额达10多亿元。根据王敬良、张成宽等人的研究(2019年),山东海事职业学院探索了以"生产性实训"为特色的京东校园实训中心,和以"营利性为创新方向"的股份制国际海洋工程(OPITO)公共实训中心。2016年,学校引进京东集团(京东信息技术有限公司)、新迈尔(北京)科技有限公司1 200万元的设备,共建混合所有制京东校园实训中心,将该中心建成为京东主要业务板块的生产车间。2018年,学校又与香港瑞思科技公司、上海广嘉国际船舶管理公司共同投资 3 860 万元,引进爱尔兰国家海事学院师资和爱尔兰仪器设备,共建国际化、股份制的海洋工程(OPI-TO)公共实训中心,在工商部门注册山东欧佩特海洋工程有限公司,探索营利性股份制公共实训基地职业培训方向。

3. 项目型的典型模式

这种模式既不是举办具体的机构,也不是举办具体的平台,而是依托具体的政府建设项目或行业改革项目等,企业投入资金、技术、人才、设备,搭便车式的与学校合作探索混合所有制办学。项目型的混合所有制办学模式的特点是具体、即时、灵活、短期,但不如机构型、平台型的办学模式稳定、深入和长效。比如,南通职业大学电子信息工程学院依托教育部"ICT 行业创新基地"项目,与中兴通讯合作建设混合所有制中兴通讯互联网学院。再如,前文介绍的新疆职业学校开展的混合所有制试点项目,就是政府项目下的短期混合所有制办学探索。教育部《高等职业教育创新发展行动计划(2015—2018 年)》任务项目承接一览表显示,有 22 个省(区、市)提出关于混合所有制的"项目"。项目型的混合所有制办学,由于缺乏与学院整体发展相联系的整体性规划和长远性考虑,一般都没有形成统一的财务预算、人事安排、决策执行、绩效管理等方面的制度安排。而且,这类项目型的混合所有制办学模式,一般以特定试点项目为合作周期,合作方对高职院校人才培养、实践教育教学、制度创新、成果成效并不真正青睐,项目基本还是停留在"点对点"松散合作关系,对方出于合作需要而向学校提供实践教学资源,却难以形成产教深度融合的运行机制和长效机制,基本没有体制上的根本突破。

第二节 高职混合所有制办学问题及借鉴

我国高职产教融合在平台层面已探索出一系列有效经验和模式,同时也遇到诸多问题和难点;由高职院校主导探索的混合所有制办学尚处于初步阶段,改革的深入推进面临诸多现实问题和困境障碍,这些都迫切需要研究破解。本节通过梳理高职混合所有制改革的阻力及问题,分析问题的性质及联系,同时借鉴高校校办企业和科技型企业改制的经验教训,提出混合所有制产教融合平台的新型运行模式和建设思路。

一、高职混合所有制办学阻力与问题

目前,高职院校探索混合所有制改革中存在许多阻力,包括缺乏法律制度保障、学校改革内生动力不足、混合所有制主体的责任使命存在冲突等,加上公办院校办学体制(政府举办)、投资体制(公有资本)和管理体制受行政因素制约的惯性思维和特有局面,使得改革陷入多重困境。研究发现,这些困境、障碍主要聚焦于以下问题:

1. 不同所有制资本融合困难

混合所有制的实质是不同所有制资本的交叉与融合,进而孕育出新型组织形态,其中"混"是形式,"合"是实质。高职院校混合所有制办学过程中,学校公有资本(国有资产)与企业非公有资本真正要融合到一起时,就会遇到法律法规"玻璃门""旋转门",到达上级主管部门审批时,就会难以操作。从目前高职院校的实践探索看,国有资产的处置及管理是混合所有制改革的焦点,资产评估与股权确认是混合所有制改革的基础,法人治理与内部运行是混合所有制改革的关键,校企协同育人是混合所有制改革的最终目标。高职院校实践探索中,不同资本进行产权明晰时,对社会资本的资产评估较容易,对公有资本的评估及估价难度较大,焦点涉及国有资产处置管理的国家政策(红线)。因为,高职院校作为国家财政拨款单位,如何在混合所有制改革和运行中避免产生国有资产流失,是学校首先要考虑的基本原则和刚性问题。目前,公办高职院校混合所有制办学模式改革暂时还得不到现有法律法规的直接支持,也缺乏审批程序、操作流程方面的规定。国家层面还没有出台混合所有制办学的专门政策和法律法规,地方政府除山东、河北、江西等省之外,很少出台专门性的指导意见和具体操作方案为改革兜底。尽管国务院"产教融合的若干意见"和"职教20条"有鼓励高职院校探索混合所有制办学的态度,但是地方政府和学校决策者大多还是处于观望状态。毋庸讳言,高职混合所有制办学涉及不同性质经济的资本合作,本身就是一个敏感话题,真正操作起来,需要上级财政部门、业务主管部门审批时,无法回避国有资产的保值、增值、流失可能等法律问责问题,导致各级审批部门几乎都保持谨慎观望的态度。归根到底,混合所有制的成功必须坚持法治原则,但目前缺乏法律制度或改革托底保障，如果没有完善的混合所有制改革相关法律法规，就无法最大化地释放改革的红利。高职院校的举办者是地方省市政府，如果没有通过政府顶层设计提出高职混合所有制改革的政策引导、具体任务和操作方案，就不能为高职混合所有制改革打破制度上的限制，也无法释放改革的政策红利。只有地方政府及其主管部门通过制定相应的实施方案和地方性法规，为各地高职院校开展混合所有制改革提供制度支持和风险保障，才可能激发高职院校对改革的内生动力。

2. 产权结构和资本权利难以平等保护

高职院校混合所有制改革具有产权结构多元化、治理方式现代化、运行机制市场化三个基本特征。高职院校探索混合所有制办学，产权结构上需要有法律法规对公有资产和非公有资产进行平等保护，资产评估、资产估值和产权定价方面需要尊重市场规则；权利平等上需要参照现代企业制度下的董事会制度，按出资多少分配表决权。常修泽研究认为（2014年），混合所有制不仅是公正的市场经济体制的产权基础，而且也是现代国家治理体系的重要组成部分，可成为新阶段全面改革的突破点。混合所有制要推进产权开放，实现国、民、外、内四种资本融合；要推进产业开放，以攻坚"破垄"为主攻方向，促进民营资本以多种方式进入垄断性行业；改革中要规范运作，防止出现"异化"，避免"双重侵吞"。张卓元（2013年）、黄速建（2014年）等人研究认为，国有企业混合所有制改革中需解决的重点问题有如何防止国有资产流失、平等地保护公有和非公有资产的产权不受侵害；如何在国有绝对或相对控股的混合所有制企业中，建立规范、透明的公司治理；如何在国有和非公有资产的投资人之间建立信息对称机制；如何建立明确的进入和退出机制；如何充分尊重市场规则。混合所有制企业一定是按《公司法》规范的多元投资主体的股份制企业，至少要在形式上严格按《公司法》要求，建立起规范的公司治理框架，公司治理要按《公司法》运转。多元产权主体的构成，必然要改进董事会结构和决策流程，健全信息披露制度。在混合所有制中，资本权力即产权的主要实现形式是股份制，改革必然触及产权结构或股权结构问题，在所有制层面是完善产权制度问题，在经营形式层面是完善现代企业制度问题。同样，高职院校在混合所有制办学中无法绕过上述问题，一方面，学校公有资本和企业非公有资本的产权结构和资本权利难以平等保护；另一方面，学校决策又容易受国有资产安全底线的制约。对企业非公有性质的资本投入，投资方同样存在将来资产清算和处置时,会有资产流失风险和安全问题的担忧。

3. 不同资本主体的管理冲突和文化冲突

从混合所有制改革的初衷来看,高职混合所有制办学有助于校企合作效率的整体提升,包括各个投资主体的资本效率提升和投资主体之间的交易成本下降。针对原有的自身运行低效率问题,不同属性的产权部门要按市场机制,实现彼此之间的优势互补和要素融合,产生比原来更高的资源生产能力和系统运行效率。但是,高职混合所有制办学还处于初步探索阶段,还不能按《公司法》进行法人注册,不能按公司治理架构设计法人治理结构和治理模式。混合所有制办学的资本主体主要指学校和企业,这两类主体分属不同生产部门,是不同属性的产权部门,其资本、资产、资金等集聚到一起,物理性叠加起来容易,真正按新的运行规律、运行规则和制度体系建设、发展时,就会遇到各种冲突和矛盾。学校和企业有不同的组织使命和组织目标。学校的使命和目标就是培养出高质量人才,满足用人单位需要,最终属于公益性事业单位,不以营利为目的;企业的使命和目标是生产出高质量的产品,满足市场客户需要,实现最大程度的创收,属于营利性组织,最终是以营利为目的。两种性质的组织机构交叉融合到一起,校园管理方式和企业管理方式之间必然产生矛盾和冲突,校园文化和企业文化必然有差异和不协调,这些原本在传统校企合作中就难以避免,在混合所有制改革深入到产权是否明晰、利益分配是否合理等根本性的核心问题时,这些管理和文化上的冲突更是不可避免,处理不好,就会成为混合所有制改革的心理障碍。归根结底,高职混合所有制办学改革并不是合作各方资金资本的简单叠加,核心问题是资本背后的不同投资主体在教育观念、教育资源禀赋及优势、管理能力的高度互补互信和协同协作问题,矛盾冲突如果处理不好,则注定混而不"合"。所以,内部跨界治理显得尤为重要。

4. 高职院校对混合所有制改革内生动力不足

高职院校混合所有制办学将对原有管理体制、专业组建形态、课程内容改革、教学模式改革产生重大的正向影响,学校管理人员和教师原有的目标任务、绩效指标、工作质量标准和文化习惯等也都会受到冲击,甚至传统的事业单位身份和待遇都可能作出调整变化,这些对原有工作秩序和价值系统的打破,无疑产生新的压力。加上产权的流转变化与法律法规的风险责任,导致公办高职院校对改革缺乏内生动力和充分的积极性。访谈发现,学校领导者和管理者对国有资产安全和法律风险担忧,是影响内生动力的最重要因素。学校公有资本属于国有资产,国有资产有专门的管理办法和政策底线,国有资产在使用、管理、处置过程中,需要保值增值,防止国有资产流失。《财政部关于进一步规范和加强行政事业单位国有资产管理的指导意见》(财资〔2015〕90号文)提出:行政事业单位国有资产管理实施"国家统一所有,政府分级监管,单位占有、使用"的管理体制,"财政部门—主管部门—行政事业单位"三个层次的监督管理体系;主管部门承担所属行政事业单位国有资产的组织管理职责,对资产出租、出借和对外投资行为及其收益实现有效监管;除法律另有规定外,各级行政单位不得利用国有资产对外担保,不得以任何形式利用占有、使用的国有资产进行对外投资;加强对各行政事业单位资产出租出借行为的监管,严格控制出租出借国有资产行为,确需出租出借资产的,应当按照规定程序履行报批手续,原则上实行公开竞价招租,必要时可以采取评审或者资产评估等方式确定出租价格,确保出租出借过程的公正透明;各级财政部门、主管部门应当加强对行政事业单位资产管理全过程的监管,强化内部控制和约束,并积极建立与公安、国土、房产、机构编制、纪检监察和审计等部门的联动机制,共同维护国有资产的安全。由高职院校自发主导的混合所有制办学改革,若没有政府力量和主管部门的支持推进,操作起来则障碍重重,最终会导致学校方的积极性不高。访谈发现,地方政府和教育主管部门对混合所有制资本融合审批时,之所以态度谨慎保守,主要也是出于对学校国有资产流失的担忧,同时担心在缺乏合法性支持的情况下,稍有不慎踩上"违规"操作红线,而折戟沉沙。在高职院校混合所有制改革中,既要保证学校国有资产保值增值、不流失,同时又要防止企业非公有资本或私人资产流失。

二、高职混合所有制办学问题的性质

研究发现,高职院校探索混合所有制改革存在认识模糊的问题,包括概念内涵不明确、目标思路不清楚、利益与责任边界不清晰,等等。这些问题,实质上涉及两个层面的制度安排,即所有制基本制度层面和所有制实现形式(治理)层面的问题,这两个层面的问题是相通的,具体可以展开为以下内容:

1. 不同资本产权的开放与流转

只有政府允许产权开放的前提下,企业和私人非公有资本才能融入学校公有资本办学,产教融合平台的产权结构和权利平等才可能实现。高职公有资本低效率运营和实践教学资源短缺,直接制约职教人才培养的质量,迫切需要非公有制资本的补充、参与和融入,在所有制的基本制度安排上,需要政府提供包容性办学体制作保障。在经济学领域,企业资本和产权的流动性对企业的发展有重要影响,如果缺乏流动性和可转让性,股东的产权和利益可能被套牢,导致资本的回报受损,可能使投资者和管理层的道德风险增加。当然,如果产权的流动性太强太随意,又可能削弱投资者和管理层对企业长期目标、长期利益的关注,导致长期责任弱化。段明研究认为(2018年),产权归属是构建高职院校混合所有制办学模式改革的核心问题,产权只有在流动中才能够增值、变现,流动是现代产权制度的精髓。产权的可转让性能,使教育资源能够根据市场需求的变化而在全社会自由配置,不局限于公有或民办的所有制形式。也就是说,只有学校产权实现畅通流转,并能够实现自由融资与交易,才能最大限度地激发混合所有制办学者的积极性。但是,目前还缺乏一个较为稳定和统一的教育公开交易市场,产权的界定、评估、核算体系比较欠缺,货币资产、实物资产的评估相对容易,高职院校无形资产如何界定、核算则是问题,社会上的资本、技术、知识、管理等要素也难以进入教育领域。总之,产权流转性要求与职业教育产权市场发育不足之间存在矛盾,而教育产权市场发育不足,是公办高职院校混合所有制办学模式改革难以推进的直接原因。

2. 所有权和经营权分开以及市场化运营

如前文分析,高职混合所有制办学的诸多困境和运行难问题,实质上反映了混合所有制改革中所有权和经营权有没有合理分开,有没有参照《公司法》和现代企业制度进行市场化运营的核心问题,也反映了教育规律与市场经济规律之间能否充分尊重与协调。在经济学领域,不同性质资本交叉之后,混合所有制在制度建设上有两个关键:一是所有权与经营权要分开,决策系统与执行系统要分开,要优化权力结构,消除权力绝对化,保证运行畅通;二是进行市场化运营,提高市场竞争力和内生增长动力,保证资本效率。从资本视角观察,国有企业混合所有制改革始于国有资本和具有完整市场特征的外部资本的混合,它是以产权制度为基础,以治理体制改革为抓手,以经营机制改革为重点的综合性改革。根据王悦的研究(2019年),混合所有制经济改革通常要遵循三个指导性原则:集中原则、绑定原则、归核原则。集中原则面向投资者的引入,即优先引入懂行业和业务、能提供战略价值的投资者,有利于资本(持股)集中、精力集中和责任积极制衡;绑定原则面向现代企业制度和公司治理,即优先引入"具有企业家精神的管理层""人才资本""核心员工持股",通过权力、责任与利益关系的绑定,有利于内部激励和外部约束监督,减少内部的内部人控制,提升资本价值;归核原则面向核心业务合作平台,即优先通过同类业务整合和非核心主业剥离,打造专业化业务平台,有利于发挥规模效应,分散业务风险。从经济学视角看,高职混合所有制办学实际上就是学校和企业分别拿出各自的部分业务,围绕学校人才培养的中心目标,进行业务合作和业务重组。而且,股份制是混合所有制主要的资本实现形式。在目前的高职混合所有制办学实践中,大多数实行股份制运营,有些院校如苏州工业园区职业技术学院,在学校整体层面实行股份制,政府和企业股权多元;有些院校在二级学院层面、生产实训平台层面实行股份制合作,如山东畜牧兽医职业学院在股权多元化中学校"参股不控股",实行公司化、市场化运营。当然,高职混合所有制办学可以有国有资本绝对控股、相对控股和参股三种形式,而改革的关键不在于持股主体多少,而是资本能够在人才培养中充分发挥作用。

3. 校企合作共生体的内部跨界治理

混合所有制办学是社会共生体制的微观办学支撑,高职产教融合平台上的混合所有制办学作为不同资本的合作共生体,需要结合高校教育管理和企业管理特点,运用组织学原理、共生理论和现代治理理论等多学科视角研究其跨界治理问题。在共生体的意义上,构建适应共生关系发展的内部治理体系,是高职混合所有制办学的关键。共生理论认为,共生关系表现为共生单元之间在一定共生环境中按某种共生模式形成的关系,共生系统以共生单元的分工与合作为基础,从而实现效率较高的物质、信息和能量生产、传递与交换,在频繁的双边交流与广泛的多边交流机制中,使所有共生单元通过提高生存繁殖能力而获得进化的对称性互惠共生模式,即稳定共生形态。而在治理的意义上,无论是混合所有制的教学机构还是混合所有制的育人平台,都必须解决好不同所有制投资主体之间、校企双方之间的跨界治理问题,解决好双方权益约定问题、责任边界问题、信息对称问题、责权利对等问题。在治理的逻辑中,公共权力是最为核心的概念,治理注重权力的配置与运作。治理的权力主体成多元化,意味着各种治理主体都要放弃自己的部分权力和利益,最终建立一种公共事务的管理联合体。治理中,权力运行的向度是一个上下互动的管理过程,主要通过合作、协商、伙伴关系,确立价值认同和共同目标,实施对公共事务的管理。内部治理体系是合作共生体内部运行的一种制度架构,通过明晰产权及各利益相关者责权利,建立股东会、董事会(理事会)、监事会、党委会等决策运行机构和管理团队,从而保障合作组织的有序运行。

目前,高职混合所有制办学在内部治理体系建设上存在许多突出问题,主要表现为:一是董事会等组织决策机构不健全和作用发挥不到位,董事会不规范、运行不够常态,成员结构不尽合理;二是章程等重要联结制度成为摆设,运行保障机制和制度体系不完善,合作中重大协调事项需要章程约束时,却难以执行;三是缺乏风险管理和收益分配机制,财务核算和成本控制难以实现;四是人事管理的交叉冲突,绩效考核评价难以实现,缺乏对企业合作的激励;五是合作体之间信息发布不充分、不对称,缺乏时效性、交互性和共享性。根据袁纯清的研究(1998年),共生是一种自组织现象和自组织过程,不是共生单元之间的相互排斥而是相互吸引和合作,不是自身原有状态和组织性质的丧失而是继承保留,不是相互替代而是相互补充和依赖。因此,混合所有制办学中,新的办学体制具有多元产权相互交叉、相互渗透,不同产权主体共同治理、共享利益、共担风险的特点。新的校企合作组织要通过内部治理,进行关系协调、供需对称,成为相互补充、相互吸引、彼此依存的合作共生体,维系整体合作体系的内部循环和动态平衡。

4. 混合所有制办学的合法性、风险性和程序正当

高职混合所有制办学必须要有法治精神,要通过法治实现行为约束、内部治理和绩效激励,延长校企合作共生体的生命周期。现有研究认为,所有制改革需要在既有制度合法性框架下谨慎进行,一旦违背合法性,再有效率改进效应的制度创新,都可能遭遇"陷阱"风险。那么,学校与企业联合共建混合所有制机构或平台,注册为法人,同样存在着合法性与风险性问题。再有,程序的正当性是混合所有制改革的重点,而混合所有制办学模式改革缺乏产权混合的相关操作程序,缺乏操作层面的实施细则。根据段明(2018年)、郭素森(2019年)等人的研究,推动混合所有制办学落地,需要地方发展改革、编制、财政、工商、民政等相关部门政策的协同推进,其中混合所有制的法人主体性质究竟是事业单位法人,还是企业法人或社团法人,法律上尚无明确规定。比如,江苏省2010年出台《江苏

省政府办公厅关于进一步促进民办教育发展的意见》,规定国有资产参与举办的从事学历教育、学前教育、特殊教育的民办学校和从事非学历教育的民办培训机构,可以登记为事业单位法人。但是在产权划转之后,作为事业单位法人的投资主体的利益如何保障,并没有明确规定。山东省在实践中发现,混合所有制职业院校可以享受在公共服务领域推广政府和社会资本合作模式的众多政策,其中机构编制部门的新政策,对混合所有制职业院校及其二级单位的三种类型的法人登记注册、变更均可实现;尤其是《中央编办关于批转〈事业单位、社会团体及企业等组织利用国有资产举办事业单位设立登记办法(试行)〉的通知》(中央编办发〔2015〕132号文),为公办院校改制打通了渠道,为民办非营利性职业院校扶持政策的落实提供了可能;财政部门的政策是将混合所有制职业院校纳入地方政府中期财政规划,政府承担财政支出责任。山东省探索发现,这些政策可能框架性地支撑当前的混合所有制办学改革。尽管如此,在公办高职院校的混合所有制办学模式改革实践中,由于没有法律的明确规定,缺乏正当程序的指引,容易导致国有资产流失,而且经济风险、法律风险的相关责任难以确定承担主体是谁,致使地方政府与学校、企业、个人都不愿意推动混合所有制办学模式改革。实际上,产权混合在实践中是一个复杂的法律问题,其中包括国有资产评估、合并、转让、兼并、托管、资产界定、清产核资、划转等相应的配套法律问题,由于国家尚未出台相应的实施细则,所以主管部门和学校都难以操作。

三、高校校办企业与科技型企业改制借鉴

通过前文分析,高职混合所有制办学初期面临的困境及问题性质,与历史上经历过的高校校办企业(后来的科技型企业)改革、改制非常相似,不妨从中获取经验和借鉴。

1. 高校校办企业、科技型企业改制

改革开放以来,高校利用科技、人才优势创办校属企业、科技型企业,成为我国科技成果转化和产业化的重要力量,加上20世纪90年代末推进的高校后勤社会化改革,校办企业(产业)涉及了后勤、出版、生产性经营、科技成果产业化等众多领域。根据苏峻、何晋秋等人的研究(2009年),国家对普通高校校办企业统计表述,校办企业包括资产公司、一级企业、二级企业,其中,一级企业主要指

学校直接投资的全资、控股、参股企业以及资产公司投资的全资、控股、参股企业;二级指由一级企业投资的全资、控股、参股企业。2001年,国务院办公厅批准了《关于北京大学、清华大学规范校办企业管理体制改革试点指导意见》,北京大学、清华大学两所学校的校办企业改制工作在教育部直接指导下启动实施,随后,全国其他高校也参照此文件精神,展开校办企业改制工作。当时,校办企业改制政策是基于校办企业发展的诸多问题,如校办企业数量多、企业规模过小、发展不平衡;产权关系不明晰、管理体制不规范、进入退出机制不完善;人力资本产权意识不强、产权激励机制不健全。此外,社会上对大学该不该办企业和大学如何办好企业的争论较多,这些促成了由"校办企业"到"校有企业"的改制。上述试点指导意见的主要精神体现在:明确提出按现代企业制度的要求规范管理校办企业;从国家层面批准北京大学、清华大学成立"国有独资有限责任公司",管理校办企业的资产。这两所大学校办企业改制的主要目的:一是通过明晰产权关系,理顺校办企业管理体制,完善各项管理制度,建立以资本为纽带,产权清晰、权责明确、校企分开的现代企业制度,使校办企业成为自主经营、自负盈亏的,以市场为主体,承担国有资产保值增值的责任;二是建立完善大学在创办高科技企业中的进入退出机制,在推进科技成果产业化的同时,使学校教学、科研秩序和校办企业经营都走向良性循环。北京大学、清华大学校办企业在改制五年后达到了预期目标,从两所大学的改制实践看,改制的关键性政策包括三个方面:第一,清产核资、评估界定、摸清企业家底,对校属资产进行登记,维护学校所有者权益;第二,逐步按《公司法》进行改制,依法成立股东会、董事会、监事会等现代企业治理结构,完善决策、运行、监督机制,所有权与经营权逐渐分离;第三,学校专门设立校办企业经营性资产管理机构,优化资产资源配置,提高资产经营效率。在改制过程中,学校与校办企业之间的关系从"直接持有、直接经营"到"资本控制、监督发展",就是从"校办企业"走向"校有企业"。

近年来,高校校办企业和科技型企业在高校开展产学研协同育人、创新创业方面,体现了天然优势,作出了突出贡献。这类企业可以无缝对接高校的科技成果转化、综合教育改革、人才培养、创新创业等内容,并通过校办(校有)企业的经营活力,带动学校释放技术研发、人才培养、社会服务等领域综合要素的活力。

2. 高校科技型企业的产权配置

高校科技型企业改制进程中,高校企业以产权改革为主要形式进入实质性改制,形成了三种模式:第一种是国资委产权受让模式。以清华大学、中山大学、山东大学为代表,实行了整体或部分向国务院国资委或地方国有企业转让产权,产权与控制权同步让渡。第二种是股权减持模式。以浙江大学、上海交通大学、中国石油大学、华中科技大学为代表,上市企业采取二级市场减持等方式,大学国有资本逐步退出的运作模式。第三种是增资稀释模式。以中南大学为代表,通过引进新战略投资者,稀释高校股权、逐渐退出的运作模式。其中,清华大学和浙江大学改制中的产权配置最具有代表性。清华大学的产业发展经历自发成长、集团化管理、股份制改造和校有企业改制四个阶段。改制阶段,成立"清华大学经营资产管理委员会",负责管理学校经营性资产;经国务院特别批准,2003年将清华大学企业集团改制为国有独资的清华控股有限公司(清华控股),统一持有、经营、监督和管理所有经营性的资产和股权,是一家资产经营公司。在产权配置层面,进行清产核资、资产划转,将全部经营性资产无偿划到清华大学企业集团,将企业中属于学校的房地产等非经营性资产全部剥离,交还学校。在产权明晰基础上,通过清华控股的资本运作,建立国有资产退出机制。一方面,控股企业成功上市后,如果需要撤出国有资产,可将学校占股在股市上减持;另一方面,借助股权交易减持控股企业、参股企业的股权,实现资本退出。在经营机制层面,以校企分开为目标推进改制,将资产和账目分开、管理体制分开、人员编制分开和地域分开(企业迁出校区)。浙江大学在2005年时,共有各类投资和相关企业480余家,其中科技园205家、企业集团150家、后勤集团20家,学校对外投资企业43家。浙江大学校办企业在补充学校办学经费、促进科技成果产业化方面作出突出贡献,但同样存在许多问题,如投资主体模糊、产权不清晰、投资人监管缺位。对此,浙江大学依法组建国有独资性质的资产经营有限公司"浙江大学投资控股有限公司"(浙大控股),浙大控股与浙江大学签订股权转让协议,浙江大学持有的企业集团公司、大学科技园公司、后勤总公司、新宇物业公司等4个集团公司,作为浙大控股的全资或控股子公司,共同承担国有资产保值增值责任和任务。浙江大学通过建立新型的国有资产管理体制,将产业的行政管理模式转化为资产管理模式,理顺了学校与产业的投资关系、产权关系,既避免了企业因经营问题造成对正常教学与科研秩序的干扰,又促进了科技成果的产业化及其对教学科研的良性互动。

3. 高校科技型企业的运营治理

清华大学的清华控股是有限责任的企业法人,独立承担经济责任和法律责任,从公司法角度讲,清华大学经营资产管理委员会实际上是代表清华大学,行使清华控股的股东会的权利。经营资产管理委员向清华控股派出董事会和监事会,清华控股又向它的(二级企业)控股、参股企业派出董事会和监事会,行使股东权利,由此理顺学校与产业的投资关系,在企业和学校之间建立了规避无限责任风险的"防火墙"。浙江大学的浙大控股实行经营性资产管理委员会、董事会、监事会的法人治理结构,实现了公司经营管理机构与浙江大学行政管理机构的分离,内设综合办公室、财务投资部、人力资源部、企业管理部4个职能部门。在清产核资的基础上界定企业法人财产,明确企业投资主体,落实企业的责、权、利,以资产委托经营的方式,实行所有权与经营权的分离,促使企业按市场规律和规范进行市场化运营。研究发现,高校科技型企业改制中,往往采用股份制、合伙制等企业产权组织形式,多数在企业经营机制方面比较灵活,适应市场竞争的能力较强。由于高校科技型企业获得政府政策支持的力度较大,在税收、金融、财政、人员体制、创业孵化、项目基金等方面给予了大量优惠,一批成熟的改制企业已成功上市。上市公司是高校科技型企业发展的最高形式。在这类企业的改制和发展中,大学本身对高校科技型企业的支持作用很大,包括技术开发、资金支持、科研指导、输送研发项目,允许这类企业作为营利性机构,以创造利润、追求经济效益最大化为重要目标;政府主要起宏观指导、政策引领和综合协调等作用,包括整合人力、财力、物力,组织重大科技项目攻关,建立补偿机制,提高企业研发效率和收益等。

4. 高校科技型企业改制发展遇到的问题

主要表现为:第一,大学对高校科技型企业发展的定位漂移不定,这类"校有企业"的角色定位和功能定位与大学人才培养的首要功能之间到底是什么关系,国有资产保值增值的责任是企业对大学的首要责任还是唯一责任,企业发展如何服务和反哺学校人才培养问题,企业如何在市场中找准自身定位问题,大学和高校科技型企业对之均有认识偏差。第二,高校科技型企业的内部制度创新跟不上现代企业制度要求,产权关系上的法律归属设计时明确,实际实施时却出现产权界定不清楚的问题,遇到经营性资产与非经营性资产区分困难、企业注入财产不到位等问题,不同投资主体的权力结构、利益边界、利益结构难以协调的问题。第三,高校科技型企业发展在(生命周期)不同阶段出现不同的特征和不同的目标,商业目标、社会目标、办学目标的多重性带来矛盾和冲突,大学往往会加以行政干涉,导致规范化的产权约束机制难以形成,影响企业的市场竞争。第四,在所有权和经营权分离过程中,高校科技型企业缺少职业经理人的形成机制,影响企业发展的活力。如果从大学聘请经营管理专家担任职业经理人,往往在经营管理中产生既追求个人社会价值,又不愿放弃追求行政级别待遇的情况;如果从社会上聘请,企业风险投资时,就会遇到国有资产安全底线的制约,大学控股企业又会对国有资产运营过程不放手,职业经理人的薪酬激励难以到位。第五,高校科技型企业改制运行或上市后,企业运行一旦过于壮大或偏离大学原有的改制设计,所产生的法律风险、市场风险、经济风险乃至政治风险,大学难以承担起相应的责任。而且,大学与高校科技型企业之间的法律关系难以界定,风险责任的主体很难落实。

  目前,高职院校混合所有制改革探索中也有与高校校办企业改制相类似的做法,如山东畜牧兽医职业学院通过成立资产公司,合资合股创新混合所有制运行机制。根据张绍秋的研究(2019年),2005年,山东省教育厅、发展改革委、科技厅等六部门联合出台《关于促进高等学校校办企业改革与发展的若干意见》(鲁教办字〔2005〕5号文),提出"有条件的高校可以依法设立国有资产经营有限公司或企业集团有限公司,代表学校对企业实施投资、经营、监督、管理,从事资产运营和资本运作,并对学校承担相应的保值增值责任等职权",同时提出"规模较小的高校可选择一个具有规范产权关系和法人治理结构的全资企业做主体企业建立起产权关系"。该校顺势成立独立运营的全资山东天宇教育咨询有限公司,全面负责学校参股企业的产权管理,在参股企业与学校之间建起来一道牢固的"防火墙",有效地规避了办学风险。这种通过混合所有制以产权、股份制收益维系的合作关系,为学校和企业形成目标一致、认同一致、利益一致的共同体提供了基础支撑。在现代企业制度框架下,该校依次与北京大北农集团、山东亚太中慧集团、潍坊鑫盛食品有限公司、法国格隆集团、山东根源食厨有限公司、潍坊锦延实业有限公司等,合资合作共建了潍坊天宇饲料科技有限公司、山东惠康饲料有限公司、山东天宇生物科技有限公司、山东天晟有机农业有限公司、山东天宇食品有限公司、山东合力牧业有限公司、颁尼菲克(山东)生物科技有限公司、山东省新世纪检测认证中心。这些探索与清华大学、浙江大学的高校校办企业改制相类似。高校校办企业、科技型企业改制中的经验做法,遇到的产权、治理、定位漂移等实际问题,很值得当前高职混合所有制办学改革加以借鉴,并在产教融合体制机制的深层创新中加以突破。

第三节　产教融合平台的混合所有制办学

"双高计划"建设背景下,高职产教融合育人的实践趋势是依托集成化实践平台,探索现代学徒制培养模式、"1+X"证书制度、混合所有制办学模式等,通过体制、制度、标准、管理的全方位创新,将产业先进技术要素融入教育教学全过程,形成学产研一体化的教学场域、学习空间和运行形态,提升人才培养质量。高职产教融合的混合所有制办学,需要克服传统校企合作平台的体制机制障碍,关注产业集群和专业集群化发展的内外环境变化,借助产教融合平台上的学产研资源集成共享优势,通过平台体制和平台模式相结合的综合创新,探索形成校企多元主体合作育人的新形态、新路径和新格局。

一、传统校企合作平台的体制机制障碍

1. "学、产、研"合作教育的体制壁垒

所谓体制,就是指机构与规范的结合,其中"机构"包括实施机构和管理机构,"规范"指建立并维持机构正常运转的制度。学产研结合体制就是促进学产研结合的机构与相应规范的结合,它决定学产研合作教育的发展方向,影响学产研合作教育的成效水平。发达国家发展中的一个重要经验就是,政府运用法律手段推进学产研相互结合的教育体制改革,通过政府立法,建立起学产研结合的协调机构和国家制度框架,将高等技术人才培养与企业技术进步相互融合、相互促进,从而加速国家的工业化进程和经济社会的快速发展。例如,在德国的法律法规和国家制度框架中,地方政府、雇主与行业委员会积极执行相关政策与合作制度,形成了完全成熟的社会伙伴协作形式。在整个社会运行大系统中,由于教育活动与经济(产业)活动、科技活动分别属于不同生产部门,是异质异界的独立社会活动,尽管在宏观上彼此之间相互作用、交叉联系,但是三方之间的活动目标、管理体系及其运行规律各不相同,学产研之间要形成跨领域、跨行业、跨部门

的对话与长期合作,首先必须从根本体制上破除异界壁垒、消除障碍。在学产研合作体系中,高校主要是人才培养的主体,企业是科技成果产业化的主体,科研院所主要是技术研发、孵化的主体,政府则是促进学产研结合、为合作提供外部政策和规范保障的重要主体。在当前市场机制仍然不够完善的情况下,学产研结合体制建设的主要责任主体在于政府,只有政府才有能力纵跨产业、科技、教育三界,建立促进三界结合的协调机构,出台实施三界合作的规范制度。尽管《国家中长期科学与技术发展规划纲要(2006—2020年)》已经把学产研结合提升到国家战略高度,国务院出台《关于深化产教融合的若干意见》,教育部联合国家发展改革委、工业和信息化部、财政部、人力资源社会保障部、国家税务总局等六部门出台《职业学校校企合作促进办法》,但是从执行和运行效果看,学产研结合的法律法规尚不健全,国家层面没有专门的学产研合作管理机构和专门落实体系。面对学产研之间分而治之的行业部门壁垒,高校和企业、科研院所之间仍然缺乏规范畅通的沟通渠道,致使学产研合作教育体制改革没有从根本上取得突破。

2. "校、企、所"合作办学的机制束缚

在高职院校人才培养的"学、产、研"合作教育体系中,三方活动最终要落实在相应的主体行动上,合作教育过程其实就是学校、企业、科研院所合作培养人才的全部实践过程,而维系校企所合作,离不开有效的合作机制作保障。校企所之间的合作是一个多元主体之间的跨界合作行为,合作的动因动机和影响因素极其复杂,从机制形成上讲,既受本部门的内部综合政策和制度规范的影响,也受本部门之外的政府政策和社会环境的影响。由此,不能把学产研结合的格局形成简单地理解为仅仅是学校、企业和科研院所三个主体,不能忽视"政府"作用和这个潜在主体。在前文所述的大学科技园模式、产学研联盟模式中,政府的角色、作用和地位相当重要,如在美国硅谷模式的成功典范中,地方政府与产业之间的正式关系就是间接地通过大学(院所)建立起来的,而维系"政府—产业—大学(院所)"三重螺旋作用关系及有序运行的核心,便是政府为之提供了重要的税收、金融、财政政策支持和各种优惠,促进形成一个行之有效的全面合作机制和运行保障。实际上,教育部早在2010年就启动实施"卓越工程师教育培养计划"(即"卓越计划"),探索产学研合作教育机制改革;2011年,教育部与财政部共同实施"高等学校创新能力提升计划"(即"2011计划"),探索学产研结合的教育体制机制和科技体制机制创新。但是,由于受现存行业体制壁垒的根本束缚,技术技能人才培养中的校企所合作仍然面临诸多机制性障碍。在外部政策的落地和整体环境层面,缺乏促进学校教学资源与企业生产资源、科研院所研发资源各方共享、协同创新的形成机制,缺乏以优惠政策、配套条件、资金支持为内容的综合政策激励;在不同主体的目标任务层面,未能建立起基于差异化需求和优势互补的目标衔接机制,缺乏相互匹配、相互嵌入的供需协调和任务协调机制;在高校内部管理层面,现有人事聘用、绩效考核机制难以与校企所合作方向取得协调一致,难以吸引企业和科研院所投入生产型资源和研发型资源,真正参与到人才培养工作中来。近些年,高职领域的校企合作政策,随着"双高计划"的实施而越发具体化,依托现代学徒制、"1＋X"证书制度、"三教"改革等内容的校企合作机制创新正在全面铺开,但是,合作主体和辐射面基本都针对"产、学"两大元素展开,"研"在教育教学改革中的特殊作用和重要地位,还未得到足够的重视。

3. 校企合作平台缺乏集成性和共享性

当前,利用产教融合"集成性、共享性"实践平台强化工程技术和实践教育,已被技术技能人才培养和高职实践教育教学改革所认同。如前文所述,技术技能人才的"技术应用性"能力特质与"跨界性"成长规律,要求教学内容必须跟进行业技术前沿,体现对工程学科新知识、新技术的实际应用,课程模式应关注理论教学与实践教学的匹配衔接,那么,技术技能人才整个培养过程就应该贯穿在"科研、生产、教学"的有机融合之中。产教融合是高职人才培养的基本要求,需要落实在教育教学过程的全部环节,那么就需要有相对稳固的"集成性、共享性"实践平台作纽带或条件支撑。只有依托产教融合集成共享平台,生产型资源、研发型资源与教学型资源才可以集聚、集约、融合到一起,各种创新活动与人才培养才可以有机结合、交叉融合、共建共享,行业新技术、新标准才可以及时转化为课程内容和教学内容,为学生所分享,学生才可以在真实实践项目中提升综合职业能力。对高职院校的教师来讲,也可以在集成共享平台上寓教于产、寓教于研,将自己的最新研究成果引入实践项目和教学内容,保持教学资源和教学内容的新鲜(前沿)。近年来,许多高职院校主动与企业、科研院所共建共享生产性实训基地和工程技术中心,与科研院所共建技术转移孵化中心等,探索加强产教融合实践教学平台建设,并形成许多创新模式。但是,这些校企合作平台在集成性、共享性方面仍有很大问题,产业资源、企业资源、社会资源难以通过足够的空间和形式得到集中,生产资源、技术资源、企业管理要素等难以通过一定的政策主导得到集约集成。即使汇聚到一起,各种主体之间、资源之间如何建设有效的共享模式,校企合作产出的新资源和成果如何实现共赢,校、企、所各方如何共享收益等,仍然没有取得实质性突破。高等教育的内外部适应性规律同样适用于高职教育办学,高职产教融合不妨借鉴普通高等教育领域"2011计划"等政策实施和目标方向,通过探索产教融合集成共享平台的混合所有制办学,消融学产研结合的体制机制障碍,生成学产研一体化学习空间和学习资源,形成学产研一体化办学的新形态、新模式和新格局。

二、产教融合平台的学产研一体化趋势

1. 区域产业集群发展的外部环境

产业集群主要是由新兴技术产生和政府力量相结合所引发的产业演化过程,是一种由产业集聚引起的产业链调整完善过程,同时表明特定产业集聚后进入了一种新的分工状态,强调产业链内部不同产业之间的相互配合、分工协作,从而带动产业链内部相关产业协同发展的区域集中分布状态或网络结构状况。根据暨南国际大学国际企业学系课题组的研究(2011年),产业集群形成的条件是,某一特定产业所涵盖的上、中、下游链端在发展过程中出现地域性关联互动或体质依赖倾向,逐渐演化成促进经济效率的产业内部互动合作关系,而企业彼此之间也存在高度竞争合作、相互依赖、互惠共享关系。根据产业经济学理论,产业集群表现为企业之间的部门迁移和集聚成群,企业之间根据生产要素流向更有效率和竞争市场的特征,重新建构和弹性调整产品结构、市场分工和市场位置,企业之间由此形成新的产品市场关系和竞争合作关系。企业整体竞争力的大幅提升促进产业整体的竞争力,产业通过集群产生经济增长效益是驱动产业发展最有效率的模式。可见,产业集群作为一个概念,很大程度上是指发展区域经济的一种思维方法和发展模式。集群共享经济促进集群价值共创,集群企业只有选择集群价值共创的路径,才能满足多维利益相关者的多元需要。事实上,产业集群的思维方法和发展模式也给高等教育、职业教育发展带来了重要影响,国家建立的多个大学城、职业教育园区、高职改革发展试验园区,高职院校近年来着力推进的专业群组建模式等,都是一种基于产业集群化发展思想的学校集

群化发展和专业集群化发展的新模式。

2. 高职专业集群化发展的新趋势

专业集群与专业群概念不同。在学术界，高职专业集群是一个新的概念，目前已有一些讨论，但还未形成基本共识。高职专业集群化发展一般包含两层含义，分别针对特定区域和特定高职院校而言。针对特定区域而言的专业集群，指一个区域内的高职院校群体，以所在区域内支柱产业集群、优势主导产业为服务面向，院校之间就特定专业群形成分工培养、错位互补、资源集约、信息共享的协同合作关系，从而带动本区域特定专业群的整体竞争力。针对特定高职院校而言的专业集群，指某个高职院校的内部各专业之间，对应产业特定链条的人才需求，重新整合校内外专业建设资源、重组专业结构形态，形成校内专业（群）之间分工培养、相互补充、资源共享的全链式协同合作关系，促进学校人才培养的整体竞争力。胡德鑫、纪璇等人（2021年）基于产业集群理论和社会结构化理论的概念构架，以特定产业的市场需求程度、高职院校内部专业集中度为划分依据，将高职院校专业集群模式划分为多元化发展、特色化发展、限制型发展和转型式发展四种类型。当前，国家"双高计划"正在集中力量建设一批引领改革并代表中国特色、世界水平的高水平高职学校和专业群，进而形成与区域产业集群发展同频共振、与产业结构高度耦合的新格局。高职院校必须以区域产业"需求"为出发点，以校企协同"育人"为核心，以校内校外"集成集约、共享依存、共赢共生"为基本理念，合理设计专业集群化发展的行动策略和路径模式，激发学校发展和多元主体育人的内生动力。高职专业集群化发展是专业群建设的更高阶段，对教育教学中生产型资源、研发型资源供给匹配提出更高要求，教育教学全过程需要紧扣产品市场、技术市场的新技术、新标准，实践教学任务需要紧扣企业生产岗位的真实任务，更为重要的是，它对教育教学资源的及时获取、实时实效性和资源运行效率等提出更高要求，要求动态适应高职学产研一体化办学的需要。

3. 学产研一体化办学的三螺旋关系

学产研合作关系具有三螺旋式联动作用机理，学产研融合的理想状态就是要形成三螺旋模型。三螺旋模型大体隐喻了三者之间的交叉影响关系，无论哪一方最终都要融入三螺旋结构关系中，推动各自目标的实现；同时，不管三个螺旋如何运行，如何交叉重叠，彼此都不可能演化成或代替另一个独立的螺旋。高职产教融合的学产研一体化办学趋势，要求平台上"学、产、研"之间彰显三螺旋运行关系。借鉴三螺旋理论,学(学校)、产(企业)、研(科研院所)三种机构都在各自的创新活动中产生各自的运行螺旋,这三种机构之间通过相互作用、持续的联系和合作,支持其他螺旋产生新的创新。三方都在相对独立的运行过程中与他方产生交叉重叠作用,都在相互影响和相互促进中达到联动上升,彼此在需求关系、供给关系上具有双向循环特征。学产研一体化办学模式中的三螺旋关系,应具有以下基本特征:第一,在主体关系上,三个螺旋相对独立,分别保持各自独特的身份与作用地位,有各自的结构位置与领域界限,有各自的目标利益追求,目标利益之间具有共存性和共生性。三个主体中到底谁是主导者并非固定不变的,在平台生命周期的不同发展阶段,主体地位随着相互作用力大小变化而动态变化,相互交替。第二,在组织形态上,三个螺旋应建立稳定的空间组合格局,并形成特定模式,类似大学科技园、学产研联盟等,依存特定区域物理空间,依托合作平台支持,依赖政府政策驱动。第三,三个螺旋必须建立需求共振、利益嵌入的合作动力机制。就是说,彼此之间要通过要素的流动和转移而形成能量循环,包括技术、人员、信息、管理和产品等;彼此互为要素投入,也互为产品产出,相互依赖他方要素供给,也影响他方发展水平;只有满足主体利益的学产研合作才是可行的,才能自发产生和自我维系。第四,三个螺旋在互动融合中,应该形成明显的合作依存效应、协同共享效应和溢出共赢效应。总而言之,学产研一体化办学模式中的三螺旋共同体,既是利益共同体又是命运共同体,三方都要以共同利益和价值共识为基点,自觉维系合作与博弈的平衡,促进合作要素的流动和优势资源再创造,降低交易成本和运营总成本,形成新价值转换和附加值再提升。当然,学产研一体化办学模式的根本宗旨是办学、育人,该模式无论进化到生命周期的哪个阶段、谁处于主导地位,都不能违背"学"为轴心的初衷。

三、高职混合所有制"共享工厂"模式

1. 产教融合实践平台的"双重融合"优势

产教融合与校企合作是职业教育的基本办学模式,依托产教融合实践平台进行双主体育人的体制机制变革,是高职院校深化校企合作改革的基本做法,也是创新职业教育办学模式的主要路径。当前,基于产教融合为特征的学产研结合,已经不再是停留在原先校中厂、厂中校的空间布局和组织形态,而是呈现出

"学、产、研"要素融合和"校、企、所"组织融合的双重融合特征。产教融合集成共享平台的"双重融合",就是在形成产业科技园、大学科技园、产学研联盟等物理空间合一模式的基础上,将企业生产功能、大学院所研发功能、学校教育教学功能集中合一,引进企业生产车间、研发中心、产品设计制作中心、产品展示与体验中心、大师工匠,将学生教室、生产实训车间、创新创业室、教师办公室、技术实验室、大师工作室等,集成在同一个物理空间内,促进全流程全要素的共建共享,形成产教融合平台办学的常态模式。平台上的学产研全要素融合时,围绕"以学为体、产研为用"和教育教学要素资源再生产、再投入的中心目标,将产品价值链若干环节的技术开发、生产工艺、加工制作、集约管理、投放市场等全流程集成在一个空间里,这个空间是在工业互联网技术支撑下,实体空间与虚拟空间交互融合,可以线上线下交互流转的开放空间。平台上的校企所组织融合时,围绕"学为轴心、产研为翼"和教师能力发展、学生能力提升等核心任务,将人才培养各环节的课程改革、教学内容及教材更新、教学方法改进、实践教育教学等,与企业生产的全工序环节集成在同一个空间里,这个空间同时是结构性分布、线上线下、虚实结合的多维空间,是"实体课堂+生产实训车间+技术实验室+大师工作室"一体化的学习空间。从产教融合平台的双重融合特征可以看出,学产研各方资源统一汇聚在同一空间里,可以有效降低传统办学的空间制约和时间成本,为形成优质办学资源的集成与共享、办学成果的溢出与共享、经营治理的互利共赢等平台综合效应,提供了条件和可能。总而言之,通过学产研要素融合和校企所组织融合的双重融合,将市场的优质资源和力量及时输入学校专业教学,有助于克服传统校企合作机制的瓶颈制约,可以有效发挥产教融合实践平台的综合集成优势和共享共赢优势,形成相应的双重的三螺旋运行关系。

2. 依托平台探索产教融合混合所有制办学

产教融合实践平台的双重融合特征和双重三螺旋关系,为高职院校探索混合所有制办学提供了条件和优势。公办高职院校的混合所有制办学对应企业(科研院所)非公有资本,企业将资本、技术、人才、设备、管理等诸多要素投入平台建设,参与办学,必须要面对资本权益、产权保护、制度保障等一系列混合所有制领域的基本问题,另外还有企业逐利性与学校公益性矛盾如何协调问题,混合所有制资本的营利性与非营利性问题,平台上学校与企业之间、企业与企业之间等多元主体如何治理问题,所投入的资源如何共建、如何共享问题,利益如何核算、风险如何共担问题。这些基本问题,既是混合所有制改革领域的重要问题,也是高职院校校企合作办学中一直面临的难点、痛点、堵点问题,是传统校企合作平台诸多模式的瓶颈制约问题,同时是"双高计划"建设中着力破解的产教融合体制机制的深层次问题。产教融合的育人价值在于把"产业"发展和升级中的先进技术、先进工艺与流程等,融入高职教育教学资源与教育教学整个过程中,使高职专业人才培养整个过程能够不断对接、响应并服务产业发展的实际需要。而由于办学资源的市场机制还不完善,教育与产业之间、学校与企业之间,既缺少体现产业分工和市场合作的专业化教学服务组织,也缺乏引入这些市场优质资源的动力机制。深化产教融合,要求高职院校必须克服这些障碍,从体制机制改革的关键出发,将产业先进技术、人才能力标准、岗位目标需求等全方位融入专业教育教学全过程,提升职业教育课程技术含量,推广产业新技术、新技能,保证人才培养质量符合产业和企业需求。坚持与产业企业之间的互通互融,努力将代表产业发展趋势的新理念、新技术、新技能融入教育教学过程,在创新人才培养模式、建设结构化教学团队、服务地方企业上取得实效。从体制上讲,混合所有制办学是最有力触及产教融合体制层面问题的改革途径,涉及资本产权、股权领域的根本性制度变革,这些都是促进企业办学动力和校企合作活力的关键因素,是提升高职院校办学水平和人才培养质量的重要保障。因此,依托产教融合实践平台探索高职院校校企合作和混合所有制办学,是目前形势和条件下最有望突破传统办学模式诸多束缚的一条路径,可以通过混合所有制办学拓展高职院校办学视野和认识高度,探索一批职业教育新制度、新标准、新政策和新方案,形成一批中国特色高职教育模式的区域样本、地方样本、院校样本,为中国特色职业教育模式走向世界一流贡献智慧。

3. 体制与模式高度结合的产教融合模式创新

产教融合的本质在于融合之后的"再社会化",包括高职院校学校制度与行业企业制度的交叉融合,学校育人价值与行业技术价值、企业生产价值的交叉融合,学校校园文化与企业文化的交叉融合,以及交叉融合之后产生新的组织形态、价值形态和文化形态。如前文所述,一方面,有关高职院校校企合作"模式"的改革和探索,在高职教育整个办学历程中一直没有停止过,典型的有"校中厂""厂中校""集团化办学""利益共同体"等模式,再有"政校企合作"模式、"行企校合作"模式、"政校企行合作"模式,甚至"官学产研合作"模式。微观层面的各种模式更是繁多,如南京信息职业技术学院创新的"UPD合作模式"(UPD):与技术链上游企业群(Upstream firms)共建公共技术服务平台(Platform),为技术链下游企业群(Downstream firms)提供技术服务和人才支撑;深圳职业技术学院与华为公司开展深度合作形成的"课证共生共长"模式。在这些校企合作模式的探索创新中,每一种合作模式都经历了形态本身从无到有,从解决模式形态有无到解决模式与机制相结合的过程。简单地讲,高职院校校企合作每一种模式的深化,都伴随着"机制"改革的探索,并在"模式"与"机制"相结合的变革中逐步走向深入。另一方面,高职院校校企合作"体制"改革的探索,在高职教育整个办学历程中也没有停止过,典型的有"双证书教育制度""1+X证书制度""订单培养""现代学徒制培养""混合所有制办学"等,这些制度的初衷是想突破高职院校与企业合作的"体制",往往借鉴发达国家双元制、现代学徒制等典型经验,试图在中国本土化。但是,这些体制改革往往是以"项目"形式,在某些"点"问题上小范围地试点,如教育部实施现代学徒制试点项目、"学历证书+若干职业技能等级证书"("1+X"证书)试点,高职院校往往只当成上级文件政策处理,走申报、获批等流程之后,作为日常工作报报材料,探索往往浮于较浅层次,改革的积极性也不高。更重要的是,这些"体制"层面的改革探索,没有与"模式"层面的改革探索高度结合,只有体制与模式相结合的改革才能成为真正的物化成果。也就是说,真正的校企合作体制上的探索,往往都是附在一定校企合作模式基础上展开的,不能就体制而改体制,也不能就模式而创新模式。目前,混合所有制改革是高职教育产教融合政策和校企合作实践提出的最前沿、最深入、最艰难的办学体制改革,具有代表性和典型性,而已有的政府推进、院校实施的混合所有制办学活动,还没有真正取得"模式与体制高度结合"意义的成果成效,迫切需要进一步探索和研究。

4. 高职混合所有制"共享工厂"模式的提出

我国高职教育发展已进入"双高计划"新时代,改革面临继续解决管理体制、办学经费、产教融合制度环境障碍等深层次"老问题"和创新中国特色职业教育模式的"中国问题"。在"双高计划"以点带面的院校改革试点中,院校实践改革主要在于破解校企合作体制机制长效性不足和合作模式松散、合作水平不高等突出问题上,形成校企合作命运共同体和产教融合双主体育人模式。加拿大、美国的"产学合作教育"模式在全球具有标杆作用,非常值得借鉴。过去,我国高职产教融合着重围绕校企共建生产性实训平台展开,并通过校中厂、厂中校等深化平台建设,但"校热企冷"局面未根本改变;产教融合平台在体制和模式结合方面的主要措施是依托平台探索现代学徒制、混合所有制办学模式及创建产业学院,其中混合所有制办学是形成校企命运共同体的有效路径,但实践模式的探索还处于初步阶段。近年来,高职产教融合平台的技术研究逐渐受到关注,高水平建设的突破口是"研究",要通过平台实施产学研并举、以研促教;工程技术研究中心是高职校企合作高级阶段模式,但面临如何处理好研发与教学的关系、参与主体权益分配关系等突出问题。目前,如何通过产教融合实践平台探索混合所有制办学,平衡处理好实践平台上"学、产、研"矛盾统一关系,已成为"双高计划"建设和产教融合研究的热点和趋势,但研究较为薄弱,需要进一步深入。为此,本书从第四章起,提出高职产教融合的混合所有制"共享工厂"模式,着重基于高职产教融合实践平台展开混合所有制办学探索,从混合所有制"共享工厂"模式的基本架构、制度与文化突破、跨界治理运营、赋能"三教"改革以及院校实践等几方面,展开相应论述。

第四章

"共享工厂"模式的核心要素与办学架构

产教融合体制机制深层次问题从根本上制约高职教育发展的质量,"双高计划"建设的主要抓手是产教融合实践平台,依托平台探索体制和模式的创新。高职院校和企业围绕职业教育实践教学目标,以"共享工厂"模式和理念建设产教融合实践平台,可以为创新高职产教融合平台运行模式、推动学校和行业企业形成命运共同体,提供全新的改革思路。

第一节　高职产教融合的企业主体责任

《国民经济和社会发展第十三个五年规划纲要(2016—2020年)》把推进职业教育产教融合作为推进教育现代化的重要任务。自2017年国务院印发《关于深化产教融合的若干意见》以来,"职教20条""双高计划"《建设产教融合型企业实施办法(试行)》等重要政策陆续发布,职业教育产教融合已由发展理念向制度供给落地,从学校侧和企业侧发出的产教融合改革同时进行,切入产教融合体制机制的"亮剑行动"正在全方位展开。"双高计划"建设的主要抓手是高端产教融合集成化实践平台,高职院校已探索出"校中厂""厂中校""利益共同体"等校企共建共享生产性实训基地的有效经验和模式。现有研究认为,高职产教融合要形成"政府—行业企业—学校"治理模式和政府企业相结合的投入模式,必须强化企业社会责任。因此,需要从企业用户角度出发,分析产教融合中企业参与办学的主体责任及性质,探寻企业参与不足的障碍与缘由,进而探索高职产教融合的混合所有制"共享工厂"模式,破解"校热企冷"合作困境,为"双高计划"建设贡献办学智慧。

一、企业参与办学的责任范畴与性质

1. 企业主体责任的缘起及概念厘清

企业参与职教办学主要与"企业社会责任"密切相关。企业社会责任(Corporate Social Responsibility,简称 CSR),指企业在利润最大化目标之外所负有的维护和增进社会公益的义务,包括企业法律责任、道德责任和自愿责任。企业履行社会责任的本质是获取利润的方法。企业的根本目标是利润最大化,企业社会责任属于经济责任之外的公益性范畴,所以,要允许企业根据自身实际,权衡"参与职教办学"这一社会责任的履行程度。在我国,政府主要通过颁布《中华人民共和国职业教育法》和出台"产教融合意见""校企合作促进办法""职教 20 条"等激励措施,强化企业主体作用和社会责任,最终是为了提升职教质量,以服务产业发展和解决劳动力就业、社会稳定问题等政治目标、经济目标和社会目标,更多体现的是国家意志,不完全代表企业的根本意志。

产教融合,即产业活动与教育活动的融合,产教融合的主体包括产业活动的主体和教育活动的主体,前者指行业企业(为方便理解"双主体",本书着重指企业),后者指学校,这两个主体构成"双主体"。在社会分工上,企业从事经济活动,主要负责为社会提供产品;学校从事公益活动,主要负责为社会提供人才。既然企业和学校分别属于不同性质的社会部门分工,一个是经济活动和市场的主体,一个是教育活动和办学的主体,又何以认为,企业要发挥职业教育的主体作用?这里的主体角色定位到底是举办者、主办者,还是参与者、协办者?在"双高计划"中,企业参与职教人才培养的责任到底指什么?不难发现,在产教融合和职业教育的双重语境中,企业是作为职业教育办学的"资本主体"或"投资主体"在发生作用,有资本参与的主体才具有实际存在意义,才可能有动力去承担履行责任,也才能对之提出责任要义。因此,讨论职业教育双主体育人时,要理解和把握产教融合政策和"双高计划"的重要背景,厘清企业主体责任的缘起、概念及性质,避免学校在与企业合作时产生企业责任歧义,陷入责任认知不对等而卷入误解漩涡。

2. 企业参与办学的责任及范畴

"双高计划"建设框架下讨论企业参与职业教育办学的责任及范畴,属于宏观层面问题,其中需要厘清楚两个关键问题:一是企业参与办学所面向的是广义职业教育,还是狭义职业教育范畴,参加"学校内"职业教育是不是企业的应然责任。二是赋予参与办学责任的企业有没有类型范畴,是不是所有企业都必须承担履行参与办学的责任。厘清这两个问题及内在逻辑关系,有助于在微观层面上寻找和把握"校热企冷"的症结所在。

第一个问题。"双高计划"中促进企业参与的职业教育,专门指高职院校层面上的学校职业教育,属于狭义概念"技术和职业教育"(Technical and Vocational Education,简称 TVE),学术界通称为"职业技术教育"。《中华人民共和国职业教育法》(1996 年)规定:"企业可以单独举办或者联合举办职业学校、职业培训机构,也可以委托学校、职业培训机构对本单位的职工和准备录用的人员实施职业教育。"这里规定的企业实施或参与的"职业教育",属于广义概念,即联合国教科文组织和国际劳工组织推荐的提法"技术和职业教育与培训"(Technical and Vocational Education and Training,简称 TVET),涵盖"学校内"职业教育和"学校外"职业教育两个范畴。也就是说,我国职业教育法规定企业参与职教的社会责任,可以在学校内职业教育(参与学校人才培养)落实,也可以在学校外职业教育(企业内部和社会培训机构的职教培训)落实,并非只局限在学校职业教育这个层面。因此,不能简单地把参与学校人才培养说成是企业的应然责任。访谈发现,企业参与职业教育办学并非纯粹由社会责任(公益性义务)使然,更多是出于企业自身发展需要的考虑,核心是能否直接或间接获得收益,包括顶岗实习学生的相对生产率与留任率,获得学校的技术升级服务和政府的财税、金融、信用等政策优惠。

第二个问题。企业社会责任包括法律责任、道德责任和自愿责任。在我国法律和政策中,要求所有企业履行参与广义职业教育的社会责任是符合职教办学规律和国际惯例做法的,企业参与职教办学的方式也是多样化的。但是,根据我国国情,如果对所有企业一刀切地要求其履行参与"学校内"职业教育的社会责任,显然不太切合实际,至少要根据企业性质区分国有企业和非国有企业的类型范畴,从不同责任层级上对其区别对待。其中,对于国有企业,适合从法律责任层面推动其履行参与办学的主体责任(公办职业学校和国有企业的举办者都是政府),因为国有企业的社会责任需要政府管理、规范和约束;对于非国有企业,则适宜从道德责任层面推动其履行参与办学的社会责任,即通过政府激励性政策进行倡导、引导和鼓励。而对非国有企业中的小微民营企业,适宜从自愿责任层面提出责任期望,不宜进行法律和道德约束。高职院校在产教融合平台建设中要充分考虑所合作企业的所有制性质和责任范畴,认识到企业社会责任的自愿性和脆弱性,才能更好地理解和避免"校热企冷"局面。

3. 企业参与办学的责任性质与实施途径

研究发现,一个主体需要承担履行什么样的责任,是由该主体的社会属性以及在特定活动中所担任的角色、分工与定位来决定的。高职产教融合最终要聚焦落实到学校人才培养上来,校企双主体则根据自身特有属性以及在人才培养中所担任的角色、分工和定位而承担履行相应责任。在产教融合人才培养活动中,学校的身份显然是职业教育"主办者",承担履行"主办责任";企业是职业教育"参与者"或"协办者",承担履行"参与责任"或"协办责任"。至于双方具体应承担履行多少责任,最终是由合作双方协议拥有的权利多少(如持有产权、股权等所有权)决定的,不是简单地由双方道德或觉悟决定的。充分认识这一点,学校在与企业合作时,才能相互理解、彼此尊重,减少沟通协调的摩擦损耗。

从人才培养投入要素和实施过程看,校企双方的主体责任应该是方向一致、相互融合的,正如"双高计划"提出的"人才培养、技术创新、社会服务、就业创业、文化传承等方面深度合作,形成校企命运共同体"。企业和学校若能深度融合成命运共同体,则意味着企业投入的资金、设备、人员、管理等要素与学校人才培养的经费、师资、教材、实习实训资源等要素合二为一,双方的责任方向及内容也实现了合二为一。至于企业参与办学的途径方式,可以参考国务院《关于深化产教融合的若干意见》提出的强化企业重要主体作用,如独资、合资、合作等方式依法参与举办职教并享有相应权利,探索推进职业学校股份制、混合所有制改革,等等。当前,国家层面结合"双高计划"建设而推进产教融合型企业建设培育工作,目标是将其打造成为支撑职教高质量发展的"学习工厂",这对"双高计划"院校产教融合实践平台建设是前所未有的政策机遇。

二、企业参与办学不足的障碍与缘由

企业履行社会责任，本质上是获取利润的方法，有公益的成分，更有权益的需要。高职院校作为校企合作主导方，要善于站在企业用户角度，把握企业参与办学的主要动因和影响其积极性的障碍。透视社会依次有三个层面：技术、制度和文化，透视校企合作亦如此。从技术、制度和文化三个层面出发，可以综合研判企业参与不足的障碍与缘由，为强化企业主体责任提供思路对策。

1. 技术层面：净收益难实现，责权利难对等，体制机制难落实

技术的本质，即达到目标的方法和路径。企业参与办学在技术层面上就是指企业通过参与学校人才培养这项活动而实现自身目标的具体方法和实践路径。这里有"目标""方法""路径"三个关键环节，需要着重分析。

第一，企业参与办学的目标环节，表现为净收益难实现。讨论企业活动的目标，就必须回到经济活动的"逐利性"、"利益驱动"和"成本与收益"等核心问题上来。对企业而言，参与办学这项活动尽管是经济责任之外的社会责任，但终究是自身经济活动的一个组成部分（这个部分具有公益性特征），参与办学所产生的成本收益最终要纳入企业内部的成本收益核算。研究发现，企业参与办学的最终目标就是能获得净收益（利润），净收益主要体现在内部经济核算中成本有所降低或收益有所增加。参与办学越是有助于实现净收益目标，则越能产生内在动力，参与积极性就越高，介入程度就越深。反之亦然。这就是产教融合中企业表现"热"和"冷"的根本原因，也是校企合作长效运行的成本收益规律，高职院校必须尊重并运用这个规律，关注企业办学的净收益（利润）问题。

第二，企业参与办学的方法环节，表现为责权利难对等。企业参与办学的直接方法就是与学校合作办学。从词意上看，"参与"一词决定企业在既定办学活动中处于参与方、协办方的位置，其责任、权利、义务都具有参与性特点，意味着对特定办学活动的重大重要决策一般不具有绝对控制权。否则，合作就可能走向终止。从参与的行为逻辑看，参与意味着进入、合作、协同，参与方开始进入办学活动时总要凭借或持有特定资源、禀赋，活动过程中必须配合主办方，与主办方协同合作，活动目标的方向必须与主办方协同一致。否则，"参与"办学就失去了原有的逻辑和意义。研究发现，合作办学中企业和学校双方所持有的责权利

定位、资源禀赋优势、目标方向达成度等共同决定了校企合作走向何方、能走出多远,同时决定了企业参与的广度和深度,而责权利不对等则是导致企业参与不足的直接障碍和缘由。高职院校与企业协议合作时,要充分考虑到这些因素,解决责权利对等问题。

第三,企业参与办学的路径环节,表现为体制机制难落实。企业参与办学的路径就是以办学为媒介联通企业与学校的途径和方式,无外乎三种,即在体制上寻求路径、机制上寻求路径和体制机制相结合寻求路径。具体如上述政策文件所言,企业通过独资、合资、合作等方式依法参与办学,通过购买服务、委托管理等方式参与办学,通过股份制、混合所有制方式以资本、技术、管理等要素参与办学,与学校共建共享生产性实训基地等。过去20年,我国高职教育从校企合作体制机制出发探索了"校中厂""厂中校"等有效模式,但模式与体制创新的深层次结合并不多,股份制、混合所有制等操作难度大。产教融合中企业参与程度不足的体制机制障碍,已成为当前"双高计划"建设所剑指解决的核心问题和目标任务。

2. 制度层面:缺乏切中体制机制的制度供给,跨界治理难高效

制度,主要包括组织外部法律法规政策和内部法案规定条例,本质是为实现既定目标而对主体行为进行规范、约束和激励。企业参与办学的制度就是规范、约束、激励企业参与学校人才培养的外部法律法规政策(政府和行业等制定)和内部法案规定条例(企业制定或与合作单位共同制定)。如前所述,既然我国法律层面已赋予企业参与职教的责任和途径,国家层面有《建设产教融合型企业实施办法(试行)》等激励政策和"双高计划"有力推动,学校层面合作愿望又相当强烈,为何企业参与办学的积极性仍然不高呢?研究发现,这是一个关于制度供给和制度效能的问题,关键要看制度的供给有没有在体制机制上切中要害、解决问题,包括制度内容是否符合企业和学校的共同期望以及制度执行是否具备现实条件。这里必须回到体制机制的根本问题上来分析。

产教融合平台的体制保障问题。核心是解决产教融合平台的所有者制度、产权明晰制度、投入要素所依附的资本权力问题,以及由此衍生的平台管理制度等,而这些正是现代企业制度涉及的内容。学校与企业合作时必须协商解决企业所关心的根本性体制问题,缺乏体制保障的合作关系不可能真正形成"利益共同体""命运共同体"。事实上,校企合作办学在法律层面仍缺乏体制性供给。比

如,职教法是专门针对职业教育的立法而不是专门针对校企合作,对企业参与办学的责权利并没有真正约束权,对解决校企合作体制问题显得苍白无力,而且存在主体权利义务不对等、只强调义务不明确法律后果等问题。从产教融合平台建设实践看,平台的产权、股权、管理体制等根本体制问题没有理顺,内部外部制度上都缺乏保障,所以企业参与意愿"热"不起来。当前,国家《建设产教融合型企业实施办法(试行)》提出的建设培育条件则从企业侧为解决平台体制问题提供保驾护航作用,如独资、合资、合作等方式参与办学,以及具备"参与组建职教集团""承担现代学徒制试点任务""承担 1＋X 证书制度试点任务""共建产教融合实训基地"等条件之一。这些建设培育条件直接指向校企合作体制改革的核心,蕴含着平台内部制度建设的核心目标和重点内容,对"双高计划"院校建设是良好契机。

产教融合平台的运行机制问题。体制决定机制,机制服务体制。校企合作的基础是资源共享和利益共赢,平台运行机制的核心则是在体制框架下解决资源如何共享、利益如何共赢、风险如何共担以及内部治理如何高效等问题,目标在于保证决策有效执行、过程有序不受阻、绩效有效控制。在产业集群过程中,集群共享经济促进集群价值共创,集群企业只有选择集群价值共创的路径,才能满足多维利益相关者的需要。何中兵、谭力文等人研究认为(2018 年),集群企业及其利益相关者之间形成共享产业聚合优势、共同演进和共担风险的利益共同体,利益相关者可以通过集群网络中多边或双边治理机制影响企业的战略行为。这些集群环境共享诱因除了与降低交易成本相关之外,还包含盘活存量资本、减少基础设施投资和技术工人培训费用、充分利用产业集聚带来的规模经济和范围经济等战略动机,包括共享经济资源、共享公共服务、共享市场机制三大类。这无疑给产教融合平台建设带来借鉴。当前,校企合作机制难以长效的深层问题是由合作体制根本弊端带来的,而操作层面上运行效率问题则是由企业和学校之间跨界治理水平高低决定的。跨界治理问题是产教融合平台运行的重要难题,学校需要借鉴现代企业制度和公司治理经验,与企业平等协商形成决策方案与运营管理制度。现代企业制度的特点是产权明晰、权责明确、内部治理完善、市场化运作,实现企业和利益相关者全面发展。跨界治理的关键是校企双方能否从现代治理理念出发建立治理结构与机制,围绕共同利益契约生成新的合作制度体系并有效执行。新制度体系的生成及其有效执行直接决定平台的运行绩效和生命周期,也是对校企双主体跨界治理能力的考验。

3. 文化层面:共同利益缺乏价值共识,命运共同体亟须协同文化

文化影响选择,选择决定命运。文化即思维体系与价值体系体现在行为方式上的总和,组织文化决定组织的思维方式、价值标准和行为方式,对企业对学校都是如此。学校和企业的组织性质决定其组织文化有着不同的属性特点,学校文化突出公益性、人文性和理想化,企业文化突出经济性、效率性和现实性,两种文化属性特点各异。随着合作阶段的推进,不可避免地要面对文化的冲突与包容问题、尊重与融合问题以及构建新的协同文化问题。校企双方能否求同存异,理性适切地克服文化障碍,基于共同利益形成价值共识,很大程度上决定校企合作能否真正形成命运共同体。

第一,双主体两强相遇时,文化的冲突需要彼此包容让步。文化心理学研究认为,个体经过深思熟虑的行为选择,来自行为者内心深处的文化心理和文化属性,并体现行为者所追随、认同的文化属性。学校和企业的合作同样如此。产教融合平台上尽管有既定体制机制保障和决策议事规则,但重大重要决策中,当一方或双方手中持有更多更利己的选择机会和选择条件时,其能否做出有利于合作而不是单纯利己的妥协、让步和包容?显而易见,只要有一方能够做到包容让步,合作则会继续;双方都做不到,合作则会搁浅甚至终止。

第二,利益共同体形成过程中,文化的求同存异需要走向彼此融合。"利益"是企业履行社会公益性责任的根本动因,企业参与办学是获取净收益(利润)的方法。根据新政治经济学的寻租理论和现代政府治理理论,"寻租"可以推动企业履行更多社会责任,以及选择责任履行的内容和方式。研究发现,企业一般不直接在产教融合平台上实现利润(平台的教育教学活动属于公益性,非商业性),而是通过平台间接获得最大化寻租收益,如获得政府补贴或税收减免而降低企业内部核算成本,获得良好企业形象以占有更多市场份额而增加利润等。学校追求的利益,则是运用企业的资金、技术、设备、实训条件等来解决单靠自身无法提供的优质教育资源。近年来,高职校企合作平台建设探索了"利益共同体"模式,利益共同体要求基于共同利益形成价值共识,要求两种文化相互尊重与渗透融合,共同体如果缺乏共同的精神内核和文化支撑,内部合作就不会"深",也不会"远"。

第三,命运共同体形成过程中,文化的融合亟须孕育出协同文化。文化是渗

入到血液里的东西,面对每一步决策抉择时,文化在本能上决定意识进而支配行动,不同的抉择无形中注定了不同的命运。利益共同体聚焦于获得"利益",利益有短期的、阶段的和长远的,对平台生命周期具有"局部"意义;而命运共同体聚焦于"命运",命运关乎生死存亡,对平台生命周期具有"全局"意义。平台作为校企合作的命运共同体,生命周期长短取决于双方能否在不同文化属性的基础上,通过协同治理而构建出更高格局视野的新型文化,即"协同文化"。校企合作的最高形态是形成协同文化,协同文化是开放、协作、包容的责任文化。

因此,高职院校主导产教融合实践平台建设时,要把握合作企业参与办学的内在动因和真实意图,善于从技术、制度和文化层面研判企业参与不足的障碍与缘由,激发企业的有效需求和合作意愿,落实企业主体责任。"双高计划"引领高职院校与行业企业共建产教融合集成化实践平台,其深层次问题是解决合作体制和长效机制问题。以下研究以"双高计划"为背景,针对校企合作的技术、制度、文化障碍与困境,探索产教融合实践平台建设的混合所有制"共享工厂"模式,通过模式创新推进体制机制的深层变革,从而强化企业参与办学的主体责任,促进企业真正参与人才培养全过程。

三、混合所有制"共享工厂"模式的概述

当前,如何通过产教融合实践平台建设来推动"双高计划"建设,探索多主体育人模式改革和现代学徒制、混合所有制办学等已成为学界关注的热点。混合所有制"共享工厂"模式在现有探索基础上,从破解产教融合平台的体制机制障碍入手,根据企业参与办学的责任性质、实际需求与利益偏好,突破原有传统办学束缚,对办学形态、体制基础、价值文化等进行重新架构,激发企业参与办学的内生动力和主体责任担当。

1. "共享工厂"模式的基本描述

"共享工厂"模式,就是指供需链上不同利益主体投资共建"工厂",并在工厂平台上通过不同方式投入和获益的"共享"模式。本书提出的"共享工厂"特指高职院校和企业围绕职业教育实践教学目标,以混合所有制"共享工厂"模式建设产教融合实践平台(具有二级单位意义),推进高水平高职院校和专业建设。混合所有制"共享工厂"模式具有工厂式、集成化、共生性三个基本特点。首先,在

物理空间和组织形态上具有生产工厂的基本特征,即工厂式组织形态;其次,在运作内容上具有"集实践教学、技术服务、创新创业、产业孵化、社会证书培训等于一体"的特点,即集成化组织运作;第三,在所有权和产权关系上属于公有资本与非公有资本交叉融合的混合所有制,在内部治理和成果享用上有"共建、共享、共赢"的特点,即共生性组织发展。高职院校与企业在混合所有制"共享工厂"平台上实施共同育人、合作研究、共建机构、共享资源等合作活动,可以从源头上实现人才培养"供""需"衔接,创新产教融合的组织形态和服务供给多元化。

2. "共享工厂"待解决的难题

现有研究认为,产教融合实践平台要融实践教学、技术服务、创新创业、产业孵化于一体,选择区域标杆企业深度合作,探索建立混合所有制等具有利益关系和市场规则的平台运行机制,形成资源共建共享新生态。高职产教融合难以推进的根本原因是技术研发、社会服务能力有限,要用新视角看待办学基本要素并赋予每种要素新的内涵,不能在所有办学要素上平均用力,突破口是"研究",形成一批高水平技术研究中心。工程技术研究中心产教融合模式是高职校企合作高级阶段模式,面临如何"获取资源建立中心,处理好研发与教学的关系、研发项目的跨学科关系、参与主体的权益分配关系"四大问题。混合所有制"共享工厂"模式着重需解决产教融合平台的三个难题:一是融合发展层面,如何达成公有资本与非公有资本交叉融合,以及投资主体的权益与资本、技术、标准、人员、制度、文化全方位的融合。二是集成共享层面,如何集"学、产、研"为一体,以及学校实践教学、企业真实生产和技术研发、社会培训服务等为一体,并实现办学资源和办学成果的全面共享。三是跨界治理层面,如何借鉴现代治理理论和公司治理经验,完成"共享工厂"内部校企之间、大学校与二级单位层面"共享工厂"之间的有效治理与运营,发挥企业重要主体作用。混合所有制"共享工厂"模式着重围绕这些难题,展开理论和实践上的创新探索。

3. "共享工厂"运作的体制基础

混合所有制办学已成为高职教育办学模式在产教融合体制上突破的重要内容。高职混合所有制改革体现了利益相关者协商民主的内在契合关系,在校级层面上,民办高职院校(如南通紫琅职业技术学院)和公办高职院校(如浙江台州职业技术学院)已有一些实践探索,涉及产权合作;而绝大多数还是停留在二级单位层面校企合作上。当前,高职探索的产教融合主要措施是依托生产性实训平台聚焦探索现代学徒制、混合所有制办学模式,创建吸纳资本、知识、技术、管理等要素参与办学的"产业学院",其中,现代学徒制是国内职教人才培养模式和校企合作机制创新的主要形式,已实现个体主导向政府主导跨越,但行业主导不足,招生与招工一体化难以实现;产业学院体现了混合所有制形式,但过于依赖契约、缺乏刚性约束管理机制。公办高职院校产教融合平台上的混合所有制改革仍有许多阻力,主要包括缺乏法律制度保障、学校内生动力不足、混合所有制主体的责任使命存在冲突等。在现有研究和实践探索基础上,"共享工厂"模式拟运作的体制基础是学校公有资本和企业非公有资本交叉融合的混合所有制,经营层面重点围绕"股权、人事、国有资产管理"三大核心问题探索"共享工厂"的市场化运作,同时参照现代企业制度进行内部治理,聚焦人才培养质量和办学效益的有效提升。

4."共享工厂"模式承载的教育目标

混合所有制"共享工厂"建设的最终成果要落实和体现在高职人才培养和实践教育目标上来。本质上,"共享工厂"是根据高职人才培养实践教学目标的需要,由"学、产、研"等不同主体投入知识、技术、资本、管理等异质性要素,构建融合实践教学与创新创业、企业员工培训与技术服务、社会"1+X"证书教育培训等为一体的集成化实践教学平台。它是企业和学校双主体资源共建共享的有形载体和实体形态,承载的教育教学目标在于提升学生在校学习的实践动手能力和解决职业实际问题的应变能力。站在高职人才培养总体目标的高度上,"共享工厂"模式承载着探索校企双主体育人规律、形成双主体育人模式和长效机制的重要使命。因此,如何将产教融合贯穿到办学体制机制、教育目标与标准、人才培养模式与过程、教育教学评价和人才质量评价等各环节,是混合所有制"共享工厂"建设的重要内容和核心任务。

5."共享工厂"模式的企业主体责任

企业参与职教办学的直接动机,一般源于对人力资本的渴求、对企业形象的追求和社会(政府)对企业公民的责任要求,"共享工厂"里企业的身份终究是职教办学的参与方,承担履行的责任定位于参与责任或协办责任。对此,学校方面要有充分认识,学校身份是职教办学主办者,要担起主办责任。结合上文企业主体责任分析,在混合所有制"共享工厂"模式里,学校和企业双主体的责任边界约定、责任内容细则、责任担当约束等具体问题,则由双方契约协议的所有权、产权、股权等决定。"共享工厂"建设初期,重大事项最终决策权(超过50%控股权)要归在学校方,以最大程度规制决策风险,这是由产教融合平台的教育属性和建设初衷决定的。有了混合所有制的体制基础,有了现代企业制度产权明晰、权责明确、内部治理完善、市场化运作的借鉴参照和合作企业的经营管理经验,在操作实践中就要看双方能否解决文化障碍而形成更高站位的协同文化了,实现了这一步,混合所有制"共享工厂"必将成为真正的利益共同体和命运共同体。

综上所述,高职"双高计划"建设的主要抓手是高端产教融合集成化实践平台,改革发展的重点任务是破解产教融合体制机制问题,强化企业重要主体作用。而化解校企合作"校热企冷"的困境,必须根据产教融合的性质与特征,厘清产教融合内含的"企业主体责任""学校教育目标与企业利益目标的博弈""实践平台体制与内部治理"等诸多问题及问题之间的逻辑关系,探寻校企合作中"企冷"的症结、缘由和变革策略。结合社会部门分工及职责,企业参与办学属于社会责任,属于经济责任之外的公益性范畴。作为职业教育"主办者"身份的高职院校,要充分认识到企业参与办学的社会责任与经济责任相比更具有脆弱性,根本动因是履行这个责任有助于其实现利润。高职院校与企业合作时,要注意从企业参与方的身份和企业目标要求出发,平等协商,通过适当的平台模式解决根本体制机制问题,从技术、制度、文化层面积极消除可能影响企业参与动力的障碍因素。通过混合所有制"共享工厂"模式来推进实践平台体制机制变革,从高起点强化企业参与办学的主体责任,以破解"校热企冷"的合作困境。

第二节 "共享工厂"建设理念与核心要素

混合所有制"共享工厂"是高职产教融合办学的一种创新模式,它的建设是跨越多学科视野的综合性复杂工程,需要立足"办学"的本质功能和组织属性,借鉴共享经济理论和企业工厂建设原理,从"育人"这一根本使命出发,创新形成其基本理念,把握其核心要素及特征。

一、"共享工厂"模式的本质功能

1. "共享工厂"模式与企业共享经济原理

如前文所述,"共享工厂"模式就是借鉴共享经济模式相关理论和企业工厂建设原理,通过供需链上不同利益主体投资共建"工厂",并在工厂平台上通过不同方式投入和获益的"共享"模式。本书中提出的"共享工厂",特指(公办)高职院校和企业(科研院所)围绕职业教育实践教学目标,以"共享工厂"模式和理念建设产教融合实践平台,推进高水平高职院校和高水平专业建设。本书中提出的混合所有制"共享工厂"模式,特指在双高计划建设背景下,公办高职院校在二级单位层面上依托产教融合实践平台,形成"1+N"学校与企业合作的混合所有制办学模式("1"代表学校或"学","N"代表企业及科研院所或"产、研"),它不是整个院校校级层面的混合所有制办学,也不是民办高职院校民营资本与国有企业公有资本之间的交叉融合。进一步表达,高水平高职院校和高水平专业建设的主要抓手是打造产教融合集成共享实践平台,以提升复合型技术技能人才培养的整体水平和质量。那么,高职混合所有制"共享工厂"模式,就是围绕国务院"产教融合的若干意见""职教20条"提出的"发挥企业重要主体作用"要求和"鼓励探索混合所有制改革"的政策思路,根据职业教育人才培养目标和实践教育教学目标,在产教融合实践平台上实施的学校公有资本与企业民营资本交叉融合的混合所有制办学模式。混合所有制"共享工厂"模式的核心思想是围绕"共享"展开的,理解"共享工厂"模式,必须对共享经济模式的相关理论及核心思想、实现逻辑、模式特征有所了解。

共享即共同拥有和共同分担。共享经济是指一种基于工业互联网和社会化网络平台,从降低交易成本和减少资源闲置浪费出发,以共同分享、物物交换、团购、交易和租赁等方式,享有物品、知识、时间或服务的新兴文化和新型经济形态。共享经济是互联网时代社会资源高效配置与利用的一种新兴模式,近年来,它已发展成为现代社会的新型业态,也成为一种商业模式和社会消费模式。根据贺明华、梁晓蓓等人的研究(2018年),2008年在美国成立的Airbnb公司和2010年成立的Uber公司是共享经济两个典型的代表企业,已经颠覆了传统的酒店和出租车行业,随后共享经济逐渐渗透到其他行业,从住宿、餐饮、交通出行、专业技能到学习空间、办公空间等。在国内,滴滴出行、小猪短租、途家网等共享经济平台企业也已具有一定规模。共享经济的实现逻辑是以使用权代替所有权,正常运转的重要保证在于合作各方之间的信息对称机制和信任机制的建立及维护。共享经济作为党的十九大制定的发展理念之一,它是实现新旧动能转化、形成新业态、促进传统产业创新升级的重要途径。从某种程度上讲,产业集群是现代经济的主要存在形式,共享经济则是实现新旧动能转化的内源经济动力。

简言之,共享经济的本质在于降低交易成本,使原来不可交易的资源或闲置库存资源进入可交易的市场范围。它基于所有权和使用权分离,利用多方合作的信息对称机制和用户信用机制,依托多方市场平台,实现需求、供给和匹配机制的融合,降低交易成本和减少库存闲置,实现长尾效应和规模效应。高职混合所有制"共享工厂"建设就是借鉴共享经济模式的相关原理,根据高职人才培养(实践教学)的中心需要和企业(科研院所)技术服务及人力资本增值需要,由"学、产、研"等不同领域主体共同投入知识、技术、资本、管理等异质性办学要素,构建融实践教学、技术研发、创新创业、产业培育于一体的集成共享模式。"共享工厂"是多元主体资源集成共享的有形空间和有形载体,对高职院校人才培养中心任务来说,它方便教学体系与各项资源的整体化建设,有助于学校与企业、科研院所之间及时沟通信息和人员合作;方便教师科研实战,有助于教师专业教学能力提升;方便学生即时实训,有助于学生的职业岗位实践能力和解决实际问题的应变能力提升。对企业和科研院所来说,方便技术合作和员工培训。因此,建设高职混合所有制"共享工厂",就是要借鉴共享经济相关理论和企业工厂建设概念,将企业共享平台建设的相关思路与运营模式引入教育领域的产教融合办学,建设"共享工厂"模式特征的产教融合集成化实践平台。

2."共享工厂"的组织属性与教育教学本质

高职产教融合的混合所有制"共享工厂"模式,既是产教融合实践平台实体组织形态,又是高职产教融合、校企合作的办学理念,还是多元主体"共建、共享、共赢"的共生发展思维。

作为一个实体组织,混合所有制"共享工厂"是学校与企业(科研院所)多元主体通过一定制度系统联结引致的新型合作形态,其组织属性既不同于单纯学校特性,又不同于单纯企业特性,而是学校特性和企业特性的交叉融合。借鉴共享经济理论和有关观点,产教融合平台"共享工厂"模式建立的前提主要有三个:第一,寻找供给方与需求方。高职院校主动寻找和筛选合适的合作企业、科研院所(合作企业应该是数个企业群),所选企业的行业背景、规模大小、产品类型、资源供给能力要与学校专业群发展相契合,同时要找到校企合作具体的供需内容和共同利益。第二,搭建一个共享平台。就是在特定工业互联网技术支撑下,高职院校牵头搭建一个可供交易、方便操作的"共享工厂"网络空间平台,通过这个共享平台的技术支持、空间场地,能使学校与企业的合作真正落地。第三,挖掘未充分利用的资源。就是高职院校挖掘自身能够服务企业员工培训的师资、课程、教材等培训资源,能够服务企业技术升级的技术资源等;企业挖掘自身能够参与办学的生产设备、先进技术、管理人员等未充分利用的资源。借鉴企业"工厂"特征和个性化运营要求,高职院校牵头搭建的"共享工厂"要有具体的地理位置和场地选址,在实体空间里,有生产加工场所、技术研发应用场所、学习实训场所和物品仓储物流、办公管理场所等,是由学校组织特征、企业(科研院所)组织特征相互融合后形成的一种新组织形态和组织结构,工厂里的所有生产活动和研发活动最终都指向教学活动、服务教育教学,"共享工厂"活动的宗旨和本质是高职教育教学活动,提升高职院校人才培养质量。

作为一种办学理念,混合所有制"共享工厂"办学是遵循高职教育"双主体"育人规律,基于产教融合和校企合作办学思路,合作主体各方围绕特定教育教学目标和办学要素构成而形成的统一认识和统一行动,包含办学要素投入和资源运作的整体行动原则与规范。"共享工厂"的办学理念尊重教育规律和市场规律,强调产教融合的"集成、协同、共享、依存"目标,强调校企合作的"资源共享、行动协调、契约治理"原则,强调多元办学主体的共同利益和价值共识。混合所有制"共享工厂"办学理念实现的关键是制度供给。卢现祥研究认为(2016年),共享经济是技术创新与制度创新有效结合所创造的新经济形态,它的制度特征体现在三个方面:共享经济是产权领域的一场变革,共享经济是租赁合约取代买卖合约,共享经济是从人格化交换到非人格化交换的转变。而根据何中兵、谭力文、赵满路、曲世友等人的研究(2018年),集群企业及其利益相关者之间形成了共享产业聚合优势、共同演进和共担风险的利益共同体,利益相关者可以通过集群网络中多边或双边治理机制,影响企业的战略行为。这些集群环境与共享诱因,除了与降低交易成本相关之外,还包含盘活存量资本、减少基础设施投资和技术工人培训费用、充分利用产业集聚带来的规模经济和范围经济等战略动机，包括共享经济资源、共享公共服务、共享市场机制三大类。混合所有制"共享工厂"办学正是一种与共享经济特征原理相契合的产教融合、校企合作的现代办学理念。

作为多元主体"共建、共享、共赢"的共生发展思维，混合所有制"共享工厂"办学模式尊重生命周期规律，"共享工厂"的建设与运营治理不能违背自身内部运行规律和外部运行规律，同样不能脱离人与自然和谐统一，不能脱离生态系统整体性和共生体进化规律。作为一个有生命周期意义的生态合作系统，学校与企业两大基本共生单元之间的共生关系决定整体生命健康和生命周期，整体生命健康和生命周期反过来又影响共生单元的发展质量和生命周期。

3. 共生体"1＋N"功能格局的衔接与融合

高职混合所有制"共享工厂"是学校与企业（科研院所）在混合所有制基础上投资组建而成的合作共生体，它们之间的基础关系是校企合作关系和"学、产、研"集成共享关系，从"共享工厂"生命周期看，这种合作、集成、共享关系是更高层次的生死与共的共生关系。"共享工厂"是学校主导探索的一种产教融合平台层面的办学模式，这种新型的办学模式根据投资体制和资本主体的性质与结构，通过系统性建设而形成资本主体的"1＋N"形态格局和功能格局，其中"1"代表学校或"学"，"N"代表若干企业（科研院所）或"产、研"。"共享工厂"作为可视化实体平台，通过建设格局和实体架构，能一目了然地呈现"1＋N"组织结构形态和功能结构形态，同时在组织意识形态上，能直观形成以"学"为轴心的"1＋N"格局的思维成像。具体到功能层面，"共享工厂"里的学校功能主要是实践教育教学和人才培养，企业（科研院所）功能主要是围绕实践教育教学需要而实施生产性实训、技术研发孵化等，彼此的功能相互交叉衔接，各有侧重、适度重叠，形成三螺旋模式。而在各有侧重的功能交叉衔接中，彼此都围绕"职教人才培养质量"这个终极目标而自觉促进不同功能之间的贯通与融合，形成"学、产、研"贯通融合的一体化活动场景和"以产促学、以研带学"的生态化发展局面。

因此，作为一个产教融合、校企合作的办学平台，混合所有制"共享工厂"建设的出发点和终极目标聚焦职业教育人才培养质量，组织运行发展不能脱离和违背教育发展和教育管理基本规律，不能偏离立德树人的教育教学本质。"共享工厂"模式要着重考虑好平台的共享内容与共享方式，即校企之间围绕哪些实质性内容进行合作,开展人才培养哪些层面的共建共享,通过什么渠道方式集聚、集约和整合,等等。还要认真考虑平台如何建设与如何运营的原则性问题和操作性问题,即通过什么样的合作原则和规则去共建"共享工厂"(场地),如何差别化投入办学要素,各方投入的成本收益如何核算,学校与合作企业之间如何发生交易、交易如何操作,"共享工厂"里不同的企业与企业之间如何发生交易,如何提高资源使用效率,等等。尤其要充分考虑平台如何进行跨界治理问题,即围绕共享的内容与目标,建立相应的章程、原则性管理制度、共享合作条例,学校与企业各方在共享活动中如何保证责、权、利对等,如何保证供求信息的对称,如何平等保护公有资产和非公有资产的权益,如何保障矛盾冲突得到及时解决和协调,等等。总之,混合所有制"共享工厂"建设要围绕"共享"的理念、原则和要求,关注每个合作主体共享背后的真实动机与根本需求,通过制度保障与文化引领,协调好校企合作的共同利益和校企各方的个体利益,提高"学、产、研"办学资源运行效率和人才培养质量。

二、"共享工厂"模式的建设理念

1. 坚持发展目标的公益性原则

高职混合所有制"共享工厂"的建设初衷是强化企业重要主体作用,通过吸收社会资本参与办学,解决企业实践教学资源不足或分布离散等问题,最终目的是提高职业教育质量,为国家产业增强核心竞争力贡献人才支持。无论"共享工厂"的混合所有制进化到哪个阶段何种程度,无论"共享工厂"处于生命周期的哪个发展阶段,在"学为轴心"三螺旋模型中,学校地位变强变弱或能否居于主导地位,最终则取决于学校对企业对社会能否产生足够的"影响能力"。混合所有制"共享工厂"模式中的高职院校如何提升"影响能力",可以从埃茨科维兹的三螺旋理论和伯顿·克拉克的"创业型大学"理念中寻找启发和借鉴。

在三螺旋理论中,把大学、产业、政府三方看作社会活动的主要角色,这三种不同的角色既是社会创新的要素,又是创新活动的主体。三螺旋的推进器是"创业型大学",大学、产业、政府之间三螺旋成立的前提是大学知识生产、技术创新能力的增长和对社会影响力的提升,大学不仅是创新活动的源头,而且可能成为社会创新活动的重要组织者,这是知识社会时代知识经济形成的重要基础,也是知识经济时代产业发展和国家创新的需要。其中,创业型大学通过直接创建新型科技企业和为区域既有企业做技术咨询等各种形式,服务于产业,融入产业活动,通过承担政府发布的关键技术重大科技项目,特别是一些国民经济支柱产业、航天科技、军事领域的重大项目等为国家和政府服务。创业型大学成为创新行为的关键主体和组织者,不仅可以在知识生产领域的拓展中发挥作用,而且能够通过知识溢出吸引产业和政府共同参与新知识、新技术的领域拓展,促成社会创新体系的良好发展。埃茨科维兹在《创业型大学与创新的三螺旋模型》(科学学研究,2009 年第 4 期)中,讨论大学是如何将它的核心功能从教学与科研扩展到经济与社会发展的,从而在创新动力学中扮演关键角色。他认为,一所创业型大学是"大学—产业—政府"三螺旋发展的动因,它会在知识应用及增加知识创造的投入方面采取积极主动的态度。

显而易见,创业型大学的重点在于"创业型",大学的"创业"既是过程,又是结果。根据伯顿·克拉克在《建立创业型大学:组织上转型的途径》所描述的,"创业型"的含义是指许多社会系统的一个特征,即全部大学及其内部科系、科研中心、学部和学院的一个特征,同时还带"事业"的含义。一所创业型大学,凭它自己的力量,在积极探索如何干好自己的事业中创新,寻求在组织的特性上做出实质性的转变,寻求成为在国家创新系统中"站得住脚"的大学,能按自己的主张行事的重要"行动者"。创业型大学指向组织上的转型发展,大学的转型并非因为大学内部改革和设置了新的专业,也不是因为个别创业者拥有了权力之后自上而下在办一切事情,大学的转型总是从大学基层单位开始的集体创新行动,通过大学教授、学生和行政人员的相结合而形成新的组织结构、创新过程和创新方向。因此,创业型大学是组织的适应性变革,是自下而上的学术价值指引下的集体行动创新,是融入社会创新系统循环中的适应性能力变革。创业型大学在依靠创业行动实现转型的途径中,有五个要素必须要考虑:一个强有力的驾驭中心,即有雄心壮志,对不断扩大和变化的需求能够做出迅速反应、灵活应对;一个拓宽的发展外围,即容易跨越大学的边界,与校外的组织和群体联结起来,建立跨学科研究项目的研究中心;一个多元化的资助基地,即具有财政资源和收入来源渠道,自由使用经费的可能;一个激活的学术心脏地带,即根据创新的步伐,制定新的计划,建立新关系,拥有学术权力;一个一体化的创业文化,即与校外领域、企业、政府的合作中,开发涵盖变革的制度、理念,形成一些新的信念、价值观。

因此，混合所有制"共享工厂"模式能否坚持发展目标的公益性（办学），并不是凭学校单方面的主观态度和意愿就能决定的，而是由学校在"共享工厂"中的贡献、能力、实力、影响力决定的。"共享工厂"里的高职院校必须以创业型大学理念谋求办学，做组织转型变革的创新者和行动者，通过自身影响力对"共享工厂"公益性目标进行整体性主导。只有这样，混合所有制"共享工厂"才能在校企合作建设及准市场化运营中，坚持发展目标的公益性原则，坚持遵循职业教育规律和人才成长规律，将资本、技术、管理、文化等要素聚焦于学生职业技能的培养开发中，聚焦在学生综合就业能力的有效提升上。

2. 坚持开放性与共享性的统一

混合所有制"共享工厂"模式是不同所有制资本的交叉融合，对持有公有资本和非公有资本的学校、合作企业或私人具有开放性和共享性，坚持开放性与共享性的统一。

"共享工厂"的"开放性"，主要表现为对投资主体、产权、产业、内部运营内容四个层面的开放。首先，"共享工厂"的混合所有制资本对所有投资主体开放，除国有资本之外的社会资本、民营资本、个人资本、国（境）外资本等不同所有制资本的企业、团体、个人，都可以通过联合共建、技术入股、增资扩股、公开上市、股份或资产转让、员工持股等方式，参与"共享工厂"办学。结合国家产教融合政策、双高计划建设任务、产教融合型企业培育办法等，混合所有制"共享工厂"在起步阶段，重点考虑向行业龙头企业（企业前沿技术赋能教学）和区域内中小微企业（服务企业技术升级）等投资主体开放，随着"共享工厂"的发展壮大，进一步向其他资本的投资主体开放。其次，混合所有制"共享工厂"模式的产权开放，包括企业产权或个人产权都要形成市场开放。混合所有制改革的关键是产权改革，产权的流动性是形成混合所有制改革的前提条件。在"共享工厂"里，学校公有资本（国有资本）与民营资本（国内非公有资本和集体资本）、境外商企业资本能够多元产权交叉，可以是货币出资和实物出资，也可以是技术、股权等法律法规允许的方式出资。当"共享工厂"模式的混合所有制进化到更高阶段更成熟时，可以参照国有企业改革和高校科技型企业改制等相关做法，实行内部员工投资入股、员工持股。从经济学角度考虑，混合所有制经济本身是股份制经济，因此，要允许企业员工和学校员工持股，形成资本所有者和劳动者利益共同体，真正形成命运共同体。再次,混合所有制"共享工厂"模式的办学对所有产业开放,根据学校专业群和专业集群特征、专业整体服务面向,"共享工厂"办学的投资方行业背景、筛选合作企业的产业背景等,向专业群所辐射对应的产业群全面开放。最后,"共享工厂"办学模式的内部运营内容要向社会全面开放,包括学校实践实训课程、企业员工培训和技术研发孵化、社会"1+X证书"培训发放等,开放范围既面向"共享工厂"内部所有投资主体,又面向"共享工厂"之外的社会人群,提升社会服务水平。

"共享工厂"的"共享性"主要表现为,学校和企业等多元投资主体可以共同享用以上所有资源和成果,只是要按照"共享工厂"既定的共享条例和经营管理制度执行。依据企业共享经济模式的相关理论,通过数字平台降低交易成本是推动共享经济的主要诱因,协同消费是共享经济的主要表现方式,多边市场是实施共享经济的体制基础。共享经济是通过共享平台来匹配供求双方从而降低交易成本,实现资源的最佳配置,它的基本理念是"协同"和"合作",强调"我的就是你的""我的就是我们的""我帮别人、别人帮我"的价值观。在"共享工厂"的工业互联网平台上,"1+N"全体成员围绕教育教学实践资源再生产的中心目标和企业(科研院所)个性化目标,遵循"共享定制、双向供给"原则,培育壮大集约共享、个性化定制服务体系。围绕高职院校人才培养总体目标,通过"装备上云",共建大数据云中心,链接生产企业的设备装备,实现设备共用与数据共享;通过"技术孵化",共建技术项目池,共同合作开发技术项目和标准、教学项目和标准、课程标准等,实现"学、产、研"各方之间的有效供给与自主选择;通过"双岗互聘",共建产业人才资源库,吸纳产业教授、企业大师工匠、企业师傅等,实现人力资源共享与团队共建;通过"订单培养",共建产业、行业、企业人才需求数据库,实施现代学徒制人才定制培养,实现人才供给与需求的动态匹配。

3. 坚持以协同文化为价值认同

高职混合所有制"共享工厂"模式作为产教融合、校企合作的新型组织形态,在共生体的内部体制机制中,学校和企业都坚持协同文化为共同价值取向,共同建设开放的、包容的、负责任的新型组织文化。根据协同学原理,协同的充分条件包括功能倍增和成本最小化两方面。"功能倍增"强调要素协同后能使系统整体功能效应大于要素功能之和,实现1+1+1>3的协同效应。"成本最小化"强调协同过程中产生的管理成本要呈现最小化,因为协同成本的高低关系到协同程度的高低,也影响到协同的质量水平。而协同的稳定条件包括协同关联度和利益分配,协同关联度指各子系统或要素之间的协同程度,合理的利益分配对能否协同起决定性作用。"共享工厂"整个系统管理中的协同机制由协同的形成机制、实现机制和约束机制构成。形成机制内容包括协同目标、组织系统运行状况、技术手段以及系统内部利益分配方法,实现机制的内容包括机会识别和子系统要素价值预估、沟通交流、资源整合、结果信息反馈等,约束机制内容包括对子系统主体行为规范和偏离组织目标的行为、价值等约束规制。其中,形成机制是协同过程的起点和前提,实现机制是协同合作顺利进行和产生激励的关键,约束机制是协同对整个协同过程的反向督促,三者共同发挥作用,促使系统产生协同效应。

高职混合所有制"共享工厂"模式作为产教融合集成共享平台和学产研一体化运行的开放合作系统,必须考虑如何对主体对资源进行整合和匹配才能有序运行,才能产生整体的协同效应,必须考虑平台上各个子系统如何通过自组织运行,形成新的宏观运行结构,达到"共享工厂"整体平衡状态。协同涉及知识、资源、行为、绩效的全面整合。系统的匹配度是影响绩效的重要原因,比如,"共享工厂"制定的各项运行管理政策与实际运行实践之间的匹配度,高校科研院所的研究成果与企业的技术需求之间的匹配度,系统内知识、资源、行为的匹配度,都将影响到"共享工厂"整体资源使用绩效的高低。在"共享工厂"内部,学校、企业、科研院所之间的学产研资源的整合能否实现,取决于"共享工厂"系统内不同要素的互动和合作的程度。而根据协同学原理,互动的强度与创新主体改变行为的程度和频率有关,这些包括互惠信息的交换,绩效与同步行动的系统匹配。系统的整合度越高,就会需要有更多的高强度的互动合作。因此,在混合所有制"共享工厂"模式中,"1+N"所有成员都要对知识、资源、行为、绩效的全面整合产生价值认同和文化协调,学校惯习的校园文化和企业惯习的企业文化,相互之间冲突时能包容让步,包容让步中能彼此融合,融合后能孕育新生,形成既能够求同存异又能够共依、共存、共生的组织生态和文化生态,从而走向真正的命运共同体。

4. 坚持回归立德树人教育本质

教育的本质,是影响和帮助人发展智慧、走向幸福。"共享工厂"立德树人中的"人"包括学生和办学者两层含义,要育两个层面(范畴)的"人"。今日的学生将成为明日的办学者,今日的办学者也曾是昨日的学生。"共享工厂"实践教育教学活动直接指向学生,这是常规理解的育人,即在实践教育教学中,坚持学生职业技能与综合素质不脱节,为社会培养全面发展的"人"。而举办"共享工厂"作为一项教育实践活动,其育"人"还指向办学者本身,办学者在办学实践中能否遵循教育实践的逻辑,淡化功利和短期收益,从教育学和人本主义视角培养完整人格的"人",育人亦育己。实际上,人都有"经济人"和"社会人"的双重属性。"经济人"常常用于经济学和心理学分析的基本假设,西方经济学将经济人假定为,人的思考和行为都是有目标有理性的,可以做出自己利益最大化的选择,达到"有限理性"状态。经济人行为由工具理性引导,受到回报的激励而主动适应环境变化,强调个人利益最大化的个体主动性。而"社会人"行为除了物质利益之外,还有追求精神层次、追求完整人格的主观能动性和创造性。"人"终将从学校教育走向社会经济生活,如何将学生塑造出专业能力、非专业能力并举,知识、能力与素养兼优的完整人格,既有一技之长、适应社会经济生活需要,又能以优良品行和责任担当服务于社会精神生活需要,是学校教育的根本追求,也是任何产教融合育人平台上一切合作活动在教育实践领域的本质要求。"共享工厂"办学模式亦如此。

高职混合所有制"共享工厂"模式的办学和立德树人是在特定教育哲学指引下的具体教育实践活动,难免会在教育与经济之间、人文与功利之间取舍。进一步分析,人类社会的教育实践活动,就是受特定教育活动本身内含的伦理、价值、规则、准则等所引导的一切实践性教与学活动。日本学者长谷川荣认为,教育实践就是向教育对象施加直接或间接的影响以形成其人格的具体行为,它的本质在于形成人的价值而有目的有意识的影响作用。石中英在《论教育实践的逻辑》(教育研究,2006年)中认为,教育实践不是一种纯粹理性活动的过程,它有其自身独特的内在逻辑。教育实践的逻辑是教育实践行为的一般形式、结构或生成原则,是各种教育实践样式得以可能并共同分享或遵循的内部法则。习性赋予教育实践以历史性,情境不断地改变着实践的意向,时间和空间的结构也与实践行为有内在关联。张敬威、于伟等人研究认为(2021年),经济人假设和逻辑指导下的教育实践存在许多问题,一旦把教育只是作为一种投资的手段,受教者成为投资的对象,那么,教育实践的显性资源以及资源的收益性目标导向则违背了育人的初衷,对教育教学资源收益要求短周期的反馈形式加剧了教育实践的短视,单一的培养目标(为经济社会服务)造就了单向度的人,虽具有较高接受度(实用)但却容易使教育实践走向功利主义。只有从教育学和人本主义视角,以"教育人"假设起点和逻辑认识教育实践,受教育主体才能摆脱被作为他者的手段而存在,受到教育的人文关怀和心灵养护,成为因自身目的而存在的全面发展的"人"。

因此,混合所有制"共享工厂"学产研一体化教育的育人职能在于培养具有完整人格的"人",使其达到所属社会要求必须具备的共同生理心理特性和自身专业技能独特性,培养、维护和强化这种共同性和独特性,发展智慧、走向幸福。具体来讲,混合所有制"共享工厂"模式的办学坚持职业教育立德树人的根本宗旨,坚持德技并修、工学结合的育人机制,立足技术技能人才总体目标和教育教学要求,始终围绕人才培养的内在性、社会性需要而聚集更多资本、技术、课程、师资等优质资源,通过灵活的体制机制激发提升这些资源在人才培养中的使用效率,而不是单纯追求教育投资、教育资源的短期收益。"共享工厂"模式始终坚持"学为轴心、产研为翼"的功能定位和角色位置关系,高职院校依托混合所有制"共享工厂"模式的育人平台,能够将立德目标与强技目标合而为一,将学生身份与员工身份合而为一,将学习项目与生产项目、技术项目合而为一,从而将立德树人贯穿教育教学全过程。

三、"共享工厂"模式的要素特征

高职混合所有制"共享工厂"模式的内涵有三大核心要素:工厂式组织形态、集成化组织运行和共生性组织发展。在"共享工厂"平台上实施"1+N"校企共同育人、合作研究、共建机构、共享资源等合作活动,可以从源头上破解校热企冷问题和促进人才培养供需衔接,创新产教融合组织形态和服务供给多元化。

1. 工厂式组织形态

在物理空间和组织形态上,混合所有制"共享工厂"具有企业生产工厂的基本特征,即工厂式实体形态。生产工厂亦称制造工厂、生产企业,是指用以生产物品的大型工业建筑物及生产场所,拥有由机器和设备构成的生产线,包含行政、生产、研发、仓储物流等多个场所的综合区域。首先,在物理空间上,"共享工厂"有一定的占地面积,有具体的选址模块,有土地建筑规划,有教学仪器设备和生产设备装备等,建筑物及场所涵盖了学校教学功能、企业生产功能和社会培训功能,包括教室(理论课堂)、车间(生产性实训)、工程技术中心或技术服务中心(产学研合作)、大师工作室、行政用房等。其次,在建筑物及场所场地的功能分布上,以"学、产、研"合作为基本思路,坚持以"学"为主,以"产"为辅,兼顾"研"的需要,勾勒出"学、产、研"一体化的活动图景和功能禀赋。再次,学产研不同功能区相对独立而毗邻衔接,功能之间实现交叉、融合、流转。比如,在教学功能区,根据高职实践教育教学的实际需要,建成符合项目化教学、情境教学或案例教学需要的建筑物和生产实习实训场所,学生能在这些场所试岗或顶岗实习。在生产功能区,建成符合现代学徒制和"1+X证书"教育培训需要的标准化设施和产教场景。在技术研发功能区,建成符合企业技术转移需要和教师专业提升需要的实验室及仪器设备等。最后,在组织意识形态上,形成"以学校为轴心的'1+N'格局"思维成像,其中"1"代表学校,"N"代表若干企业(科研院所)。与国家推进产教融合型企业建设培育工作相一致,混合所有制"共享工厂"模式的建设目标亦是打造成支撑职业教育高质量发展的"学习工厂"。

2. 集成化组织运行

集成化,就是把不同性质的单元事物集聚到一起,通过集约、整合、联结的方式,使其形成紧密关联的新整体的过程。混合所有制"共享工厂"是教育教学众多资源要素综合集成后的新型组织形态,在组织活动和运作内容上,该模式遵循和运用"学"与"产、研"之间的三螺旋互动关系和运行规律,形成"集实践教学、技术服务、创新创业、产业孵化于一体"的特点,即集成化组织运行。首先,在集成对象上,坚持"以学为体,产研为用"的原则。比如,以实践教学为主体的学校"三教"改革、"1+X证书"教育培训、学生创新创业与技能大赛项目培育、企业员工培训、企业技术服务等一系列体系、制度和标准,这些内容、领域、改革项目、重点活动都可以在"共享工厂"内集中进行,通过一定的联结机制,形成交叉融合的内在联系。其次,在集成方式上,坚持"以产促学,以研带学"的原则。通过试点中国特色现代学徒制带动专业教学标准、课程标准、实训条件建设标准建设;通过试点"1+X证书"制度带动"三教"改革、学生创新创业与技能大赛项目培育、企业员工在职培训和社会培训资源开发;通过校企合作技术研发孵化带动企业技术进步和专业教学内容更新,等等。再次,在集成绩效上,实现"学、产、研"三方绩效之间$1+1+1>3$的协同效应,"共享工厂"里的"学、产、研"各自运行绩效均优于单独运行条件下的绩效。最后,在集成共享上,坚持所有资源和建设成果的共建、共享、共赢,实现不同性质资本的平等权利。"共享工厂"的混合所有制基础需要参照现代企业制度进行内部治理,实施股权制度和职业经理人制度,治理中着重处理解决好股权、人事和国有资产三大核心问题。依托"共享工厂"模式的产教融合集成共享平台,高职教育的专业集群化发展可以实现装备上云、技术孵化、双岗互聘、订单培养等,培育壮大集成共享和各项个性化定制服务。在"共享工厂"里可以顺利开展"模块化教学""全工序实训""全流程生产"等链式集聚、共享融通的项目教学,形成"学、产、研"一体化的教学模式,多元主体之间实施契约式、关系型的内部跨界治理和企业个体自组织运行,创新多元主体共同参与的产教深度融合的人才培养模式,全面推动高水平院校和高水平专业群的内涵发展。

3. 共生性组织发展

共生,是生物学和生态学的基本概念,指两个以上生物在生理上相互依存程度达到平衡的状态,它对物种起源和进化的创新能力具有决定意义。共生由共生单元、共生模式、共生环境三个要素构成,共生系统具有目的性、整体性、开放性和自组织性特点。共生反映了组织之间的一种依存关系和物质、信息、能量关系,共生关系的本质表现在共生过程中产生新能量,共生关系的形成要有三个要素的支撑,包括主体要素、资源要素和约束条件。混合所有制"共享工厂"模式的所有制基础和产权基础,赋予"共享工厂"成为不同资本主体的"共生体"亦即"命运共同体",其中的学校和企业、科研院所之间关系属性是共生关系,校企合作属于共生合作,组织发展具有共生性特点。

在混合所有制"共享工厂"模式里,学校和企业(主要资本主体)作为"共享工厂"的基本共生单元,对单元与整体的关系、自身与"共享工厂"之间的关系必须达成以下共识:首先,共生是不同单元的分工合作、相依存。共生单元是指构成共生体或共生关系的基本能量生产和交换单位,它是形成共生体的基本物质条件。学校和企业、科研院所根据自身在"共享工厂"的功能定位和任务分工,相互配合、相互合作、协调一致,形成"你中有我、我中有你"的共生形态。其次,共生不能违背"物竞天择、适者生存"的自然法则。对称性互惠共生是共生系统进化的一致方向,是生物界和人类社会进化的根本法则。"共享工厂"作为整体生态系统具有自身运行规则(基本制度和治理方案等),学校和企业、科研院所作为系统中的单元则有各自的生存法则,核心以优势求生存、以贡献求发展。第三,共生是一种能力,共生不是寄生。共生过程产生新能量是共生的本质特征。学校要在服务企业员工培训、技术服务等方面提升自身能力,不能寄生在"共享工厂"里,单纯消费企业的生产实训条件和技术前沿成果;企业、科研院所同样要在实践教育教学、职业技能训练、师傅带学徒等方面提升自身能力,为"共享工厂"贡献新的能量,不能寄生在"共享工厂"里,单纯消费学校的师资、学徒劳动力和获取寻租收益。第四,"共享工厂"整体的进化受制于"1+N"个体之间的共生关系。共生关系也称共生模式,指共生单元相互作用的方式或相互结合的形式,它既反映共生单元之间作用的方式,也反映作用的强度;既反映共生单元之间的物质信息交流关系,也反映共生单元之间的能量互换关系。系统的自组织包括系统的进化与优化,"共享工厂"能进化到混合所有制的什么阶段,能否演化到自组织的自觉形态,取决于或受制于学校和企业、科研院所之间共生关系程度,通俗讲即产教融合程度和校企合作深度。自组织性作为一个过程演化的概念,表示系统的运动是自发的、不受特定的外来干预而进行的。最后,共生是一种生命哲学。"共享工厂"模式坚持人与自然和谐共生的生命哲学观,才能得到生态化发展。任何一个具体的"共享工厂"都有生命周期,内部运行上校企(科研院所)双主体要与"共享工厂"环境和谐共生,外部运行上"共享工厂"要与社会产业环境、教育环境和政府政策环境和谐共生。

综上所述,在双高计划建设背景下,公办高职院校通过产教融合的"共享工厂"模式探索二级单位层面混合所有制办学改革,可以为未来校级层面改革提供理论和实践准备。从双高计划提出的"探索政策、制度、标准,形成中国特色职业教育发展模式"总体目标要求看,混合所有制"共享工厂"模式的优势体现在:实施产教融合双主体育人的体制优势,实施中国特色现代学徒制的双岗位优势,实施"1+X证书"制度的教育培训资源优势,探索标准体系建设的土壤条件和实践优势,深化"三教"改革的校企双向流动优势,推进公办高职混合所有制改革政策倒逼,等等。可以展望,双高计划建设中探索混合所有制"共享工厂"模式将为创新产教融合平台运行模式、推动学校和企业形成命运共同体提供有效的思路借鉴,同时为形成中国特色职教发展模式贡献改革样本和办学智慧。

第三节 "共享工厂"模式的组织形态架构

从改革视角出发,公办高职混合所有制办学改革实质上是具有转型意义的探索改革,从改革的过程及路线来考察,它主要是高职办学体制与办学模式的转型变革,起点是传统的公有制办学,终点(目标和方向)则是建设公有和非公有资本交叉融合的混合所有制办学体制与模式。体制和模式是根本性和基础性概念,直接引致下一步的组织方式和存在形态。混合所有制"共享工厂"体制与模式之转型变革,主要指向组织方式和存在形态的变革,也就是在体制结构、主体关系、作用方式等诸方面,按照全新的思路进行重新架构和突破。

一、"共享工厂"模式的基本体制架构

高等教育办学模式是办学实践中逐步形成的规范化结构形态和运行机制,它是办学体制、投资体制、管理体制三大要素与高校之间形成的相对稳定的权力结构关系。从办学模式的办学体制、投资体制和管理体制三大要素出发,高职混合所有制"共享工厂"模式的基本架构主要表现在以下方面:

1. 办学体制

一般来讲,"体制"指生产关系中表明经济主体性质、结构与特征的制度表达,是经济体配置资源和利益分配的整套制度安排,它具有根本性和基础性特点,包含制度结构与制度层次的整个制度系统。体制可以作为制度的集合概念,但它涵盖的范围大于制度,还包含着制度以外的组织、行为主体和机制等内容。高等教育办学体制主要指高等教育举办权和举办责任,它既受政治制度和经济制度的影响,同时也受着办学传统的制约,是一定社会历史的产物。世界上有国立型、公立型、私立型的高等教育办学体制之说,也有根据中央政府对高等教育管理权限的程度而划分为集权制、分权制的高等教育体制,国外高等教育的办学主体主要有国家、地方政府和个人三种。我国社会主义市场经济体制中的所有制结构是以公有制(包括全民所有制和集体所有制)经济为主,个体经济、私营经

济、外资经济作为补充,多种经济成分共同发展的格局。高等教育办学体制是与政治体制、经济体制相适应的历史产物,我国高等教育事业的举办者是党和国家,党和国家举办人民的教育,高等学校由国家举办、社会力量参与其中。《中华人民共和国高等教育法》第六条规定:国家根据经济建设和社会发展的需要,制定高等教育发展规划,举办高等学校,并采取多种形式积极发展高等教育事业。国家鼓励企业事业组织、社会团体及其他社会组织和公民等社会力量依法举办高等学校,参与和支持高等教育事业的改革和发展。第十二条规定:国家鼓励高等学校之间、高等学校与科学研究机构以及企业事业组织之间开展协作,实行优势互补,提高教育资源的使用效益。由此,高职混合所有制"共享工厂"作为公办高职院校和企业、科研院所等共同创建的高职产教融合集成共享平台(办学机构),在公办高职院校举办者(由政府或行业举办)不变的前提之下,"共享工厂"具有高职院校的二级单位意义,它的举办者应该是公办高职院校本身,可以理解为高职学校受上级政府或行业委托而举办"共享工厂"(办学机构)。因此,混合所有制"共享工厂"模式在所有制意义上属于公有制为主体、非公有制参与的(政府或行业)办学体制。

2. 投资体制

《中华人民共和国高等教育法》第六十条规定:高等教育实行以举办者投入为主、受教育者合理分担培养成本、高等学校多种渠道筹措经费的机制。国务院和省、自治区、直辖市人民政府保证国家举办的高等教育的经费逐步增长。国家鼓励企业事业组织、社会团体及其他社会组织和个人向高等教育投入。混合所有制"共享工厂"的举办者是高职院校本身,这与经费投入社会化、投资主体多元化不矛盾、不冲突。从资本角度看,混合所有制"共享工厂"主要由学校公有(国有)资本和企业(科研院所)非公有资本共同投资建设,投资主体在宏观层面上是公办学校和非国有企业,在微观层面上可能还包括私人(允许社会私人资本投资)。混合所有制"共享工厂"的产权结构与资本构成需要与所有制性质结构相适应,即保持学校产权为主体、企业产权为补充的基本构成。根据市场规则,对公有资产和非公有资产进行资产评估、资产估值和产权定价,依法平等保护。产权的主要实现形式是股份制,混合所有制"共享工厂"可以分步骤分阶段调整股权结构,根据不同运行阶段和不同资本运作需要,考虑国有资本绝对控股(学校超过50%控股权)或相对控股。借鉴国有企业混合所有制改革、高校校办企业改制的经验和做法,混合所有制"共享工厂"在起步建设阶段,公有资本要绝对控股,学校超过50%控股权,拥有重大重要决策最终控制权,以最大程度规制决策风险。理由主要有两个方面:其一,"共享工厂"的本质是从事教育教学公益事业(非营利性或微利产业)的高职产教融合平台,不能以营利为主要目标,要保障学校作为主办方的绝对话语权以掌握办学方向,要避免平台运行偏离教育公益航向。其二,从"共享工厂"教育教学性能与合作企业主营业务的差异看,企业几乎没有必要拥有控股权和最终控制权。企业参与职教办学、建设"共享工厂"并不是它的主营业务,而是经济责任之外的公益性社会责任。企业的目的并不是在"共享工厂"直接获得利润,而是通过"共享工厂"间接地降低企业内部成本(比如职工培训和技术研发孵化由企业内转移到"共享工厂"进行)和寻租收益(政府税收减免、金融信用支持等)。

3. 管理体制

《中华人民共和国高等教育法》第十三条规定:国务院统一领导和管理全国高等教育事业。省、自治区、直辖市人民政府统筹协调本行政区域内的高等教育事业,管理主要为地方培养人才和国务院授权管理的高等学校。第十四条规定:国务院教育行政部门主管全国高等教育工作,管理由国务院确定的主要为全国培养人才的高等学校。国务院其他有关部门在国务院规定的职责范围内,负责有关的高等教育工作。另外,2020年5月18日,《中共中央、国务院关于新时代加快完善社会主义市场经济体制的意见》印发,提出我国经济体制改革必须以完善产权制度和要素市场化配置为重点,实现产权有效激励、要素自由流动、价格反应灵活、竞争公平有序、企业优胜劣汰。与宏观经济体制改革要求相适应,高职混合所有制"共享工厂"模式在上述所有制结构、投资结构和产权结构基础上,由不同资本代表组成决策机构和监督机构,参照现代企业制度前提下的董事会制度,按出资多少分配表决权,保障公有非公有资产的安全和权利平等。在"共享工厂"所有权和经营权分开问题上,可以参照现代企业制度及公司治理理念,实现股份制和聘请职业经理人。在市场化运营问题上,结合"共享工厂"教育属性和共生体特殊性,推行"准"市场化运营或"适度"市场化运营。这主要出于两点考虑:一方面,职教20条和双高计划鼓励高职院校服务中小企业人力资源和应用技术研发孵化需求,包括"1+X证书"制度试点中教育培训资源的开发运作与证书发放等,这些自然是"共享工厂"市场化运营的重要内容。另一方面,在没有混合所有制法律保障的当前情况下,"共享工厂"是学校主导推进的混合所有制办学改革,根本目标是强化产教融合的企业重要主体作用,提高职业教育发展质量,不是单纯追求营利。由此,混合所有制"共享工厂"不是单纯营利企业,不适合完全市场化运营,要防止脱离教育管理规律而远离教育教学本质。

二、"共享工厂"模式的实体形态架构

形态即形式和状态(分物质和意识两个层面),办学形态即办学活动的结构、形式和状态,反映着具体办学活动的性质。高职混合所有制"共享工厂"模式的办学实体形态,就是在上述模式架构(性质)基础上所呈现的结构、形式和状态方面的显性架构,主要包括实体组织形态、实体结构形态和"学、产、研"交叉融合形态三大方面内容。

1. 实体组织形态

产教融合组织形态是指具有一定组织特征的产教融合平台、载体或产教融合组织体,基于不同的理论基础和目标导向,各地产教融合实践已经形成了一系列多元化组织形态。聂劲松等人(2021年)的实证调查显示,这些组织形态的服务面向多元,以中小微企业为主且已涉及大型企业,职能配置和主要业务更多在于协同育人;组织架构和形态特征既有治理结构、契约型联结方面的共同倾向,也有实体型组织与虚拟型组织等较多不同;合作主体的组合不尽一致,大多没有建立或形成多元的混合产权结构。研究发现,产教融合组织形态的基本特征已经从多元化走向集成化,集成化产教融合组织形态或组织体将成为未来产教融合的基本形态。就产业和教育这两大部门之间的关系结构而言,未来的产教融合不再只是教育的事情借助于产业(行业企业)来完成,更多的将会出现产业(行业企业)的事情直接放在学校教育场景中实现。高职混合所有制"共享工厂"模式的产教融合组织形态,就是一种"学、产、研"一体化的集成化融合模式,不仅具备学校教育和行业生产企业的多种功能,还具备随时应变区域产业结构调整升级和参与市场竞争的核心能力,它是在学校、行业企业和政府相关部门不同程度支持参与下形成的一种新型社会组织形式。

高职混合所有制"共享工厂"模式是一种实体型组织基础上的灵活运行的组织体,兼有实体化运行和网络化运作特征的产教融合组织形态。"共享工厂"具

有企业生产工厂的基本特征,占有一定土地面积,有具体的建筑物和生产活动场所,拥有由机器和设备构成的生产线,包含行政、生产、研发、仓储物流等多个场所的综合区域。在空间布局上,实体建设涵盖"学、产、研"不同活动内容及其每一种活动内容的基本要素,有教学仪器设备、生产设备和研发仪器条件等。而且,"共享工厂"整体的建筑物及场所涵盖学校教学功能、企业(科研院所)生产研发功能和社会培训功能等,包括教室(理论课堂)、车间(生产性实训)、工程技术中心或技术服务中心(学产研合作)、大师工作室、行政用房等。"共享工厂"的主要职能有人才培养、技术研究孵化、社会服务(技术服务与培训)、文化创新,其中人才培养是首要职责也是轴心职责;基本业务主要涉及专业群建设、课程建设、教材建设、教师发展、教学模式改革、生产实训资源建设、智慧学习工厂建设等,覆盖人才培养的所有环节和全过程。在组织管理机构形态上,根据办学主体的章程契约,形成与传统集权式、垂直型组织所不同的扁平化、网络化的事业部制组织管理结构,灵活设置和柔性管理。总之,从实体建设到职能配置、组织运行,再到交叉融合的功能发挥,混合所有制"共享工厂"始终是实现"专业与产业、课程内容与职业标准、教学过程与生产过程、学历证书与职业资格证书、职业教育与终身学习"的对接,它以教育教学资源再生产为核心进行产教融合价值链重组,以技术进步、新技术融入课堂为产教融合发展的中轴和核心机制,实现人才培养和技术技能积累创新的组织共同体。

2. 实体结构形态

"学、产、研"之间交叉融合是当今产教融合办学的必然趋势,也是高职混合所有制"共享工厂"模式实体结构的重要特征,因此,需要从以下两个层面进行实体结构形态创新及制度安排。

第一个层面是专业建设层面,包括专业集群化发展思路下的专业(群)结构形态,专业与专业、专业群与专业群之间的组织结构创新和制度安排,以顺应专业集群化发展的大趋势。高职院校目前流行的专业群建设思路,实际上与普通高等教育的大学学科建设思路有相类似相联通的地方。从根本上讲,两者都要遵循知识习得的内在逻辑和教育教学基本规律,根据特定领域特定专业所必需的知识范围与知识容量进行知识重组整合、编码和资源重组,只是前者在此基础上着重突出具体岗位具体技能(基层操作、瞄准"点"、精准)、偏重技术技能的后端知识,后者在此基础上着重突出类岗位类技能(中层操作、定位"面"、范围)、偏重技术技能的中端前端知识。当然,这里讲的"知识"是一个大知识概念,包涵我们平常意义上的知识、能力、素养等综合内容。由此来看,高职院校专业群建设在彰显自身"职业性"本质特点的同时,不能完全摒弃学科建设的知识生产基本逻辑,实际上,高职专业群建设逻辑与大学学科知识生产逻辑、习得规律并不冲突,高等职业教育本身也是高等教育中的一个类型,学科与专业的基本规律要遵循,不能为了区分而人为摒弃。

目前,高职院校对专业群概念基本停留在静态的、结果性的认识上,把它当作一个对象名词和静态结果来组建,对专业群、专业集群化以及与产业链、产业集群、企业集群发展之间的联系认识不足。专业集群化与产业集群、企业集群之间可能有学理上的关联,但在实际运行上也可能没有直接的联系。对专业群与专业群之间或者某个专业群内部专业之间的关系和组建逻辑,学术界有各种讨论,专业群组建依据有"学科基础""专业目录""产业链""职业岗位群""共通资源"等不同说法。高职院校对专业群与产业链之间到底是什么关系还没有研究清楚,基本还是对现有专业进行相似相近地简单罗列和堆砌组合,简单地认为,专业群内部专业的关联就是对应职业岗位之间的关联,有的按职业群关系关联进行专业群组建。王亚南、成军等人(2020年)根据专业群所对应的职业岗位群内部不同岗位的关联模式以及高职院校对专业群的组织管理模式,将专业群分成四种基本模式:有学科技术型模式(强学科技术、弱行业指向、强组织管理)、行业聚焦型模式(强行业指向、弱学科技术、强组织管理)、行业松散型模式(强行业指向、弱学科技术、弱组织管理)、紧密复合型模式(强学科技术、强行业指向、强组织管理)。实际上,产业链是一个包含价值链、企业链、供需链和空间链四个维度的概念,这四个维度在相互对接的均衡过程中形成了产业链。产业链的本质是用于描述一个具有某种内在联系的企业群结构及其存在的两维属性(结构属性和价值属性),产业链中大量存在着上下游关系和相互价值的交换,上游环节向下游环节输送产品或服务,下游环节向上游环节反馈信息。一个区域的产业集群直接促进区域企业形成集群,而专业集群化发展更多的是一种专业建设思想和专业发展模式,因而不能简单地把校内所有专业或牵强有关联的一堆专业集中成群,就称其为专业集群。高职混合所有制"共享工厂"模式实体结构形态的根基是专业(群)结构形态的创新与制度安排,专业结构形态创新遵循的是学科知识和专业建设的基本原理,而不是受产业集群直接主导,"共享工厂"人才培养定位于区域重点支柱产业的岗位群知识技能,重新梳理现有专业之间的内在关联和重新整合办学要素及资源,打破原有封闭、重组专业教学管理模式,形成有利于专业交叉、交流频繁、开放办学的扁平化组织结构,为形成学产研一体化办学生态奠定基础。

第二个层面是学产研关系层面,在专业结构形态基础之上的"学、产、研"活动关系的空间结构形态。混合所有制"共享工厂"模式通过空间建设格局等物理形态,可以一目了然呈现"学、产、研"活动之间的结构关系以及对应主体之间的三螺旋关系属性。在空间位置结构中,主干功能区即教学场所和学习区域,建有凸现的标志性建筑设施,居于明显"中心"位置,呈现"共享工厂"模式的教学活动根本属性与中心地位;辅助功能区即生产场所和研发区域,通过功能性标志性建筑设施衬托主功能区中心地位,依次围居于主功能区而凸现相对"辅助"位置。主干功能区与辅助功能区之间相互联结、四通八达、无壁垒、不割裂,呈现"以学为体,产研为用"的空间结构关系和运行逻辑。

3. "学、产、研"交叉融合形态

在外形建设方面,混合所有制"共享工厂"模式通过主体建筑的结构性分布、建筑图文标识、建筑形象设计的空间美学表达,可以从"视觉"和"意会"两个层面,促进对"学、产、研"合作(产教融合、校企合作)方法方式的理解和把握。通过以上办学实体形态的显性化架构和可视化表达,可以帮助"共享工厂"里的学校和企业(科研院所)建立"形合""意合"高度统一的哲学思维,进阶更高层次的共生合作境界。在内涵建设方面,混合所有制"共享工厂"模式通过建立学产研一体化学习空间,即结构性分布、线上线下、虚实结合的"实体课堂+生产实训车间+技术实验室+大师工作室",形成"学、产、研"交叉融合的真实学习情境、真实生产情境和全景化教学实境。在此基础上,混合所有制"共享工厂"模式通过恰当的制度安排,实现"学、产、研"各方与他方之间的双向供给、选择有序的交互模式。以高职智能制造类专业人才培养为例,在"共享工厂""学、产、研"交叉融合的全景式教学环境中,学校可以顺利实施"模块化""全工序""全流程"项目教学,可以定制提供项目教学、案例教学等需要的教学模块,可以开展覆盖智能制造"设计、工艺、生产、集成、运维"等全工序实训,也可以融入技能大赛训练和双创项目培育,实现新技术新标准进课程、进教材、进课堂。

三、"共享工厂"模式的意识形态架构

意识形态属哲学范畴概念。物质决定意识,意识支配行为,组织意识形态与实体形态共同构成了混合所有制"共享工厂"模式的办学形态。混合所有制"共享工厂"的组织意识形态,就是在办学模式架构(性质)和实体形态基础上对"共享工厂"的理解和认知,包括概念内涵、建设理念与思想、行为方式与原则、价值观等要素的总和,主要体现在(组织性质)共生体意识、(运行方式)三螺旋公转自转意识、(运营)跨界治理意识和生命周期意识四大方面。

1. 共生体意识

混合所有制"共享工厂"模式的办学者、管理者和每个成员都要意识到,"共享工厂"的本质就是学产研共生体和"1+N"校企所共生体。共生是生物学和生态学的基本概念,指两个以上生物在生理上相互依存程度达到平衡的状态,共生系统具有目的性、整体性、开放性和自组织性特点。混合所有制"共享工厂"是学校与企业(科研院所)等基本共生单元之间通过合作共生关系而生成的新型合作组织——共生体,又即命运共同体,"共享工厂"模式的共生关系反映了不同组织之间的相互依存关系和物质、信息、能量关系,共生关系的本质表现在每个共生单元在共生过程中产生新的能量,并通过相互交换而达到总体平衡。"共享工厂"组织性质可以形象化为"以学为轴心的'1+N'格局"的思维成像。在"1+N"格局中,"1"与"N"之间能够携手合作、分工配合,意味着它们思维和能力的段位是对等的,或者是匹配的。

2. 三螺旋公转自转意识

混合所有制"共享工厂"模式里"学、产、研"三项活动之间的互动作用关系,不同于传统三螺旋理论揭示的"大学—产业—政府"之间平面三螺旋互动关系,而是以学为"轴心",产、研为"翼",形成立体三螺旋公转自转运行,达到互动平衡状态。进一步讲,在"共享工厂"模式的"1+N"格局中,"1"始终处于轴心地位,"N"处于轴翼(摆)位置,它们之间遵循天体运动公转自转原理和能量守恒定律,始终绕"轴"公转自转以维持系统平衡。在这种共生体互动平衡关系中,"共享工厂"本身具有"恒星"意义,学校和若干企业(科研院所)具有"行星"意义,受向心力和离心力作用,校企多元主体自转运行时也围绕"共享工厂"公转运行。"共享

工厂"运行过程中有个巨大无形的"中心轴"存在("学"之人才培养活动),中心轴对每个平面的每个质点(多元主体)做向心运动,每个质点对中心轴做相对离心运动;"共享工厂"和每个质点的运行速度(内在动力及运行效率),决定整个共生体运行系统的平衡。在"共享工厂"的三个螺旋运转和互动中,对任何一个螺旋而言,都必须明确自身和他方的社会组织功能、优势及差异,科学定位各自的发展目标与重点内容,强调彼此之间能量输入输出状态的动态平衡,强调彼此相互作用、相互促进,但不能越位或缺位。

3. 内部跨界治理意识

高职混合所有制"共享工厂"是学校教育活动与企业产业活动在组织层面的跨界融合,其组织管理活动在性质上属于跨界(多边)治理,因此,学校和企业要借助现代治理理论,根据跨界组织特性和运行规律,通过制度创新产生有效机制而进行科学的跨界治理。混合所有制"共享工厂"要充分借鉴和吸收公司治理理论和价值链治理理论的重要思想,进行内部跨界治理。在公司治理的组织运行系统中,组织运行体系依赖的是公司组织机构的权力制衡,主要包括股东大会、董事会、监事会和经理的约束与激励等方面的治理。股东大会的治理,主要包括股东大会的权利、职能、会议制度及投票权等几个方面;董事会是公司治理的核心,董事会的治理作用与其独立性、规模、结构密切相关;经理约束与激励的治理,主要包括经理合约的设计和经理职业的报酬。在公司治理的市场运行体系中,产品市场、经理市场、资本市场中的控制权和债权市场中的竞争起到了非常重要的治理作用。全球价值链是指为实现商品或服务价值而连接生产、销售、回收处理等过程的全球性跨企业网络组织,涉及从原料采购和运输,半成品和成品的生产和分销,直至最终消费和回收处理的整个过程。价值链治理理论主要研究价值链的组织结构、权力分配,以及价值链中各经济主体之间的关系协调,与企业的全球价值链管理相关。按照价值链中主体之间的协调和力量不对称程度从低到高依次排列,价值链治理有市场型、模块型、关系型、领导型和层级制等五种典型方式。借鉴上述治理理念,混合所有制"共享工厂"模式的内部治理主要涉及"组织""制度""机制"三个核心词,举办者和管理者要认真理解,把握到位。"组织"作为一个实体,具有利益目标和行为能力;"制度"作为组织行为规范和标准(以文本形式存在的正式规则),是组织内群体行为的粘合剂;"机制"则是"组织"借助"制度"来实现功能的途径方式。在"共享工厂"内部治理中,要充分理解组织、制度、机制的内在联系,根据组织特性进行针对性制度供给,进而实现机制的有效生成,实现"共享工厂"组织功能和利益目标。尤其要意识到,"机制"反映组织内部结构与功能之间的内在必然联系,作为既有体制下学校和企业行为方式的相互作用及结果,它对"共享工厂"组织目标实现极其重要,起着非常关键的作用。现代治理理论认为,治理意味着在为社会和经济问题寻求解决方案的过程中,存在着"界限"和"责任"方面的模糊性;在涉及集体行为的各个社会公共机构之间,存在着权力依赖;参与者最终将形成一个自主的网络。治理的实质在于建立在市场原则、公共利益和价值认同之上的合作,混合所有制"共享工厂"模式的治理者对此要有足够认识,理解到位,共同落实跨界治理的行动方案。

4. 生命周期意识

根据生命周期理论,每个生命体(共生体)都经历出生、成长、成熟、衰退和消亡五个阶段。生命周期长短难以预定,每个阶段的生命质量可以通过制定战略而实现。高职产教融合的混合所有制"共享工厂"作为一个校企合作"1+N"共生体,亦有自己的生命周期和生命发展的不同阶段,不可能长生不老。在混合所有制办学的体制基础上,学校和企业"1+N"每个成员在"共享工厂"共生系统中都有自己的生存法则,核心是以优势求生存、以贡献求发展。混合所有制"共享工厂"是一个产教融合的育人平台,而在组织经营管理特性上,又具有生产工厂、生产企业的某些经营特征和运行规律,企业生命周期和兴衰的影响因素在"共享工厂"同样存在。企业生命周期论的一个分支"企业生命周期归因论"认为,企业特定技术与产品的生命周期、企业的领导者等因素与企业本身生命周期之间有密切的联系,产品生命周期在一定程度上受制于技术生命周期,而企业自身的生命周期则在很大程度上表现为产品生命周期的延伸;企业领导者素质与管理风格是影响企业生命周期的关键性因素。企业生命周期理论认为,企业作为人工组织同样具有类型生物体的生命决定机制和进化机制,要按照企业生命体新陈代谢规律,通过实现创造价值的生命意义而获得生存和发展的基础。企业作为一个具有生物特性和社会特性的开放的复杂系统,其发展在各种因素交互影响下,表现为一个从创立、成长到成熟、衰退等动态复杂演化过程,这个过程使企业发展充满了不确定性和混沌。可见,企业作为一个整体系统,它的兴衰不是单一因素造成的,而是系统内部产品核心能力、外部市场环境和企业家因素等各种因素共同作用的结果。企业生命周期理论从企业生命体的生存、发展角度来考察企业的成长,把企业看作一个活的生命体,动态地评价企业成长各阶段的特点及对策,揭示了企业成长与老化的部分规律,这有利于企业管理者对企业实施对症下药,以改变生命周期的结构,推迟老化阶段的到来。以此为借鉴和启示,高职混合所有制"共享工厂"模式的建设与发展同样要有生命周期意识、兴衰治理意识,至于这种模式能进化到混合所有制办学的什么阶段,除了外界政策环境因素之外,主要取决于学校与企业两大基本单元之间的共生关系程度,这种共生关系的生成维护在微观层面主要依赖于新制度、新文化的突破,宏观层面则是举办者治理者对哲学思维的广泛建立和积极体验。

第五章

"共享工厂"模式的制度突破与文化突破

第一节 "以学为体,产研为用"的生成性思维

高职混合所有制"共享工厂"模式从"学、产、研"一体化办学出发,坚持"以学为体,产研为用"和"学为轴心,产研为翼"的建设思路及运行原则,促进产教融合、校企合作从原来的"多元化"育人走向更高层次的"集成化"和"共享化"办学。"共享工厂"办学者运用共生理论分析高职专业(群)复合型人才培养的共生单元、共生模式及共生环境,以"工厂式组织形态、集成化组织运行、共生性组织发展"为"共享工厂"建设的三大核心要素,在组织形态上,强调拓展产教融合集成化实践平台的物理空间和实体形态;组织运行上,强调深化"学"与"产""研"之间的三螺旋互动运行;组织发展上,强调释放复合型人才培养互惠共生的动力,形成校企协同育人新形态。因此,研究混合所有制"共享工厂"模式,需要跳出教育学和管理学的基本范畴,借助哲学思维、社会学、生态学和系统协同原理的相关启示,综合思考模式的形态成像和谋划实践难题的破解,同时需要运用文化心理学及更广泛学科知识观点,解释"共享工厂"模式的共生现象和文化心理,形成"共享工厂"模式特有的思维范式和文化属性。

一、"共享工厂"建筑思维与形态成像

高职产教融合的混合所有制"共享工厂"模式既是一个实体组织形态，又是产教融合、校企合作的一种理念，更是特定共生体合作中自组织形态演化的新思维。与高职院校普通校企合作平台不同，混合所有制"共享工厂"模式在建设过程中具有如下思维特性：

首先，在实体建筑的基本思维和思维成像上，形成学校（1）和企业、科研院所（N）不同资本主体之间的"1+N"形态格局和功能格局，在"1+N"中，"1"与"N"之间的"+"关系不是并行或割裂的关系，而是相互交叉且相互融合的关系。"共享工厂"作为可视化实体平台，对物理空间和建筑物场所有整体规划布局，通过建设格局能够一目了然地呈现"1+N"彼此相连、交叉融合的组织形态和功能形态。在实体建筑的内部空间结构分布上，比如"学产研一体化学习空间"的空间建筑设施，按照"实体课堂+生产实训车间+技术实验室+大师工作室"建设思路，能呈现出理论学习与实践学习的交叉融合，理论课堂与生产实训的交叉融合，教师进行课堂教学与进行技术研发的交叉融合，学生接受教师辅导和接受大师指导的交叉融合，"学"与"产、研"所有要素、主体、活动都是集中集成在一起，交叉融合在一起，"1+N"成员共享共用、灵活跟进、联动提升，呈现"你中有我，我中有你"的思维成像。

其次，在哲学思想和合作认识上，遵循"以学为体，产研为用"运行原则和运行逻辑。"学"代表学校和教学活动，"产"代表企业和生产活动，"研"代表技术研发孵化活动。坚持学校和学校实践教学活动是根本，企业（科研院所）和企业（科研院所）的所有生产、员工培训、技术服务等均不能与"学"之根本相抵触，必须在服务职教人才培养中心任务前提下，实施自身的生产和研发活动。这是混合所有制"共享工厂"模式在契约治理中必须遵循的约定原则和基础前提。因此，在"共享工厂"的实体建筑设施、实体组织结构、治理结构、运营体系与规则、专业教学资源合作开发等诸多方面，都呈现出"学校""学生""教学"在多元主体中的主体地位和轴心位置。当然，混合所有制"共享工厂"模式除了既定的共同目标之外，共生体内部的"1+N"每个主体（合作者）都有自身的具体目标和个性化利益需求，每个主体都在"共享工厂"整体治理框架下进行自组织运营。但是，当不同

主体之间运行出现时间、空间、管理矛盾冲突时,各方都自觉地优先服务于实践教学根本需要,当各方成本利益之间产生矛盾冲突时,各方都主动出面进行协调,根据不同角色及责权利要求而挖掘合作共生的共同利益和价值共识。所有合作成员都始终坚持"以学为体,产研为用"的合作原则和运行逻辑,这是由混合所有制"共享工厂"模式的创办初衷和"共享工厂"平台育人本质决定的,是成员共识。

再次,在生命形态层面,尊重生命周期规律,提高每个阶段的生命质量。高职混合所有制"共享工厂"模式本身是高职产教融合办学平台的混合所有制办学探索,到底能否发展、壮大,能探索到何种程度,要受内部复杂因素和外部复杂环境等综合因素的制约,其中外部政策环境至关重要。混合所有制经济本身就是一种多元主体参与的相当复杂的理论和实践探索,混合所有制探索在高校校办企业、科技型企业改制中已走过多年的艰难历程,混合所有制办学在高职教育政策领域还处于前沿的、浅层次的点到为止。如果像山东省那样的地方政府大力度主导支持政策能在教育部层面支持实现,那么"共享工厂"模式办学的外部政策环境就会对混合所有制探索十分有利,则会带来政策效应和政策红利,就是说,"共享工厂"办学的外部政策环境宽松(支持力度大),可以为高职混合所有制办学注入"势能",增强生命活力。在内部复杂因素方面,"共享工厂""1+N"复杂主体之间的协同性和共生能力是决定混合所有制"共享工厂"生命质量和生命周期长短的关键。共生是一种能力,是一种生物哲学和生命哲学。混合所有制"共享工厂"模式的整体建设、内部运营和每个个体的自组织运营,在哲学意义上,都不能脱离人与自然的和谐统一,不能违背自身内部运行规律和外部运行规律,不能脱离生态系统整体性和共生体进化规律。混合所有制"共享工厂"模式作为一个生态系统,学校与企业两大基本单元之间的共生关系决定整体生命健康和生命周期,整体生命健康和生命周期反过来又影响每个共生单元的发展质量和生命周期。"共享工厂"模式无论进化到混合所有制办学的哪个发展阶段,无论处于生命周期的哪个发展阶段,"1+N"合作主体都以立德树人为根本宗旨,坚持契约和法治原则,善始善终,以积极的态度,确保既有阶段的责任担当和办学质量。

最后,在观念形态层面,拥有独特的文化心理和文化属性。文化心理学研究认为,个体行为选择来自内心深处的文化心理和文化属性,体现个体的思维结构和思维方式。混合所有制"共享工厂"模式里的所有"人",对"共享工厂"整体运行和自组织运行所持有的概念认识、价值理念以及思维模式,构成了其特有的观念形态,当这些观念汇合成群体共同的行为认知和价值追求时,便形成群体特有的文化。高职产教融合的混合所有制"共享工厂"模式追求开放办学、协同创新,每个单元之间分工合作、协同育人、优势互补、共生发展,共同追求"学、产、研"绩效"1+1+1＞3"的协同效应。这种开放包容的负责任的文化即协同文化,它是引领滋养"1+N"成员的精神力量,也是"共享工厂"模式特有的文化心理和文化属性。从创新意义上讲,高职混合所有制"共享工厂"模式最重要的创新应该是"协同文化"的创新,整个生命周期的所有制度创新和价值遵循,只有沉淀到文化的层面,才能真正成为社会认识印记和历史价值标识,成为启发后来者进行再探索的精神力量源泉。

二、"共享工厂"模式的哲学思维体验

思维方式,是指人长期沿用某种思维方法并使之积淀形成的一种习惯性思维定式。思维方式具有广泛渗透性、相对稳定性、发展变化性等特征,是最为深层而决定思想观念和行为活动的东西。高职混合所有制"共享工厂"模式的整体架构反映架构者的意志偏好与实际需求,同时也体现举办者、管理者的思维方式和哲学智慧,建设过程本身就是一种多学科的综合思考,也是充满人文精神的哲学思维体验与理解展示。混合所有制"共享工厂"建设的哲学思维主要体现在:生成性思维的模式架构、意象思维的"形合"与"意合"统一、社会哲学思维的基本制度构建、教育实践思维的育人形态构建和生命哲学的生态发展观五个方面。

1. 生成性思维的模式架构

马克思主义哲学认为,人类的现实生活世界是在"实践"基础上,确定性与非确定性的"生成"统一。现代哲学的生成性思维认为,世界不是现成的,而是生成的,是人与自然和谐统一的不断生成变化的实践过程。李文阁(2000年)、邹广文(2003年)等人研究认为,从马克思开始,西方哲学出现了由科学主义世界观向生活世界观、由本质主义向生成性思维的转折。马克思主义哲学强调实践和主体的重要性,人是"感性的人",而不是作为"活动的对象",人是生活的主体和实践的主体;人的一切实践活动不是直接存在的,而是充满各种可能性、充满无

限的自我创造,不是历史的"现成产物",而是历史的"生成过程";人的存在不是外于人的预定性存在,人是现实世界(实际生活过程)中生存实践的不断生成的新过程。生成性思维的特征表现为:重视过程而非重视本质,一切回归现实生活世界,"世界不是既成事物的集合体,而是过程的集合体";重视关系而非实体,关系是精神的、内在的、互动的,实体是孤立的、僵化的、封闭的;重视创造而反预定,未来具有不可预见性,实践过程不是简单的流程和对既有预定的控制执行,而是丰富的创新创造;重视个性与差异而反中心与同一,不能将复杂对象简单地整齐划一、形成绝对同一主义,不能在多元对立中确立一个中心、形成一元中心主义,而是重视个性、差异和边缘,实践活动是多元性的、包容性、融合的生成过程;重视非理性而反工具理性,人认识世界和认识自我不是完全理性的而是有限理性的,实践活动是合理性与偶然性的统一;重视具体而反抽象主义,人不是抽象的存在,每一项实践活动都是具体时间、具体条件之下的具体关系、具体世界的新生成。

高职产教融合的混合所有制"共享工厂"模式的具体建设,就是从教育实践和马克思主义生成性思维出发,立足学校教育教学需要的具体"实践""过程""关系",而进行整体性"创造、生成"和重新架构,包括创构体制模式,建立"以学为体,产研为用"的"1+N"办学实体形态与意识形态,构建校企合作新制度体系和孕育新文化。这些系列的重新架构,是从破解高职院校传统办学中的产教脱节、校热企冷等问题出发,摆脱原有办学模式束缚之后的具体的、过程性的、主体间性的、具有创造意义的新生成,指向职业教育的立德树"人"。以高职智能制造类专业人才培养为例,就是要在"共享工厂"平台"以产促学、以研带学"的生成导向下,突出"共享工厂""设施即服务、平台即服务、应用即服务",创设并建成学产研一体的全景化学习环境。通过企业生产的智能制造装备与硬件设施,形成生产性实训条件的优化匹配;搭建以数据管理等为典型特征的工业互联网平台,提供技术研发、双向供给的超市式服务,将实践教学升级为网络化的产研训一体化活动;将智能制造生产场景的技术标准和案例、产业文化等,动态转化为"模块化+全工序+全流程"教学内容与任务来源。突破高职院校传统校内外实训基地的瓶颈与制约,实现实践教学体系的开放与创新、共享与包容、多元与综合。通过育训结合,德技并修,创设一体化、嵌入性教学模式,搭建"学习课堂+实训车间+技术实验室+大师工作室"学产研一体化学习空间,将学习任务嵌入生产任务、实体课堂嵌入企业车间、教师活动嵌入工程实践,实现立德目标与强技目标的合而为一,提升高职专业人才培养的整体质量。

2. 意象思维的"形合"与"意合"统一

中国文化具有诗教和意境、悟性传统,意境和悟性是中国传统哲学思维方式的重要特性。意象思维简称象思维,有时又称形象思维(象形、印象),在中国哲学经典《道德经》中早有存在(第41章"大象无形"),《周易》亦有观物取象、象以尽意之说。人的认知层次有感性、知性、理性和悟性,感性即接受印象的能力,知性即规则的能力,理性即原理的能力,悟性即体悟的能力。悟性兼有感性和理性特点,是对对象本性和内蕴具有直觉的、明澈的洞察领悟能力。意象思维表征了人们通过直观感悟存在物的认知、推理过程,使其富有一定的属性和功能,进而形成具有一定意义内容的属性和概念。根据哲学相关研究,意象思维是针对逻辑思维而言的,意象思维与逻辑思维并不冲突,逻辑思维多表现理性,意象思维则表现悟性,把握动态的整体往往需要运用意象思维进行悟性表达。中国社会科学院哲学研究所王树人研究认为,象思维是人类最本原的思维,是前语言、前逻辑的思维,又是富于原创性的思维,语言逻辑都经过象思维孕育而产生,中国文化中的易经、道学、儒学、禅佛经典主要是象思维产物。意象思维以"真实关系"为理据,是心智活动与理智活动的融通合一,更是确定性与不确定性的哲学统一。意象思维多将世界呈现为动态整体的非实体性、非对象性、非现成性的,富有诗意联想、动态流变,强调会通以超胜,有"茅塞→顿开"之境。高职混合所有制"共享工厂"模式的整体建设,就是运用意象思维进行"1+N"格局(概念)的印象架构(意象),在建筑物结构关系和图文标识(象形化)上做到观物取象、名象交融和象以尽意的意象表达,从而建立起学产研结合、校企合作的"形合"与"意合"统一,会通以超胜。人类生活和世界发展充分表明,理性与科学绝非万能,世界是实体性与非实体性的统一,对象性与非对象性的统一,也是现成性与非现成性的统一,世界是人类与自然之间生生不息的动态整体和混沌超越的流变进程。意象思维是"形合"与"意合"相统一的综合思维,它的思维范式与美学观照具有文化的通约性、隐喻性。进一步讲,高职混合所有制"共享工厂"模式的整体建设,就是要实现"意义""表达"和"结构"的三统一,以图像、图形、声音、文字、构图等多种媒介符号交织的多种模态交际,突出视觉与意象的交融综合,产生多种模态的隐喻意义,进行意义建构的结构表达,使建设者、使用者、参观者都进入创新创造的哲学智慧的美好体验。当然,"共享工厂"整体建设中对意象思维"形合"与"意合"的统一,到底能够表达到和体悟到哲学思维的什么程度,则仁者见仁,智者见智。

3. 社会哲学思维的基本制度构建

人类社会是人用"制度"创构出来的。制度是一定社会的本质和一般属性,高职产教融合的混合所有制"共享工厂"模式的本质属性,也是通过具体制度创构出来的。根据马克思在社会制度和社会形态研究中使用"系统—结构分析方法"的社会哲学思维,社会制度结构体现生产力、生产关系、生产方式三者之间的关系,以此反映社会结构和社会形态的基本特征。根据周冰的研究(2013年),在马克思的"系统—结构分析方法"中,社会形态包含着两个层次的系统结构:一是从整个社会系统来看的结构,即经济基础和上层建筑之间的关系;二是从经济系统来看的结构,即生产力、生产关系、生产方式三者之间的关系。其中,生产关系是指那些在社会生产过程可以再生产出来的、不断重复的、稳定的经济关系,也就是经济主体之间的关系规范和行为规则,即制度。制度是生产关系的法律规定,是指以法律形式反映和表现出来的生产关系。生产方式作为社会经济的组织,是指社会经济的分工和协调方式。在现代流行的经济学研究语境中,马克思的生产力就是生产技术和知识,生产关系就是经济制度,生产方式是社会经济的组织分工和协调方式。高职混合所有制"共享工厂"模式的制度创构亦是如此,就是运用社会哲学思维的基本制度构建,来反映办学体制改革的性质、目标和对象范围,反映生产力(人才培养质量、实践教育教学资源生产等)、生产关系(纵向上"共享工厂"与学校之间的体制关系属性,横向上学校"1"与企业"N"的合作关系属性)、生产方式(校企合作、企企合作的方法方式)三者之间的关系。而在混合所有制"共享工厂"模式的基本制度体系构建中,它的体制、模式与制度之间既有一定区别,又具有相互牵绕的内在复杂关系。显而易见,混合所有制"共享工厂"模式的根本"模式"特征,就在于体制特性上的与众不同,混合所有制是它的根本体制基础,而体制又是通过具体制度系统综合表现(表达)出来的;反过来,混合所有制"共享工厂"模式的"体制"特性又是通过"共享工厂"这个模式形态及相应制度系统体现出来的,在"混合所有制"体制与"共享工厂"模式的紧密结合、相互作用中形成了与之相适应的基本制度系统,从而产生了"混合所有制'共享工厂'模式"的整体内涵。在制度内容中,涉及体制和模式的基本制度才是制度结构的基础和中轴,当然,至于"共享工厂"的基本制度能构建到什么程度什么水平,则取决于构建者的意志、偏好和智慧。

4. 教育实践思维的育人形态构建

从哲学发展的历史来看,传统哲学思维是实体思维,现代哲学思维是关系思维和过程思维,马克思主义哲学更加强调重视"主体、关系和实践",而进入实践思维。实践思维是关系思维的进一步深化和具体化,突出"主体"及其"实践"在"关系"中的主导地位,强调主体的主动性、能动性,强调实践的主体性和过程性,强调主体之间的关系性和实践联系。实践思维是解决社会现实问题的思维工具,对混合所有制"共享工厂"模式"学、产、研"合作教育实践活动的创新构建与创新发展,具有极大的促进价值。"共享工厂"运用教育实践思维进行教育组织形态建设和教育文化的创新,突出强调各类"主体"在教育教学改革中的主动性能动性,强调各类主体通过各种"实践"活动并在过程中创新主体之间的合作关系,强调各类主体之间"关系"体现在合作培养的内容设计中,以及体现出各环节实施过程的协调性、依存性和共生性。毋庸置疑,教育实践有自己的内在逻辑,高职混合所有制"共享工厂"模式的办学者要充分理解和尊重教育实践,了解和支持学校教育教学改革的各项实践活动,鼓励建立教育实践思维方式、成为真正的教育实践者。因此,"共享工厂"模式中参与办学的各类主体和所有教育者,要对丰富多彩的教育实践抱有充分尊重和同情的态度,调动一切感性的、理智的乃至想象的力量,运用人文学科"移情"与"理解"的办法,尽可能贴近实践者的立场来观察、体验和谈论教育及教学改革。石中英研究认为(2006年),教育实践的逻辑是教育实践行为的一般形式、结构或生成原则,是各种教育实践样式得以可能并共同分享或遵循的内部法则。教育者身份习性赋予教育实践以历史性,教育情境和场域不断地改变着实践的意向,时间和空间的结构也与实践行为有内在关联。那么,"共享工厂"模式既是产教融合、校企合作办学的新型组织形态,同时也是办学者运用教育实践思维构建出来的新型育人形态,必须在实践上考虑这些育人形态如何构建。比如:在专业(群)建设、课程建设、结构化教学团队等层面,如何根据"集成、共享"的原则要求重新进行组织优化,在制度建设、机构建设、人员分工等层面,如何根据"协同、共享、高效"的原则要求重新组建,在教育教学改革具体操作层面,如何建立有效的约束机制与激励机制,等等。所有这些,都是教育教学实践的具体组成部分,都是通过教育实践的具体深化和创新生成,而且都需要通过具体实践去检验是否科学、是否有效,以及能否得到社会的最终认可。

5. 生命哲学的生态发展观

高职混合所有制"共享工厂"模式的生态发展不是简单地理论建构,而是连续的教育教学改革理论与实践共存的现实生活图景,有自己的生命本质、生命过程和生命价值。因此,要从生命哲学和教育实践出发,从个性与整体性关联把握、内在外在社会关系优化等方面,全面理解该模式的生命价值和生命意义。在生命哲学上,马克思的生命观以现实的"人"为理论基点,从"实践"出发把握生命价值和意义世界,以"生命丰盈"为价值旨归。马克思的生命观有利于人们解决人与自然、人与社会、人与自身这三大矛盾,实现生命的整体性存在,确证生命的本质、价值和意义。根据张懿、夏文斌等人的研究(2018年),马克思的生命观基于现实的人的"需求和发展"双重需要,认为人的本质是"需要、劳动与社会关系"的三位一体,立足于现实的人的整体性生命存在去探寻生命意义和价值。在生命哲学层面,混合所有制"共享工厂"模式作为一个生态系统,不能脱离生态系统整体性和共生体进化规律,有自己的生命周期、生命质量、生命意义和价值,无论对整体还是个体,只有坚持人与自然、与社会、与自己和谐共生的生命哲学观,才能得到生态化发展和个性化发展。个性,是整体性生命存在的另一种表达,在于追问整体性生命需求得以满足、自由个性赖以确证的客观条件;实践,是实现整体性生命存在的核心载体和基本途径,能帮助人体验生命的乐趣和自由,确证生命的本质和个性,实现生命丰盈和人的自由全面发展。这种生命过程的发展和自我提高与整体性生命存在之间的关联,不能离开生存需求的满足去抽象地谈发展,也不能无视与整体性生命和谐紧紧相连的全面性去片面地谈发展。因此,在"共享工厂"模式的每一个发展阶段和历史进程中,内部运行方面,校企双主体生存与发展目标都要与"共享工厂"整体环境和谐共生,每一个主体都能通过个性化发展满足而融入整体运行发展;外部运行方面,"共享工厂"整体发展要与社会产业环境、教育环境和政府政策环境和谐共生,能通过整体特色优势确保生命本质和模式个性,实现该模式的生命价值和生命意义。

综上所述,哲学思维的根本是世界观,哲学思维体现人观察对象的视角、层次和逻辑,具有抽象性、批判性和反思性特性,混合所有制"共享工厂"模式在具体建设与创新发展中,必将有形无形地体现建构者的哲学思维及价值取向。根据李德顺、崔唯航等人的研究(2009年),哲学的抽象性是一种形而上的人类抽象能力最高限度,它通过概念之间横向的逻辑关系来达到自我限定的抽象;批判性是哲学思维对命题和对象进行带有否定性的考察和分析,追问和澄清前提是哲学批判最重要的方法;反思性是指它的批判矛头不仅"对外"(针对一切外部对象和已有概念及思想成果),同时也"对内"(针对批判着的思想自身)。社会改革无数实践已经证明,真正的模式改变要深入到哲学思维方式的抽象、批判和反思层面,从概念之间的逻辑关系、模式构建的内部外部问题考察分析、模式成果成效的验证反思等多结构思维,进行整体架构和创新创造,同时体验和展示创新实践所蕴含的哲学思维。混合所有制"共享工厂"模式的创建与运行同样如此,它不仅关注高职人才培养和教育教学问题的抽象、批判和反思,而且强调学产研合作办学的绩效和"1+N"多元主体之间的"生成性"合作。

三、"共享工厂"运行中的生成性合作

从哲学思维层面看,探索高职混合所有制"共享工厂"模式的理论与实践,实质是在一种微观层面平台(质点)上,探索宏观层面高职产教融合办学(平面)的哲学思维体验。生成性思维是现代哲学的基本精神和思维方式,是确定性和非确定性的统一,主要特征是重过程而非本质,重关系而非实体,重创造而反预定。如前文所介绍,相比传统的校企合作实践平台,高职混合所有制"共享工厂"模式的基本架构和办学形态,更加符合现代哲学思维与现代教育理念的生成性需要,它的"学、产、研"集成化与共享性办学,更加注重组织建设过程和人才培养过程,更加注重"1+N"学校和企业(科研院所)之间的主体间性关系、共生关系的生成维护,更加注重合作的体制、模式、制度、文化的创造创新,包括混合所有制办学改革探索、中国特色现代学徒制试点、"1+X证书"制度试点、"三教"(教师、教材、教法)改革等集成共享内容与方式的全面生成创新。混合所有制"共享工厂"模式运用"以学为体,产研为用"生成性思维进行建设与运行,旨在突破职业教育校企合作传统模式的诸多既有预定,从产教融合办学诸多因素的确定性与不确定性中,寻找创新突破的可能性与有效性,更重要的是,可以突破原有高职办学结构形态的体制、制度和文化束缚,孕育蜕变出新的更具生命力的高职教育办学形态,为中国特色职教模式形成和双高计划建设贡献智慧。

从办学过程和办学实践的层面看,探索高职混合所有制"共享工厂"模式的

理论与实践,就是运用"以学为体,产研为用"的生成性思维进行实体架构和教育实践活动,从而展开以"学"为轴心的"学、产、研"集成共享与产教融合办学的创新创造,推动专业集群与产业发展同频共振、协同呼应。比如,通过"共享工厂"实体平台建设和校企所深度合作,生成"任务嵌入、能力互补、共生共长"的校企合作新关系;推行"权益约定、自主运营"的跨界治理模式,生成合作培养的新制度;围绕"1+N"校企所各方需求,探索以"任务包"方式将各种性质类型(生产型、研发型)任务模块,融入专业(群)教学体系和教学内容中,生成服务学校人才培养的新资源;通过校企所合作的交互转化机制和循环机制,生成服务企业转型升级的新技术。学校在此基础上,依托生成性资源和新技术,构筑学产研一体化的学习空间,突破时间和空间限制,推送个性化的学习内容和学习服务。通过校企协同开展教学性、生产性、研发性实践活动,提升学生的职业能力、教师的专业能力和企业的自生能力,从而在微观层面平台上实现产教融合办学的真正创新。

进一步讲,在"共享工厂"内部治理与运营合作方面,可以通过权益的法律性约定,实现供需关系的内外耦合。比如,以校企共同利益与价值共识为基点,建立"共享工厂"理事会和章程,制订"共享工厂"运营与服务规范等行业标准,形成"1+N"契约式合作关系;以技术的供需为支点,建立超市式的双向服务模式,提供多方共享的定制服务,即在"共享工厂"互联网技术平台上,动态发布技术开发类和项目教学类供求信息,按购买支出原则开展交易,形成校企双向、内外循环、线上线下一体化服务机制。对于参与"共享工厂"办学的每一个独立个体(企业、科研院所),则采取自主运营和绩效激励,实现个体自组织运行和整体运行治理的良性互动。总而言之,依托"共享工厂"工业互联网平台,建立网络化协作服务和自主治理机制,确定内部权力结构、责任边界、利益结构及其双向运行关系,进行适度的成本收益核算,建立教学资源投入产出综合绩效评价指标,实现"多元主体育人体系、自组织网络系统、学产研协同合作系统"有序高效的自组织运行。

综上所述,一切模式、制度、文化的构建都来自人的思维,并反映构建者的思维结构与方式、思维层次与哲学修养。高职混合所有制"共享工厂"模式的理论构建与实践运行,正是一种超越原有思维局限而更注重关系与过程的新思维突破,是一种更高层次更加丰富的职业教育办学、产教融合办学的哲学思维体验。高职混合所有制"共享工厂"模式是学校公有资本与企业非公有资本合作共建的产教融合实践教学平台,从"以学为体,产研为用"生成性思维出发,而形成"1+

N"共生体的混合所有制办学模式,其教育教学本质更多指向的是"人文",更多注重的是"育人"的"过程",追求理论与实践的统一。实际上,公办高职院校混合所有制办学的重心是体制模式的转换,就是办学体制结构、不同文化属性和思维模式综合转变的过程。归根到底,高职混合所有制"共享工厂"模式的创新能否获得社会认可,关键是能否从思维、制度和文化三个层面突破原有办学束缚,创造出属于自己的优越的模式特性。

第二节 "共享工厂"模式的制度突破

共享形成的关键是制度供给。而从制度内在特性看,制度系统主要包括基本制度和派生制度,基本制度决定性质和形态,派生制度指向行为规则,对基本制度内涵具体如何操作进行规定。混合所有制"共享工厂"模式基本制度的核心任务是决定所有制、产权归属以及产权运作收益的分配规则;派生制度的核心任务是决定学校和企业活动的共同方式和分工合作,以及如何共享使用资源、介入实践教育教学环节的规则。

一、制度、体制与模式的概念厘清

根据经济学对马克思社会形态和经济制度以及生产力、生产关系、生产方式三者之间关系的流行认识,生产力就是生产技术和知识,生产关系就是经济制度,生产方式就是社会经济的组织分工和协调方式。借鉴制度经济学和制度变迁理论对体制和制度的区别,以及与模式之间关系等研究成果,制度,指生产关系的法律性(强制性)规定,就是用法律规范等文本形式反映和表现出来的生产关系,它主要指向原则性和操作性正式规则。对一个社会来说,制度是一整套(强制性和非强制性)社会规则,应遵循的要求和合乎伦理道德的行为规范,用以约束组织和个人的行为。日本新制度经济学家青木昌彦从博弈论的角度出发,把制度定义为博弈的均衡解,认为制度是由参与人之间博弈过程产生的,任何博弈又都是在一定规则下进行的,因而,制度是关于博弈重复进行的主要方式与共同理念的自我维持系统。根据张旭昆的研究(2002年),强制性社会规则可大致分为三种具体形式:一是由政府颁布的法律、法令、法规和政策,包括普适性禁令、专门行为指令和关于制定修改法律政策的程序性规则等。二是由非政府组织(团体)制订的组织内部规则和成员相互间的契约,契约是给订约各方以行为约束限制的一种制度,它促使订约各方的行为规则化、程序化,从而降低交易费用和不确定性风险。三是由公众舆论与道德规范强制实行的习俗,或称为强制性习俗。总之,制度是正式规则与非正式规则的总和。根据行为规则所涉及活动领域的不同,制度又可以有其他不同的领域性分类,如经济制度、政治制度、教育制度等;即使在某一个活动领域内部的行为规则,制度又有不同的内容分类,如生产制度、流通制度、销售制度等;而某一个微观组织内部的制度,也存在特定的制度结构与层次,如原则性的核心制度规范和操作性的基本制度细则等。从要素构成上看,制度通常有四个基本要素:角色规定(身份条件的适用)、行为规定(义务、禁忌、权力)、度量标准(遵守的标准、超越的边界限度)、奖惩措施,它们共同构成了成员的行为空间和行为限度。

体制,指生产关系中表明经济主体性质、结构与特征的制度表达,是经济体配置资源和利益分配的整套制度安排,它具有根本性和基础性特点。体制一词,在中国古代文献中原是指文学艺术作品的体裁和风格,社会日常生活中对这个词是不自觉地使用的,表示一个系统或组织特有的机构设置和权限划分的制度依据,往往被理解为一个社会经济体的存在状态和形式,为了存在和发展而实行的一整套组织、制度和机制的总和。从体制的制度性表达(表现)来看,体制可以作为制度的集合性概念,但它涵盖的范围往往又大于制度,包含制度和制度以外的组织、行为主体和机制等内容。在马克思的著作中,对生产关系和制度这两个概念是平行使用的:生产关系指社会生产过程可以再生产出来的、不断重复的、稳定的经济关系,也就是经济主体之间的关系规范和行为规则;而马克思所说的制度指以法律形式反映和表现出来的生产关系。现在看来,马克思说的生产关系和制度在二者共存共通中,共同指向了我们今天所说的"体制"内涵。在比较经济学研究中,体制是一个比制度内涵更丰富、覆盖范围更广的概念。经济体制普遍被理解为"社会进行资源配置的经济运行系统",一个社会经济形态所采取的具体制度,经济制度的某种表现形式,资源配置的组织安排,一个介于生产关系和生产力之间的范畴。

模式,则是生产方式层面概念,就是既定体制下,生产行为的组织方式和结构方法的模块化、程式性表达。在马克思著作中,生产方式作为社会经济的组织是指社会经济的分工和协调方式,不仅是生产力和生产关系二者共存的载体,而且也是联系二者相互作用的中介。模式通过制度性表达,来明确(解释)特定经济系统(组织)的生产力呈现方式、生产关系呈现方式及其二者之间的关系的呈现方式。模式具有可描绘、可视化、可模仿的特点,方便推广借鉴,可供复制和学习。

从以上分析可见,制度、体制、模式三个概念之间既有明显区别,又有缠绕难分的内在联系。概括而言,制度是一个经济社会的控制系统,制度系统内部存在结构层次,结构之间有层次性、相关性和有序性特点,包括元制度(决定谁来制定制度的制度,如宪法、章程等)、基本制度(决定性质、形态和权力结构的体制性与原则性规定)和派生制度(具体操作规则)。体制是社会控制系统在权力分工意义上的本质特性,体制的制度结构是由围绕着元制度的横向和纵向关系构成的。模式则受体制制约,同一体制下的模式可以多样化;模式主要通过制度来表达,主要依赖制度使其定型化、模块化,增强标志性和可识别性。总之,一个经济体的存在状态和存在形式,主要通过自身特定的制度、体制与模式相结合来呈现(与其他经济体相区别),其中"制度"又对体制和模式的识别起本源性标识作用。

二、产权的开放、界定与平等保护制度

产权属法律范畴概念,是所有制的法律形态(所有制关系的法的观念),是财产形式的法权关系,一旦产权难以得到有效保护,制度创新则容易出现成本内部化和收益外部化的事实。混合所有制中产权的主要实现形式是股份制,改革必然触及产权结构或股权结构问题,在所有制层面是完善产权制度,在经营形式层面是完善现代企业制度问题。高职混合所有制办学的产权制度主要涉及产权的开放、界定和平等保护三个核心问题,目前尚缺乏法律层面的制度保障。一是产权的开放上,主要是学校公有资本向社会资本开放问题。现有政策例如职教20条等,已允许社会资本参与学校办学,理论上讲,产权开放不成问题,但是在实际操作中,不同资本的产权结构或股权结构如何形成合理比例,即"共享工厂"保持学校产权为主体、企业产权为补充的基本构成如何实现,则需要校企双方通过正

式制度来约定。二是产权的界定上,主要是资产评估、资产估值和产权定价方面,如何尊重市场规则进行公平合理界定,确保公有资本(国有资产)保值增值和降低非公有资本流失担忧。其中,企业(私人)社会资本的估值相对较容易,学校公有资本尤其是无形资产的估值难度较大,这是混合所有制"共享工厂"模式产权制度要突破的难点。三是资本权利的平等保护上,需要参照现代企业制度前提下的董事会制度,按出资多少约定分配相应的表决权。

实践探索表明,混合所有制改革的关键是产权改革,产权的流动性是形成混合所有制改革的前提条件。混合所有制中异质产权多元化主要有三种形式:第一种,国有资本与民营资本(国内非公有资本和集体资本)的多元产权交叉,可以通过货币出资和实物出资,也可以通过技术、股权等法律法规允许的方式出资;第二种,国有资本与外商资本的多元产权交叉;第三种,混合所有制企业内部员工投资入股,实行员工持股。混合所有制经济本身是股份制经济,因此允许企业员工持股,形成资本所有者和劳动者利益共同体,注意调动各种所有制资本的优势和经济主体的积极性,真正形成命运共同体。经济学领域的国有企业混合所有制改革,一般要过四关:资产评估关、价格确定关、交易透明关、资金到位关。发展混合所有制经济要在价值层面着重体现出公正型市场经济体制的产权基础,体现出社会共生体制的经济支撑,要成为现代国家社会治理体系的重要组成部分。因此,改革必须考虑市场要素和制度条件,体制支撑和政策激励要能够促进市场主体的发育,体制支撑包括知识产权体制、财税体制、金融体制、市场体制、产权机制、政府管理体制,政策激励包括准入方式、激励边界、国有资本权益保障与改革规则、多元产权的平等保护、企业产权结构优化与均衡机制,等等。混合所有制改革的策略主要有:一是发挥产权在配置多种资源中的作用,二是通过制度创新破除垄断、开放资本市场,三是通过股权多元化发挥不同资本运营的协同效应。产权制度变迁是制度变迁的关键,因为存在产权制度的激励,才有经济的增长和发展。从高职混合所有制办学实践探索看,以上产权制度方面三个问题的法律制度缺失,直接影响企业主体作用和积极性的发挥,也是"共享工厂"新制度探索和突破的重点。"共享工厂"作为不同所有制资本交叉融合而孕育出的新型组织形态,需要从新制度的生成性思维出发,大胆创新非法律层面的共生体内部产权制度,保障不同资本的投资权益,激发企业参与办学积极性和公有资本运营效率。顺势而为,在当前鼓励发展混合所有制办学的政策环境下,围绕产权开放、界定与平等保护进行产权制度突破,为双高计划建设和高职混合所有制办学提供微观层面试点探索。

三、共生体"1＋N"运营与跨界治理制度

混合所有制改革的重要目标是建立现代企业制度,进行公司治理,通过完善公司法人治理结构,提高资本运营效率。首先,要确保投资者权益平等,建立不同资本的投资者权益平等保护机制,这是混合所有制改革的制度基础;其次,董事会治理要规范化,这是混合所有制改革的组织保证;第三,要提升企业家能力,这是混合所有制改革的活力源泉;第四,要确保信息披露的充分,这是混合所有制改革的信任基础。这其中,构建不同利益相关方共同参与的内部治理体系,生成适应共同治理需要的新制度,是高职混合所有制"共享工厂"模式改革创新的关键。实际上,制度既来自社会自发演化,又是一定程度上的人为设计,而新制度的生成主要来自人为设计,体现设计者的需求(价值诉求),也体现设计者的智慧。混合所有制"共享工厂"这个"1＋N"格局共生体的运营与内部跨界治理,要求治理者能够设计出不同于原有学校制度和企业制度的共生体新制度系统,完成新组织运行需要的全新的制度供给。如上文所述,制度系统一般由元制度、基本制度和派生制度构成,而从制度系统的层次结构出发,元制度是决定其他制度安排权的制度,具有本源性的原始制度。基本制度的确定契合管理者的理性和偏好,更多联结政治收益与成本;派生制度更多联结经济收益与成本。"共享工厂"体制模式转换过程实质是体制结构和特征改变的过程,跨界治理需要深入到体制的制度结构内部,建设初期,要按以下顺序设计制度体系:确定元制度→决定基本原则性制度→派生具体操作性制度→根据发展阶段需要生成其他新制度。

首先,在元制度方面,要制定出"共享工厂""总章程",规定混合所有制"共享工厂"模式的体制结构、组织性质和组织运作方式,包括组织结构、权力结构、利益结构,以及宏观层面"1＋N"学校和企业(科研院所)的行为方式。章程是组织、社会团体经过特定程序制定的关于组织规程和办事规则的规范性文书,是一种根本性的规章制度。章程与规则的关系,类似于宪法和法律。"共享工厂"要在教育法、高等教育法、职业教育法等法律框架下,参照公司法要求,制定出举办

"共享工厂"的总章程。《中华人民共和国公司法》第十一条规定:设立公司必须依法制定公司章程。公司章程对公司、股东、董事、监事、高级管理人员具有约束力。第十二条规定:公司的经营范围由公司章程规定,并依法登记。公司可以修改公司章程,改变经营范围,但是应当办理变更登记。公司的经营范围中属于法律、行政法规规定须经批准的项目,应当依法经过批准。第十三条规定:公司法定代表人依照公司章程的规定,由董事长、执行董事或者经理担任,并依法登记。公司法定代表人变更,应当办理变更登记。总章程是混合所有制"共享工厂"成立的合法性基础,是"共享工厂"模式办学所遵循的教育(经济)法规的具体化,是成为面向社会合作办学的独立法人实体的首要条件,同时也是现代大学制度与现代企业制度相结合之后,形成共生体治理制度的载体。总章程界定了高职院校、企业、科研院所等办学主体的权利和义务边界,是混合所有制"共享工厂"合作跨界治理走向科学化、现代化的重要制度保障。

其次,在基本制度方面,要制定出"董(监)事会章程""教学指导委员会章程""产权开放、界定与归属制度""产权运作收益的分配制度"等相关制度规则,对组织方式和分工合作等内部跨界运营作出宏观性、原则性和基础性规定。"共享工厂"混合所有制办学主要包括所有制结构或产权、资源配置与协调方式、"共享工厂"办学性质与职能定位、教育教学等内部运行制度、体制开放状态等五个方面的基本制度,在相应的制度文本中,对制度所适用的主体及构成、制度所规范或契约的内容、主体责权利与义务、约束规则与终止事项等条款,都必须有明确说明。比如,对"共享工厂"教育教学如何运行方面的基本制度,学校主导、企业参与,要重点制定出专业(群)重组新方案和不同专业(群)联系协调制度,根据专业人才培养过程和不同环节特点需要,而制定相应(校企所合作)人才培养方案制定条例、课程资源(库)开发条例、教材资源(库)开发条例、教师专业能力提升条例、生产实训车间建设与流转使用条例等不同条线基本制度,这些条线结合的基本制度之间,要注意形成同向互补,尤其对学校牵头做什么、企业(科研院所)参与配合做什么,各自做到什么程度和什么水平等,要有明确约定和原则性规范。在任何一个具体的模式创新中,基本制度是判断具体模式性状的最终标准,基本制度与元制度一起共同决定体制性质和结构特征,包含体制模式的全部信息,它是识别具体模式类型的基本标识。

第三,在派生制度方面,要制定出校企合作实施细则和明确措施,对"学、产、研"各项活动具体如何交叉融合,对具体操作方法方式进行规定规范。这方面制度,主要涉及"学、产、研"如何结合融合和"校、企、所"如何合作做事方面的具体的实施细则,包括具体工作流程与步骤、操作规程与秩序、工作指南等等内容。派生制度的功能,着重是在操作层面为校企所合作消除障碍,促进信息沟通、协作配合与关系协调。高职混合所有制"共享工厂"模式在以上元制度、基本制度、派生制度三个层次的制度之间,要做到相互紧密关联、层次衔接递进,注意制度之间的相互配套和功能耦合(不冲突),注意制度的整体性建设和同向性发力,着重于吸引和方便企业、科研院所能够有效参与进来,实现办学效能。

最后,根据"共享工厂"生命周期不同阶段遇到的实际问题和发展需要,适时生成其他新制度或制度变迁。当然,也要防止制度安排过度及负面效应产生。

四、"学"为轴心的学产研协同合作制度

高职混合所有制"共享工厂"模式在"1＋N"校企所合作运行系统中,"1"始终处于轴心地位、发挥中轴(主导)作用,"N"处于轴摆位置、绕轴(参与)运动,共同维系共生体的生态平衡。简单地讲,就是学校实践教学活动处于中心地位不动摇,企业(科研院所)生产活动、研发活动在有效服务实践教学前提下自主运营,学校"主导"合作的关键是通过合作制度向多元主体发出"作用力"。在管理机构及权力结构关系中,学校方处于主办位置和主导作用,"N"企业(科研院所)处于协办位置和参与主体作用。当然,这种"1＋N"运营性质和状态属于一种理想状态,作为混合所有制"共享工厂"模式的运行原理,它是学产研合作制度突破的方向和目标。

与之相应,"共享工厂"学产研合作的整个制度系统,就要在"主体关系""作用力"两个维度做好文章,着重围绕"如何确保实践教学中心地位""如何激发企业合作动力"两个命题展开制度设计,从元制度、基本制度到派生制度,都体现出"1＋N"学校和企业的价值诉求和根本意志,尤其要抓住资源(利益)分配制度这个核心,理解把握它对企业积极性和人才培养质量的影响甚至决定作用。实际上,"共享工厂"模式的混合所有制办学改革,与经济领域国有企业混合所有制改革有所不同,经济领域企业(营利性经济组织)改制后,非公有资本从事原先性质的既有主营业务不变;参与高职办学的企业非公有资本,在"共享工厂"里从事的

并不是既有营利性主营业务,而是社会责任范畴的公益性教育事业。研究发现,企业参与办学的直接动因,未必是在"共享工厂"里直接获取利润,而是参与办学有利于企业内部成本收益核算(间接获得利润),承担履行参与办学这个社会责任是企业获得利润的方法和渠道。比如,获得政府"金融+财政+土地+信用"优惠、税收减免等寻租收益,还可以将员工培训和技术研发从企业内部转移到学校以降低企业成本,即企业"外部性内部化"经济行为。因此,混合所有制"共享工厂"的学产研协同合作制度能否取得实质性突破,受益或受影响的不是企业的生存发展问题,而是企业有没有积极性参与深度合作问题。由此可见,混合所有制"共享工厂"模式制度创新的最大得益者是学校。

可以展望,在高职产教融合和双高计划建设背景下,通过以上混合所有制产权、共生体内部跨界治理、"1+N"学产研合作制度三个层面的新制度突破,混合所有制"共享工厂"模式将在高职校企合作培养制度上,发挥体制机制突破的"点"辐射效应和示范作用。

第三节 "共享工厂"模式的文化突破

制度运行的客观效果终将固化为文化,文化是模式和制度结合的最高形态。混合所有制"共享工厂"的新模式与新制度相结合的最高形态,便是形成与之相适应的新文化,一种有利于产教融合、学产研协同合作、多元主体包容共生的"共享工厂"特有的新文化——协同文化。

一、"共享工厂"制度创新向文化创新的进阶

1. 模式、制度向文化的进阶

文化,即以文化人,人的本质是以文化而实现生存,人是文化的主体和目的。无论是文化决定论还是文化工具论,都认为文化对社会发展有历久弥新的影响,一切历史、人格、技术和制度,最终都固化为文化。纵观社会发展的各种模式更替、制度变迁与演化,它们与文化之间都存在着有形无形的进阶关系。同样,在

高职混合所有制"共享工厂"模式中,办学模式的绩效往往固化为制度,制度的绩效则固化为文化,文化是模式和制度结合的最高形态。组织制度与组织环境是协同进化的,重大制度的变革需要重构组织场域的意义和符号系统,以推进组织制度逻辑变迁,强化组织成员的认知,推动组织成员的行为实践,实现成员行为的规范和训制。混合所有制"共享工厂"在办学实践过程中所形成的各项新制度,会逐渐成为"1＋N"主体和大多数人的行为准则和合作方式,最终成为共同的价值认同而进阶到文化上来。在这一逐渐的转换过程中,突破原有文化束缚而生成新的文化,体现新模式的智慧、价值和独特性,就是混合所有制"共享工厂"模式创新对高职教育改革活动的贡献和价值所在。

2. 文化融合后的再塑与新生

人是文化的产物,都有文化基因的遗传。在混合所有制"共享工厂"模式里,"1＋N"学校和企业的组织性质,决定其组织文化有着不同的属性和特点,学校文化突出公益性、人文性和理想化,企业文化突出经济性、效率性和现实性,两种文化各有特点、各有优势。那么,作为共生体的基本共生单元,学校和企业在分工合作、交叉融合中,文化层面必将经历冲突、包容、融合,再塑与新生这一过程,直至完成新文化的孕育和蜕变,这就是生态系统"物竞天择、适者生存"的自然法则。在混合所有制"共享工厂"模式里,新文化的再塑与新生过程,总是附载在具体的合作制度、主体间关系和具体合作活动之中的,其中具体制度是核心。"共享工厂"是校企合作共生体,每一项涉及合作的制度,其制定与执行都需要学校和企业共同面对、平等协商,在这些具体活动的交互中,既反映双方价值理念与思维方式的原有习惯,也体现双方对待新事物新问题的创造创新态度、精神和文化新生能力,即生命力和共生能力。

3. 共生体的新文化形态及属性

"共享工厂""1＋N"共生体的组织特性,终究是由人的性格与心理决定的。社会生活实践表明,人的性格与行为方式源于身处的社会文化和内心的文化属性,组织也是这样,组织的形态及属性影响文化形态及属性的形成,文化属性潜移默化地影响组织中大多数人的价值理念、思维方式和行为选择。在"共享工厂""1＋N"组织形态和关系格局里,学校与企业是共生体组织中不同性格气质的个体,相当于不同性格的人,通过共同的活动营造构建新型组织文化。这种新文化的生命力,体现在能够适应组织发展和个体发展的双重需要,有利于学校和企业分工合作、协同创新,有利于"共享工厂"共生体的健康成长与生态发展。这种新文化形态及属性,一开始就依附在"共享工厂"共生体的组织性能中(具有天然基因),又伴随着"共享工厂"的成长而成长(具有成长性),它的形成受制于人的活动,又可以通过人的活动主动构建而成。这种新文化即"协同文化"。

4."协同文化"的旨归

文化是精神性的存在,文化有内在的精神密码。协同是指为实现系统总体演进目标,各子系统之间相互配合、相互协作、相互支持而形成的一种良性循环态势,即产生"1+1+1>3"的协同效应。在一个特定的组织中,当"协同"逐渐成为成员的共同行为方式和共同价值理念时,便形成了"协同文化"。在知识社会里,协同是"学、产、研"一体化办学对主体合作行为的基本要求和前提原则,也是现代社会发展的精神力量和时代气质。协同文化以追求"学、产、研"活动1+1+1>3的协同效应为价值认同和行为准则,它是混合所有制"共享工厂"模式的基本性格特征和精神内核。在跨界治理中,文化会有矛盾,文明会有冲突,需要各方主体围绕跨界组织的根本特性和目标宗旨,自觉主动地合作重建新秩序、重构文化对话、创构新的文化内涵。"共享工厂"模式协同文化的基本内涵包括四个层面:坚持以"优势"为条件的生存方式,坚持以"依存"为认同的主流价值,坚持以"合作"为惯习的行为准则,坚持以"协调"为追求的战略视野。有学者认为,文化发展是基于"力"的文化理性、文化意识和文化自觉,从文化与力的统一出发提出"文化力""文化力学"概念。"共享工厂"模式的协同文化,就具有协同作用力和文化力的意蕴,它围绕高职实践教育教学目标和人才培养目标要求,从建设理念、形态架构、制度生成变迁到人与人之间的活动关系、行为方式等,都自觉不自觉地创构和养护这种协同文化,通过协同文化的精神力量(文化力)滋养身心、感召前行、实现价值。这正是协同文化的旨归。

二、"共享工厂"模式的协同文化内涵及培育

协同是一种先进的理念,也是一种科学的方法,更是一种主动的态度。在产教融合的社会大环境中,中国特色高水平高职院校需要主动融入国家和地区创新体系、服务产业升级和企业技术创新,要以文化的力量推进"学、产、研"一体化办学,尤其要站在文化的高度主动思考谋划自身的发展规律和未来方向。在高

职院校主导的混合所有制"共享工厂"模式建设中,"1＋N"多元主体协同合作的最高形态是形成协同文化。协同文化是开放、协作、包容的责任文化,是学产研合作各方与他方建立依存关系和履行社会责任的文化诠释,它在主体的生存方式、价值认同、行为惯习和战略视野上,均具有独特的内涵特性。

1. 每个主体都坚持以"优势、特色"为合作凭借和生存条件

优势,即超过其他同类的有利形势,个体要在竞争中占据优势地位,首先要形成超过他人的优势条件。协同理论强调,开放复杂系统中的大量子系统通过相互作用,而产生整体作用大于个体作用之和的协同效应,那么,从主体角度出发,协同主体各方就要主动创造自身的个体优势与特色,为参与协同过程和产生协同效应而奠定充分的基础和条件。实际上,人们对"优势"的理解,常常被赋予功能与条件的双重意义。一方面,优势是针对功能而言的,即个体对系统活动功能的整体实现所作出的贡献,一般更多强调个体发挥的作用之大小;另一方面,优势又是针对条件而言的,即个体为系统整体活动的顺利完成所提供(贡献)的条件(资源),多强调个体自身的质态之优劣。不难看出,优势其实是主体赖以生存的基础和主体能力的综合表征,优势的形成过程,便是主体功能发挥和主体条件开发相互渗透的持续过程。现代社会的竞争性格局和现代文明的协同性走向,要求大到国家和地区、小到社会组织和个人,都必须积极打造个体的优势和特色,凭自身的优势和特色融入社会生活的协同发展中,并以其为条件,迎接和应对各种社会竞争与社会合作的挑战。因此,在高职"学、产、研"一体化办学中,"1＋N"每个协同主体既要致力于自身条件的充分开发、自身优势特质的持续形成,又要关注自身优势融入"共享工厂"整体合作的可能程度、产生贡献的可能大小,更为重要的是,要坚持以优势为提供条件,进而实现与其他合作方的协同发展。从这一点上讲,协同文化就是每个主体都坚持凭自身优势作为生存条件的协作文化(关系),它是一种基于协同理念并追求协同效应的积极向前的主体生存方式。在关系维度上,它是合作的、密切的,而不是孤立的、离散的;在时间维度上,它是动态的、流变的,而不是静止的、固定的;在空间维度上,它是开放的、交互的,而不是封闭的、单向的。

2. 每个主体都坚持以"相依、相存"为关系认同和主流价值

系统协同理论认为,系统能否发挥协同效应,是由系统内部各子系统的依存关系和协同作用决定的,依存关系紧密且协同得好,则系统的整体性功能就好;

如果系统内部相互离散、冲突或摩擦,就会造成系统内耗增加,整个系统就容易陷于混乱无序的状态。从学理上讲,"依存"是一种你有我无、彼此能够提供机会的依赖关系,你依赖着我而存在,我依赖着你而存在,当一方达成目标所必需的某种资源为另一方所控制时,那么,前者就存在对后者的依赖,其依赖的程度,取决于该种资源对于前者达成目标的重要性程度,以及该种资源为后者所控制的程度。如果双方都能够为对方提供互利互惠、资源交换的机会,双方就可能发生相互依存关系。混合所有制"共享工厂"模式里的学产研("1+N"校企所)内在协同合作,就是要形成如此的依赖关系。在以知识生产、分配和消费为基础的知识经济时代,"学、产、研"之间的内在联系变得更加密切,也更加复杂,在学产研一体化办学的三螺旋互动关系中,其中任何一个螺旋(任意一方)都不可能完全做到资源自足,必须依赖于他方提供目标达成所必需(但为对方所控制)的资源,如人才、技术、资金、管理、平台、政策等。这就使得,学产研彼此之间形成稳定的相互依赖、共生共存关系,校企所彼此之间联动发展、依存性发展,成为必然。可以说,"共享工厂"学产研联动发展和"1+N"主体共享合作,既是不同主体相依相存的系统关系,又是不同主体之间合作共赢的行动意愿,同时还是不同系统、不同主体相互产生积极影响的协同状态。在这种相互依存的三螺旋模型中,各个螺旋(子系统)的联系势必更加紧密、沟通势必更加频繁;而当稳定的依存关系沉淀为彼此(主体)的价值认同之时,不同螺旋(子系统)之间的相互影响,势必更加有力,作用力更大,这便是协同文化所焕发的精神力量。协同文化强调子系统的依存关系及主体对相互依存关系的自觉认同,或者说,在协同文化所体现的价值内涵中,"彼此之间的相依相存关系"势必得到行为主体的充分确认,并上升为共享合作的主流价值。

3. 每个主体都坚持以"合作、信任"为行为习惯和行动准则

协同和共生的前提是合作,而合作的前提是信任。"合作、信任"主要来自社会网络结构的客观要求和人的发展的主观心理需要,合作与竞争又常常相联系,在文化的意义上,合作精神和信任心理则是对各主体竞争行为的理性包容。麻省理工学院与波士顿地区经济发展,斯坦福大学与硅谷产业发展的举世成功,就是公共领域内社会"合作与信任"的成功典范,更是"合作精神"和"合作文化"的生动展现。合作是不同主体之间的相互关系,又是每个主体的思维方式和行为状态,是集体的共同行动,又是集体的精神力量和存在方式。在人类历史的发展

中,合作作为一种普遍行为方式和思维习惯,正在迅速地凸现出来,成为现代社会生活中主体间关系以及成员共同行动的实质性内容。在知识经济社会里,合作正成为实现知识生产、分配和消费的客观要求和必然途径,并走向常态化。随着社会竞争行为日益趋向理性化,合作与信任必将成为现代社会各种组织和个体的基本活动形态与行为模式,合作精神与信任心理将深刻影响人们各种价值预期的实现程度。当然,在混合所有制"共享工厂"模式里,"1+N"每个成员之间,合作与信任的前提,总是与彼此的目标关联(不冲突)密不可分,合作与信任的过程,总是与合作制度的正向引导息息相关,合作与信任的成效,总是与主体利益能否协调有着千丝万缕的关系。因此,"共享工厂""1+N"成员之间寻求合作与信任,必然要充分关注和挖掘"1+N"多方主体的目标交集、需求交集、利益交集以及制度维系。协同论强调,系统之间通过合作信任,能够产生新的结构和功能,与其相应,协同文化则强调成员彼此之间的信任、互助、协作和合作,强调合作的自主性和持续性。总而言之,合作精神与信任心理是"共享工厂"协同文化的精神特质和心理基础,它既是"1+N"成员相互作用时的特定行事方式与行动共识,又是全体成员共同的行为习惯和潜在的行为准则,直接影响"学、产、研"和"校、企、所"协同合作的持久性和总体成效。对此,大力培育充满合作精神和信任心理的协同文化,对推进"共享工厂"生态建设和促进高职院校高水平发展,都显得尤为重要。

4. 每个主体都坚持以"协调、配合"为战略视野和自觉意识

协调,即和谐一致、配合得当。不同类别和不同特质的文化,蕴涵着不同的主体情感、生活态度、价值认同和行为惯习,透过文化的本质,我们可以发现,文化其实最直接地呈现了文化主体的思维方式,同时也最直观地反映了成员的活动视野和战略胸怀。系统协同理论强调不同系统之间或不同成员之间的"协调、配合",共同围绕系统整体目标,齐心协力地和谐运作、推进,以产生 $1+1+1>3$ 的协同效应。"协调发展",就是指特定系统的构成各要素在相互作用的前提之下,由成员主体(人)根据系统发展的客观规律,通过各种手段调节系统健康运行的状态和过程。由此可见,在日益开放而复杂的现代社会体系中,协同,既是一种相对的理想状态,又是实现理想状态的一系列行动与过程。协同文化是追求系统多方"协调、配合"发展的文化,它既是一种开放合作的思维模式,又是一种更高层面上的战略视野与战略胸怀,蕴涵着协同主体的理性从容和责任担当。

这种战略性的思维模式与活动视野,更多地强调人们要不受局部的围困,而善于站在整体上考虑大格局问题,要超越暂时的驿站式发展,而坚持长远的持续性发展,使战略性的视野与胸怀成为自觉意识。换言之,合作系统中的每个主体("共享工厂""1＋N"所有成员),既要跳出系统内特定要素的运行框架与运行规律,关注系统内部的矛盾冲突、矛盾调和与系统功能发挥;又要跳出特定系统本身的局部活动范畴,关注社会发展的历史背景与宏观要求,关注合作企业、科研院所的现实需求。那么,混合所有制"共享工厂"模式里的高职院校(轴心主体),对待学校战略发展和学产研合作培养,既要有根本的专业(群)视野,又要有广阔的社会视野、他方视野;既要关注学生能力成长和教师专业成长,又要关注企业、科研院所的产品升级、技术发展,以及产业与整个社会的可持续发展。进一步讲,既要坚持共享平台上不同院系、不同专业之间的协调发展,又要坚持人才培养与产业、技术和社会发展的协同推进;既要促进教育教学改革与科研工作、管理工作的协调发展,又要促进人才培养与文化传承创新的协同推进;既要提升专业、师资、学生等硬实力,更要培育适应时代需要的协同精神和协同文化。

三、"共享工厂"办学的社会责任与文化引领

通过混合所有制"共享工厂"模式,分析高职院校在产学研协同创新和合作办学中的诸多问题和障碍,其中发现,"文化"层面的影响因素越来越引起关注,值得产、学、研各界深思。从学校的视角分析,高职院校作为人才培养的专门机构,相对于企业和科研院所的产品生产、技术研发职能而言,更是独特的社会"文化"组织,在关注社会、融入社会、依赖社会的同时,更有责任引领甚至超越社会发展。高职院校作为构建混合所有制"共享工厂"模式的发起者和牵头者,作为主导学产研一体化办学的重要主体,尤其要站在"文化"的高度,积极回应社会(政府、企业、家长、学生等)的诸多期待,引领和激励"1＋N"合作方将"协同文化"作为产教融合、协同合作的共同理念和行动自觉。

1. 打造"共享工厂"协同精神,自觉承载"1＋N"协同育人的文化使命

混合所有制"共享工厂"模式的"1＋N"办学,是面向产教融合的教育需求和产业需求满足,也是社会责任的回应,"共享工厂"既承担人才培养、支撑产业发展、服务社会需求的诸多责任,也有通过学产研一体化办学而进行文化传承、创

新引领社会文化发展的责任。当今时代,协同创新已成为世界经济发展的新途径和新模式,"共享工厂""1+N"办学主体必须自觉打造协同精神,自觉承载协同育人这项社会责任和文化使命。文化是人类创造的精神产品,它与教育有着与生俱来的密切联系,文化既是渗透在教育活动之中的一种精神力量,同时它又承载着教育的使命与责任。高职教育改革与发展必须遵循两条基本规律:一是要适应和促进人的全面发展,二是要适应和促进社会全面发展。高职"共享工厂"办学的根本使命就是协同育人(内部使命)和推进社会进步(外部使命),所承担的社会责任本质上就是培养"负责任的社会公民"和推进"人与社会的协调发展",以此促进人类优秀文化的进一步传承和创新。根据上文所论述的协同文化的内涵特性,协同文化是以"协同"为精神内核的现代人文文化,强调文化主体在社会生活中时刻关照自身的竞争"优势、特色"形成,强调与其他合作方之间的"相依、相存"关系,坚持多方"合作、信任"原则,追求彼此"协调、配合"发展。对高职"共享工厂"办学而言,协同文化是办学者、管理者、师生员工等在协同理念认同下所表现出来的协同方式(思维与行为),以及所遵循的协同行为准则,这种文化既体现主体价值追求又根植于主体日常行为之中。协同文化作为一种精神意志和精神力量,应渗透于"共享工厂"各项办学活动和每个成员的行为之中,成为"共享工厂"办学中特有的精神气质。在"共享工厂"学产研一体化办学的整体运行系统中,打造协同精神、发展协同文化,既是"1+N"各方履行文化使命的行动表达,又是每个办学主体自身发展中坚不可摧的坚韧的文化力量。当前,高职教育尤其要提倡和弘扬"协同精神",将其作为校园文化、企业文化的重要精神元素,创新和弘扬优秀的社会文化——协同文化,形成推动产教融合发展和引领社会进步的文化力量。

2. 坚持"共享工厂"战略协同,推进高职院校实现自身的高水平发展

在创新驱动的知识社会发展模式中,协同已悄然上升为创新活动的客观需要和主要途径。随着5G技术和人工智能时代的到来,高职院校迫切需要转变创新办学理念和创新模式,通过与企业、科研院所、政府等不同主体的协同合作,加快人才培养与技术开发的集成转化,支撑产业转型升级、服务区域产业发展。在"共享工厂""1+N"多元主体办学格局中,高职院校主体随着与企业、科研院所职能的进一步交叉融合(三螺旋交叉融合运行),其社会职能和社会影响也会进一步增强,意味着社会责任也会进一步增强,迫切需要与N企业(科研院所)

之间形成战略性的协同发展,更好地服务社会。美国当代著名高等教育家德里克·博克在《走出象牙塔——现代大学的社会责任》中指出,大学应确立"以他方为中心"的办学理念,强调通过高质量人才培养、科学研究和社会服务来承担社会责任。在双高计划建设中,高水平高职院校的重要使命便是融入国家创新体系和区域产业发展,积极与企业、科研院所、政府等协同合作,在培养富有协同精神的复合型技术技能人才、培育焕发时代特征的协同文化上担起更多的责任。高水平高职院校的社会服务就是在人才培养、技能培训、科研活动基础上,根据社会实际需求和潜在需求,利用自身的学术资源和师资条件,直接主动地参与推动国家、城乡、社区的经济、科技、文化健康发展的活动。在学校外部需求性变革和内部适应性变革的双重驱动下,直接面向区域社会服务成为高水平高职院校的重要职能和社会责任,并在很大程度上促进学校形成独特的自身优势。社会服务的过程就是将新知识新技术新技能传播应用到社会相应领域的过程,社会服务的前提则是学校能够站在社会发展的前沿,能够敏锐地捕捉社会发展中知识文化、技术进步的潜在需求,能够积极地对社会快速变革做出适时回应。所以,高水平高职院校既要专注知识传播、人才培养与学术性创新,又要担当社会道德责任、文化责任,带动社会价值思考;既要以自身的学术资源与人才优势参与社会重大问题解决,又要以先进的文化力量超越和引领社会向前发展,而不是亦步亦趋的社会简单适应和社会临时服务。高职混合所有制"共享工厂"模式是由高职院校主导的"1＋N"产教融合集成共享平台上的学产研一体化办学模式,坚持"以学为体,产研为用"和"学为轴心,产研为翼"原则,意味着高职院校在"共享工厂"办学中处于"轴心"地位并起"主导"作用,要求学校在双高计划建设和学产研一体化办学中作出积极的文化回应,通过与企业、科研院所等其他主体协同合作而自觉培育协同文化来回应社会。

3. 提升"1＋N"协同自觉,积极回应社会对"共享工厂"办学的文化期待

协同是一种战略和视野,也是一种胸怀和境界。"共享工厂""1＋N"格局中学校和企业都要在建设与运营、在具体办学实践中增强以协同为特征的文化自觉。知识社会里,高等学校不再垄断知识的生产、传播与应用,而要与社会各类机构一起融入知识社会并成为它的参与者和竞争者。这意味着,不同领域的不同机构之间都是利益相关者关系,既要在战略规划与实施中自觉体现其他利益相关者因素,也要根据彼此之间的依存关系,主动寻找最佳合作方式及合作机

制,以最大程度地履行社会责任,养成产学研协同的行动自觉。高职院校、企业、科研院所与区域社会的关系越密切,与他界的协同精神、协同自觉就会越强烈,所承担的社会期望和文化责任就越是重大,必须积极回应社会的诸多期待尤其是文化期待。面对日新月异的科技进步,高水平高职院校必须广泛联合行业企业、地方政府以及国际社会的创新力量开展协同育人、协同创新;必须开展与科研院所、行业企业等深度合作,建立战略联盟,促进资源集成共享;必须在社会主流价值引领中自觉担当传承文化、引领文化创新的社会责任,打造和提升协同精神,培育和发展协同文化。从组织特性上分析,中国特色高水平高职院校的主要优势不仅仅在于技术技能积累,还在于它同样是一座思想、精神和知识的文化圣殿,而这些源自社会又超越社会的新的思想、精神和知识,恰恰是影响社会发展的思想灯塔和精神航标。高职院校主导建设的"共享工厂"是不同资本交叉融合的集成共享办学,它既是一种"学、产、研"三螺旋互动自觉创新的模式形态,又代表了一种社会性的协同精神和协同文化,显然,"共享工厂""1＋N"格局中学校和企业的社会职能、社会责任都打上了文化的标记和精神的烙印。办学精神的本质特征在于创造精神、批判精神和社会关怀精神,"共享工厂"办学精神就是要确立以育人为根本的职责地位,承载以责任为思想内核的社会人文关怀,坚持以协同为时代特征的文化实践活动,以回应社会对办学、对育人方面的文化期待。"共享工厂"在人才培养、技术服务、员工培训的实践过程中,始终要以推进人的全面发展和社会的文明进步为追求,要以唤醒教师和学生的思考、批判、创新为重任和自觉,要在责任履行中,养成"学、产、研"协同一致的行动自觉。

第六章

"共享工厂"模式的入股运营与跨界治理

第一节 "共享工厂"模式的入股运营与绩效

产教融合体制机制深层次问题制约了我国高职教育发展的质量和水平,股份制、混合所有制改革则是产教融合体制突破的有效途径。双高计划建设的重要任务是实现产教融合办学的体制与模式相结合创新、推动学校和企业形成命运共同体,主要抓手是高端产教融合集成化实践平台。混合所有制"共享工厂"模式即高职院校主导的学校公有资本与企业非公有资本交叉融合的混合所有制办学模式,它是校企多元主体通过股份制运营治理的共生合作形态。本节从"共享工厂"不同性质资本产权结构与入股运营入手,针对跨界治理中资产权益与运营成效问题,结合近几年混合所有制办学案例启示,运用教育投资成本收益视角分析"共享工厂"入股运营的目标、任务与绩效,探寻从企业用户角度激发企业意愿的有效对策,为破解校热企冷困境提供思路。

一、不同性质资本的产权结构

高职混合所有制"共享工厂"模式是公有资本与非公有资本在集成化实践教

学平台上交叉融合的"1+N"校企多元合作办学模式,其中"1"代表学校或"学","N"代表若干企业(科研院所)或"产、研"。混合所有制改革必然触及产权结构或股权结构问题,"共享工厂"模式与体制创新的结合,要求根据不同性质资本产权结构实施入股运营,形成股份制下的"1+N"跨界治理体系。

混合所有制在宏观上指公有制和私有制并存,微观上指产权结构和资本结构由公有资本和非公有资本(私有民营资本或境外资本等)构成,不同性质资本交叉融合的"异质产权多元化"。产权属法律范畴概念,是所有制的法律形态(所有制关系的法的观念)及财产形式的法权关系,产权制度的激励带来经济的增长和发展。"共享工厂"模式的混合所有制办学,建立以资本为纽带的产权关系,并在产权结构上对公有非公有资产进行平等保护,只有这样,企业才能以所有者身份深层次参与办学。产权制度的突破,主要涉及产权开放、产权界定和权利平等保护三个核心问题,研究发现,目前,"共享工厂"产权开放基本不成问题,符合《教育法》等法理精神,且有政府的鼓励发展政策,而对公有非公有资本进行产权界定(资产评估、估值和产权定价方面尊重市场规则)及权利平等保护,则是"共享工厂"模式突破的难点。近几年来,高职院校对产权突破已有不同程度探索。比如,山东海事职业学院形成"办学资产产权化、治理结构现代化、办学效益共享化"的混合所有制"山海模式";山东畜牧兽医职业学院通过国有资产运营公司,形成生产性实训基地建设参股不控股的"山牧模式";海南职业技术学院以"产权股份化、运作企业化"形成公办股份制高职院校的"海职模式"。有些实践探索发现,高职混合所有制办学要用足用活国家编制政策(中央编办发〔2015〕132号文)、财政(财资〔2015〕90号文)、工商政策(有三种类型法人登记注册及变更)等,也可以享受公共服务领域推广的政府与社会资本合作(国办发〔2015〕42号文),以及创新重点领域投融资机制鼓励社会投资(国发〔2014〕60号文)等众多政策,释放政策红利。

高职混合所有制办学的实践探索表明,不同资本产权明晰时,对社会资本的资产评估较容易,公有资本的评估及估价难度较大,焦点涉及国有资产处置管理的国家政策导向(红线)。根据行政事业单位国有资产管理指导意见(财资〔2015〕90号文),"事业单位对外投资必须严格履行审批程序""利用非货币性资产进行对外投资的,应当严格履行资产评估程序",确保国有资产保值增值是关键。混合所有制"共享工厂"模式保持学校产权为主体、企业产权为补充的基本构成,其中的学校公有资本不属于"对外"投资性质,但问题是,产权涉及的国有资产如何核算？有形资产易于明晰和界定,无形资产没有明确的价值表现形式,资产评估如何约定其价值和产权构成？借鉴中山职业技术学院与南区政府合办电梯产业学院（电梯专业植入产业园区）和金华职业技术学院对"金义网络经济学院"混合所有制改革的思路,混合所有制"共享工厂"模式可以优先考虑将办学资质、声誉、知识产权等无形资产纳入投资范围（把握无形资产合理作价,不触碰政策红线）,其次考虑,实物和货币形式国有资产在保证所有权不变前提下,以使用权出租出借方式纳入投资,并以企业化运作模式、教学型公司管理机制进行资产运营。

经济学研究认为,混合所有制中资本权力即产权的主要实现形式是股份制,在所有制层面是完善产权制度问题,在经营形式层面是完善现代企业制度问题。高职混合所有制"共享工厂"的本质属性,是从事教育公益事业的非营利性组织,但它的资本主体由企业营利性质社会资本和学校非营利性质国有资本混合构成,这里存在社会资本"逐利性"与教育事业组织"公益性"之间矛盾,以及事业单位国有资产本身的营利性与非营利性问题,如果解决不好,则会影响股份制、混合所有制办学改革的进程和效率。研究发现,国家对行政事业单位国有资产管理政策是,"坚持所有权和使用权相分离""对资产出租、出借和对外投资行为及其收益实现有效监管",可见,学校公有资本的公益性与产权股权其实没有实质性冲突,国有资产可以通过出租出借等方式实现收益,企业逐利性与学校公益性矛盾,可以通过资产入股运营来协调解决。准确地讲,混合所有制"共享工厂"模式的入股运营,介于营利与非营利之间,具有"混合"特点。在运营性质上,介于公益性与营利性之间,采取购买支出原则；在运营管理方式上,介于学校管理与企业管理之间,参照现代企业制度进行委托管理；在运营机制上,介于行政与市场之间,进行准市场化运营,建立股权进退变更机制等。

股权结构是入股运营的基础,"1+N"学校与企业主要根据投资结构和"共享工厂"发展实际需要,约定相应的股权占比。高职院校对此已有探索。比如,山东交通职业学院与通达国际公司合资共建航海学院,股权结构"学校51%+企业49%"；山东商业职业技术学院与三家企业合资成立"教育管理咨询有限公司",股权结构"学校25%+社会资本75%"；杭州职业技术学院与电梯企业、省特种设备检验研究院合资共建电梯学院,股权结构"学校30%+企业60%+特检院10％";山东畜牧兽医职业学院通过国有资产运营公司,与境内外企业合作成立6个合资公司共建生产性实训基地,学校分别占10％～40％股份(参股不控股)。南通航运职业技术学院与新加坡企业合资共建校企共同体"中新国际海事培训中心有限公司",股权结构"学校34％＋新加坡海员联合会33％＋新加坡森海海事服务公司33％"(不存在控股方)。实践表明,混合所有制并没有理想的股权结构,学校主导构建的"共享工厂"可以分步骤、分阶段,动态调整股权结构,即:根据不同运行阶段而考虑国有资本是否绝对控股(建设初期学校可超过50％控股权以规避决策风险)或相对控股(中后期学校可低于50％控股权),根据不同资本运作需要,采用动态性的股权变更机制,在混合所有制成熟期,可以借助企业市场化优势,进行"共享工厂"的股权融资发展。

二、股份制下的公司治理结构

治理结构,源于解决所有权与经营权分离带来的代理关系问题,通常指合理股权结构下的股东会、董(监)事会、经营班子等组织机构设置与权力关系。混合所有制"共享工厂"模式通过恰当的治理结构,可以消除公有资本和非公有资本对平等权益保护的担忧。

从山东、浙江、江苏、广东等地学校的实践探索情况看,高职混合所有制办学跨界治理的现实困境,主要集中表现在以下几个方面内容:

1. 混合所有制办学的组织机构不健全,主体的责任及责任关系不明确,带来身份认可与理念的冲突,以及独立特区与母体关系不顺;

2. 不同性质资本的产权归属与流转缺乏制度保障。企业的短期收益难以兑现,成本回收周期太长。企业中途退出,会担心资产流失;

3. 学校受国有资产管理办法制约,而担心资产流失、资产不能保值增值等,不敢按照市场价格和市场服务,进行相关收费和进行收益分配;

4. 新组建的混合所有制办学机构(平台),参照现代企业职业经理人制度难以落实。企业专业化管理思维与学校管理思维之间矛盾冲突较大,共同治理中校内管理体制的行政化思维习惯和行政干预过多;

5. 难以形成统一的财务预决算、人事聘用、资产采购、绩效管理等制度安排;

6. 难以按购买支出原则，进行交易和成本核算。缺乏成本约束机制和绩效目标评价标准，难以全面评价办学效益。

针对以往实践探索中遇到的现实困境和矛盾冲突，混合所有制"共享工厂"模式的办学，要充分借鉴运用公司治理理论，搭建股份制下的治理结构与关系框架，依据"1＋N"校企不同利益偏好，配置相应的责、权、利，尤其要注意在约定的股权结构下，维护公有资本和非公有资本的平等权益。

研究发现，高职院校主导的混合所有制"共享工厂"模式，建立恰当的治理结构，关键要对合作主体（企业、科研院所）的数量、质量、组织方式或合作形式等进行恰当选择，学校要善于从成本收益视角，做好"N"合作企业、科研院所的筛选。着重考虑从企业直接成本投入、学生相对生产率、企业指导师傅数量、指导时间占比等指标，去选择合适的合作企业，对生产导向型企业（视学生为廉价劳动力倾向）和投资导向型企业（视学生为人力资本储备倾向，利于技能成长）要有所区分，要从成本收益视角，深入研判企业参与合作的实际影响因素和真实动因。"共享工厂""1＋N"之间的契约合作，一方面，要善于通过"章程"体现跨界治理结构。章程要体现出权力结构、责任边界、利益结构及其关系，体现出共同治理的权力分化与双向运行（制衡）。另一方面，要善于通过"制度"生成跨界治理结构。公司治理理论认为，治理结构是所有者对经营者和绩效进行控制的整套制度安排，包括如何配置行使控制权，如何监督评价董事会与经理人，以及如何设计实施激励机制等。

因此，高职混合所有制"共享工厂"模式的制度安排，至少要考虑以下几个层面：(1) 产权制度和不同资本平等保护制度；(2) 多元化股权结构制度，包括应急和临时接管预案等关键环节；(3) 股东会和董（监）事会制度，体现分散决策下的治理透明度；(4) 职业经理人制度，包括总经理组阁运营管理团队；(5) 教学指导委员会重要决策经"大学校"党委审定制度（参照教育部现代学徒制文件要求，教职成厅函〔2019〕12号文）。除此之外，还要充分考虑治理结构的开放性。当然，治理结构有它的稳定性，但并非一成不变的。混合所有制"共享工厂"模式在生命周期内的治理结构，不是按原有预设固定不变的，它的资源与经费配置方式会随市场发生动态改变，产权股权结构也会发生动态改变，这些都会带动治理结构的改变。

三、公有非公有资本的权益与效能

高职混合所有制"共享工厂"入股运营的主要目标,是从教育投资成本与收益出发,通过跨界治理,保障公有资本和非公有资本的股东权益,围绕实践教育教学轴心效能,展开"学、产、研"集成共享,确保教育投资的合理回报,促进"1＋N"共生体的生态平衡发展。

1. 教育投资的成本收益及其回报

由学校主导的高职混合所有制办学,初衷是破解高职产教融合办学中企业参与程度不足、企业参与动力不足、校热企冷等现实问题,因此,"共享工厂"治理者要善于站在企业用户角度,分析其积极性不高的深层缘由与真实内因。研究发现,如果治理者从教育投资的角度来看待企业参与办学,企业容易克服短期的机会主义倾向,从而注重人力资本投资和技术投资的未来长期性收益。教育投资判断其是否有价值的标准,就是"收益是否大于成本",很显然,这是一切经济体参与他方活动时的正常思维。

首先,企业参与"共享工厂"办学,是企业的理性决策。企业参与职教办学活动中,作为企业资源耗费的"成本",分为直接参与成本(直接服务学生的实习实训成本,包括支付学生的工资保险费、实训教师的工资福利、设备耗材购置费等)和间接参与成本(发生的服务辅助费用),"收益"按来源亦分为直接参与收益(学生实习实训的生产价值和节省的劳动力招聘费用、新员工培训费用等)和间接参与收益(生产中减少的废次品率以及企业知名度、政府寻租收益等)。毋庸置疑,企业选择参与"共享工厂"办学,是基于成本收益考量后的理性决策行为。

其次,站在人力资本投资角度,进行企业成本与收益分析,可以发现企业参与办学的决策模型及行为特征,发现校企合作失灵和参与动力不足的原因是劳动力市场的不完全性与正外部效应(收益无法完全内部化),以及校企合作项目的不确定性(学生就业不确定、培养质量不确定、合作学校不确定等)。这些不确定性,加上双方信息不对称,常常导致企业的机会主义倾向。有关实证研究发现,人力资本专用性、顶岗实习学生流失率,直接影响企业参与紧密程度,企业对专用性人力资源要求越高,越倾向深层次合作(中小企业影响更大),顶岗实习学生流失率越高,越倾向浅层次合作。那么,站在企业角度和立场上看,企业参与

"共享工厂"办学,就存在基于成本收益核算的人力资本投资供求模型。

第三,合作企业对"共享工厂"人力资本投资,有短期效率与长期效率之分。经济学中对人力资本投资分即期效率和长期效率,前者用短期(一般以月/季/1年为单位)投资的"边际收益＞或＝或＜边际成本"衡量(相等时即达到收益最大化的均衡点),后者用长期(一般以2年以上为单位)投资衡量。研究发现,"共享工厂"合作企业针对学生培养的投入、投资是对人力资本就业的预培训,属于收益内隐、效率滞后的长期性投资;通过"共享工厂"对企业员工和社会劳动力培训是就业后再培训,属于时效性强的即期性投资,投资支出可以直接转化为企业劳动生产率。这就说明,学校要在"共享工厂"里积极与企业合作实施现代学徒制等项目,并着重朝人力资本专用性强、顶岗实习学生留任率高的目标和方向努力,这样做,合作企业在"共享工厂"可以不受流失率风险局限,而独享人力资源带来的未来收益,具有人力资本总投资的净收益优势,自然愿意承担"共享工厂"投资成本,并且会积极参与合作,促进校企深度合作、产教深度融合。

2. 不同资本的权益与效能兼顾

在股份制公司治理体系中,混合所有制"共享工厂"模式运营的根本目标,是确保公有资本和非公有资本的治理决策与利益分配等股东权益平等,以及不同性质资本运作对人才培养的贡献与效能。权益,由"权"和"益"两部分组成。研究发现,不同性质资本的治理决策"权",可以通过治理结构与制度体系来设计和实现,"益"的保障,则是确定性与不确定性的统一,它涉及短期利益与长期利益、经济效益与社会效益等问题,同时与"效能"交叉融合,包含可测算的显性量化内容和难以测算的隐性质性内容。结合公办高职院校实践探索及混合所有制改革的初衷,学校公有资本角度的运营目标,就是在既有办学基础上,对社会资本进行高效重组,通过社会资本"鲶鱼效应",激活公有资本的生长生存能力,放大公有资本办学效能;企业等社会资本角度的运营目标,就是通过投资教育产品服务,最大限度获得企业人力资本、技术资本、社会形象等直接间接收益,释放资本效能。

从这些不同资本运营目标和校企合作初衷出发,混合所有制"共享工厂"模式的"1+N"治理者、管理者,就要对以下方面做好谋划考虑:

首先,如何兼顾教育公益性和资本逐利性的矛盾统一,建立起"产权结构多元化、治理结构契约化、利益结构股份化、运作方式准市场化"运营格局,开通产权股权"建立→运营→转让"通道,形成产权开放流转(确定如何计价、学校收购还是解散及清算方式等)与资本进退机制,激活运营效能。事实上,公有资本和非公有资本的不同属性,使其营利性、非营利性受限程度有所差异,但改变不了资本共同的逐利本性。公有资本的逐利性,在于确保国有资产保值增值前提下,提高资源对人才培养的贡献度;非公有资本的逐利性,在于确保企业社会资本产权归属前提下,提高人力资本投资的净收益。

其次,对待"共享工厂"混合资本的运作经营问题,既要从"混合性"和"共享性"要求出发,多视角、多立场地把握整体运营目标和每个个体运营目标,又要通过成本及收益核算,显示"工厂"的整体运营效益。

再次,"共享工厂"尊重资本逐利性时,不宜过分放大企业的"利益",避免走进"利益"死胡同。有学者对浙江和上海109家企业访谈发现,企业参与职业院校实习(投资实训基地等),短期内总体是处于盈利状态的。因此,"共享工厂"运营资本的权益效能,要突出"公益"本质,合理约定股份,尽量淡化货币化的收益分红。

最后,"共享工厂"不同资本权益"共享"之间,有边界、有重叠,但不宜过于划清利益边界,水至清则无鱼。混合所有制真正长效的运营合作,是"权"和"益"之间的交叉融合,适宜对边界进行轮廓清晰的模糊化技术处理,"你中有我,我中有你",才是混合所有制"共享工厂"共生体运营合作的最高境界。

总而言之,混合所有制"共享工厂"模式的内部跨界治理是一个动态的变化过程,核心是协调好主体间各种"关系"。研究发现,"共享工厂"内部"1＋N"校企合作关系符合供应链模式,每个主体(1和N)相当于"共享工厂"的多个厂商,彼此共存于实践教育教学要素资源供应的供应链之中。这种供应链模式是基于双方契约的跨界合作,没有科层制那样严格的组织约束和充分有效的市场纽带及规则,它介于科层与市场之间;"1＋N"每个成员之间相对独立,并且决策相对分散,不是单纯的市场买卖关系,而是资源能力互补下的教育要素交流合作,"1＋N"通过互补合作、资源交互所产生的协同效应,又比单纯市场交易具有更大收益;同时,"1＋N"每一个个体的行为选择,都存在风险推卸和机会主义的可能。

四、学产研集成共享的目标、任务与绩效

（一）体现学产研集成共享的运营目标

在混合所有制"共享工厂"模式的"以学为体,产研为用"功能格局中,"1＋N"入股运营的重要目标是围绕学校实践教育教学需要,落实以"学"为轴心的"学、产、研"集成共享、协同合作、共生发展,确保教育投资的合理回报。从高职院校主导的混合所有制、股份制实践探索看,对"学、产、研"不同要素资源进行"集成"容易,"共享"则难,"共生"更难,核心问题是学产研内在供求依赖程度低与外在环境不确定性因素复杂,成本收益核算上难以获得自身需要的净收益。在跨界治理层面,主要原因在于"1＋N"需求导向、问题导向和目标导向不明确,"1＋N"信息的不完全与不对称,以及关系协调与利益协调不到位。因此,"共享工厂"治理者要借鉴和克服这些障碍因素,要善于从股东权益角度,协调"学、产、研"各方的实际需求、问题障碍、目标效能,推动"共享工厂"内部供应链和价值链的治理。

首先,要在协调学产研各方"实际需求"方面,研判"1＋N"各方的潜在需求,并促进转化为有效需求,进而协调彼此的供求依赖关系。比如,企业在缺乏低成本竞争优势和人力资本存量不足的压力下,对人才和技术有巨大的潜在需求,能否通过"共享工厂"平台,将其转化为对人才培养和技术研发的有效需要,通过成本收益核算与教育投资回报转化为对办学资源的供应依赖,从而在供应链上展开有序的企业自组织运营。

其次,要在学产研供求"问题障碍"方面,研判供求过程中"1＋N"各方提出的具体问题、问题性质及其关键制约因素,协调彼此价值认识和合作行动的有效一致。比如,学生顶岗实习时间越长,带来生产率提高和企业获得更多净收益,但学生过长时间重复动作技能即成为简单劳动力,能否通过协商协调,根据不同行业、不同职业岗位的技术技能养成规律及周期,进行分类设置和灵活规定学生的顶岗实习时间。

再次,要在学产研各方"目标效能"方面,研判"1＋N"各方业绩偏好、业绩目标及关键控制点,针对彼此业绩交叉点,推进"集成、共享、共生"。比如,处于业

绩上升期的企业,迫切需要与学校合作(降低成本)解决劳动力和技术瓶颈,学校能否运用企业技术技能标准、研发项目、师傅等合作解决培养方案、教学内容、双导师、就业等具体问题,提高人力资本专用性与顶岗实习留任率,形成相对稳定的学产研供求依赖关系。

最后,中小企业实际上没有能力向学校提供精准的行业人才预测,"共享工厂"运营要善于运用行业优势和力量,解决技术技能标准、人才与技术供求预测等信息不完全不对称问题。

(二)体现学产研集成共享的运营任务

混合所有制"共享工厂"模式遵循跨界合作组织对主体关系与制度联结的催生性治理要求,围绕股东权益目标形成系统性运营任务框架:一是主体关系层面,促进"1+N+3"系统性运营("1"代表1个多元主体育人体系,"N"代表 N 个体的自组织网络运营系统,"3"代表学产研3方协同合作系统);二是制度联结层面,促进"制度→执行→治理"系统性达成。通过两个层面任务的交叉融合,促进"共享工厂"的有序、有效运营。

1. 促进多元主体育人体系的有序运行

高职多元主体育人体系着重强调产教融合背景下育人主体的多元参与性和培养链条的系统衔接性,其有序运行即"1+N"校企以所有者(股东)身份恰当参与人才培养不同环节,促进育人系统内部有序衔接和对外循环开放,善于从价值链和供应链治理出发,把"共享工厂"运营活动视为"工厂"对特定"产品"进行生产、销售、回收处理的运营过程。进一步讲,"共享工厂"相当于大型"教学工厂""学习工厂"或"实践教学资源生产销售服务中心",整个运营活动,围绕实践教学要素资源进行加工生产与销售服务,涉及原材料采购(教学资源的原始配置)、半成品生产分销(资源经过再生产),直至最终消费(新资源运用到教学中)和回收处理(未达标资源再加工)的整套自产自销过程。同时,学校和企业都要善于从他方用户角度,认识"共享工厂"供需链内部循环,实践教学要素资源这个产品指向的用户包括显性的学校用户(用于育人体系的教学性活动)和隐性的"N"企业用户(用于育人体系的生产性和研发性活动),也就是说,这两类用户以实践教学资源为产品媒介,通过产品活动过程与培养方案各环节对接,形成循环开放的实践教育教学网络系统和多元主体育人格局。

2. 促进"N"个体的自组织网络运营

混合所有制"共享工厂"模式是学校主导并通过股权契约形成的跨界合作共生体,"1+N"主体之间的合作关系属于共生关系,每个主体都是共生体的基本共生单元。共生系统具有目的性、整体性、开放性和自组织性特点,"共享工厂"作为整体生态系统,具有整体性运行规则(基本制度和治理方案等),共生单元作为相对独立的运行系统有各自运行规律和生存法则,共存于自组织网络运营中。在组织机构隶属关系上,"共享工厂"是高职院校二级单位层面"1+N"合作办学平台,"N"代表企业(科研院所)成为"共享工厂"组成个体,又是企业的下属部门。那么,"共享工厂"治理的重要任务是通过恰当的治理结构与机制,促进"N"个体在独立系统内自组织运行,以及自觉对其他个体采取行动配合,确保个体权益与实践教育教学质量有效一致。研究发现,在影响企业参与办学积极性的内部因素中,要求企业参与学生管理程度越大,则企业的积极性越小,那么,学校处理与"N"个体关系时,要注意,实习实训及师傅带学徒中减少要求企业参与学生日常管理,在非原则性事项和操作环节中减少对"N"个体(生产/教学/研发)活动的行政干预,要淡化科层化的管理倾向。

3. 促进"学、产、研"三方协同合作

针对共生体"学、产、研"集成共享矛盾统一问题,"共享工厂""1+N"共同治理的重要任务是通过信息协调和购买支出原则,促进供应链内部有机衔接和有效协调。首先,通过章程,协议约定好"以学为体,产研为用"功能格局以及"学为轴心,产研为翼"角色位置关系,治理结构指向学校轴心"1"与企业轴翼"N"的互动平衡。其次,通过供需信息协调和产品购买支出原则(经济核算)生成内在循环的相互作用力,在"学、产、研"之间形成立体的三螺旋公转自转互动,达到供需有效衔接和互动平衡。研究发现,"共享工厂"在"1+N"共生体运行中具有恒星意义,学校和企业具有行星意义,各星体自转时受向心力和离心力作用也围绕恒星公转。"共享工厂"在自转过程中有个巨大无形的"中心轴(学)"存在,中心轴对每个平面的每个质点(校企所)做向心运动,每个质点同时又对中心轴做相对离心运动;"共享工厂"和每个质点的运行速度(相当于内在动力、效率与绩效)决定运行系统的整体平衡。再次,从技术、制度、文化等层面出发,解决不同系统之间信息受阻失真和机构运行效率低等问题,促进孕育"学产研1+1+1>3协同效应"的协同文化,实现共生体的整体与局部高效有序的自组织运行。

4. 促进制度体系与执行力的无缝嵌合

借鉴现代治理理论,在混合所有制"共享工厂"模式中,不同系统跨界治理的核心是提高新组织的新制度能力,即通过"制度+执行",形成跨系统运行合力,建立校企合作新秩序。从成本收益视角观察,混合所有制"共享工厂"建立校企合作新秩序时,必然会产生体制成本(体制在确立、运行和改变中所耗费的资源),也获得体制收益,体制成本无法回避(强制性支付),在将来合作遇到矛盾和障碍时,就会凸现收益。"共享工厂"要按整体性制度创新"确定元制度→决定基本原则性制度→派生具体操作性制度→生成其他新制度"的基本思路,进行新制度生成,尤其要在章程执行中提高制度能力。"共享工厂"契约生成的章程,应该分总章程(框架性协议)和业务类章程,这两类章程分别从所有权与经营权层面约定"共享工厂"议事制度、规制权力运行,保护资本(股东)权益,同时降低机会主义风险。在双高计划建设背景下,混合所有制"共享工厂"模式围绕"完善政策、制度、标准体系,形成中国特色职教发展模式"进行创新实践探索,其重要任务是,通过新"制度"能力,展示新"模式"办学的智慧、价值和独特性。作为模式与体制相结合的跨界合作创新形态,混合所有制"共享工厂"模式的运营绩效,更多取决于制度体系与执行力能否无缝嵌合,以及模式、制度能否向文化进阶,即办学模式的绩效能否固化为制度,制度的绩效能否固化为文化,并得到推广辐射。

(三)体现学产研集成共享的运营绩效

1."共享工厂"运营绩效的基本认识

绩效,即业绩、成果、效率的统一,混合所有制"共享工厂"的运营绩效,既要考虑整体的办学效益,又要考虑个体的经济核算,既要考虑投资回报,又不能受短期净收益的局限。"1+N"主体(股东)对"共享工厂"绩效涉及的问题,要有以下共识:(1)运营绩效不等同股东"利润"及教育投资"回报"。"共享工厂"办学绩效和投资收益不同于企业私人产品销售利润,股东不能只局限在平台进行局部利润核算,要意识到教育投资回报的宽度和广度,包括附加获得政府各种政策优惠(寻租收益)以及学校专用人力资本,等等。(2)运营绩效产生的周期问题。"共享工厂"教育产品的公益性质与经营是不断加大投入的长期过程,即期投入不同于企业即期培训、短期研发那样迅速见效,企业参股办学需要淡化短期净收益兑现的追求,需要放眼人才培养(培训)的长期收益。(3)经营收益分配的受制因素复杂,主要是公有资本的资产管理特殊性及学校合理担忧问题(学校不敢对收益进行分配担心资产流失),需要谨慎处理。(4)运营绩效最终体现在"学、产、研"不同领域边际收益递增,以及整体产生"1+1+1＞3 协同效应"。总之,混合所有制"共享工厂"模式的跨界组织特性,要求"1＋N"主体能够从不同立场、不同视角看待运营绩效,既要善于从所有者(股东)经营者成本收益视角,看待经济性与效率性的统一,又要结合学校和企业根本意志与利益偏好,看待经济性与人文性的统一,更要基于共同利益与价值共识,看待绩效所蕴含的责任与效率、开放与共享、集成与共生的高度统一。

2. "学"的绩效与边际收益递增

混合所有制"共享工厂"是不同资本交叉融合的实体办学平台,按"以学为体,产研为用"生成性思维进行创新建设和创新运营。因此,考察"共享工厂"的运营绩效,要在平台微观经济核算基础上,善于把"学、产、研"活动放到学校和企业原有部门进行宏观成本收益核算,对照投入、投资的初衷与边际收益,把握各自的收益与回报。考察"学"的绩效与边际收益,可以从四个角度展开：一是公有资本角度的教育投资回报问题,公有资本通过"共享工厂"与非公有资本共存合作是否激活了它的办学活力及社会影响力,探索的新的培养模式与人才培养质量是否更加符合产业需要,并得到社会更高认可。二是国有资本管理角度的运营权益与效能问题,投入"共享工厂"建设的国有资产通过(出租出借、购买支出方式)经营是否实现了保值增值,是否贡献于学生培养过程和人才质量,是否放大了原有的办学效能。三是办学资源角度的集成共享问题,"共享工厂"是否通过体制和机制优势,更加吸引企业投入资金、技术、管理、标准体系等优质资源,通过集成共享"以产促学、以研带学",解决学校办学资源不足和校内校外分布离散等问题。四是办学质量角度的校企合作共同体问题,"共享工厂"是否形成了从学生入学到就业(创业)的多元主体育人体系,相比原有的办学模式,是否有效减少了校企供需对接的中间交易成本和时间成本,"1＋N"之间是否形成了稳定的供需依存关系即合作共生体关系。以上内容的成功实现,意味着"学"的绩效与边际收益产生递增趋势。

3. "产"的绩效与边际收益递增

"产"的绩效主要针对企业,考察"产"(企业)的绩效与边际收益,可以从三个角度展开。第一,企业对教育投入、投资的直接回报。按企业的投入指标与产出指标,对"共享工厂"投资进行会计核算,将针对学生培养和员工在职培训分别列入长期和即期成本收益核算,将企业提供的生产设备、原材料、技术、人力资源、管理等列入成本,获得的学生生产价值、专用人力资本、(教师参与)技术成果以及节省的("共享工厂"转移支付)员工培训成本、时间成本、信息成本等列入收益,按长期和即期核算盈亏。第二,企业对教育投入、投资的间接回报。主要核算政府附加政策(金融、财税、信用等)优惠给企业带来的寻租收益,和学生顶岗实习(准员工培养培训的人才收益)、生产技术更新给企业带来的劳动生产率提高两个方面。第三,企业自身实际问题的解决。"共享工厂"是否有效解决了企业局部人力资本和技术更新不足问题,对业绩上升期中小型企业尤其重要,能够解决,则意味着企业降低了人员成本和技术成本。研究发现,在学产研合作办学中,企业直接回报和间接回报的程度有所不同,但总体是处于盈余的,其中的政府寻租收益不确定因素大,但是对企业有极大吸引力,投资"共享工厂"办学这项举措总体能给企业带来边际收益递增。

4. "研"的绩效与边际收益递增

在混合所有制"共享工厂"模式中,研发活动的主体(牵头组织者)涉及企业、科研院所和学校三个方面,科技成果从项目源头、实验、转化孵化一系列过程,几乎都要通过三方合作才能快速地实现。其实,无论对哪一方而言,高新技术创新活动的快速成功,总会带来共享性绩效与边际收益递增现象。对企业而言,合作研发解决了企业研发力量不足、实验技术条件限制问题,节约了新技术研发的人员、时间成本及技术交易成本等;对科研院所而言,合作研发既解决高新技术与企业实际需求对接、成果转化孵化难问题,又可以通过技术持有入股,获得经济效益;对学校而言,以研带学,教师参与研发合作,直接将研发内容和成果转化为教学内容、教学方法,带动"三教"改革,为"学"提供前沿技术引领,同时解决学校办学成本约束与资源配置不足等问题。

综上所述,混合所有制"共享工厂"模式的运营绩效主要通过资源集聚共享效应体现,包括不同性质资本的权益保护及投资获得回报,整体价值链通过资产、技术、人才、管理、文化等要素(物理性)重组催生出学产研共生合作(化合物)形态,"1+N"每个主体都解决各自生产投入要素短缺问题,实现总成本降低和(资源、人员、技术、管理、信息、交易)分摊成本下降的目标,学产研之间产生"1+

1+1＞3协同效应"。高职混合所有制"共享工厂"模式是高起点、高平台、高集成的校企合作新型办学形态,它的跨界运营治理,介于教育与产业之间、学校与企业之间、公益与营利之间,既要有成本收益核算又不能受其局限,要最大限度避免资源重复投入和闲置浪费,避免成本核算的重复计入和附加值损耗,避免收益的博弈归零和风险转嫁套牢。作为双高计划背景下探索的高职产教融合新型办学形态,混合所有制"共享工厂"模式既要通过激励制度设计,减少"1＋N"多方博弈成本,解决学校资源不足和公有资本运营低效问题,又要立足模式与形态、体制与制度、管理与文化的交叉融合,形成开放共享、良性循环、螺旋升级的系统性变革,实现办学质态从物理集成到化学反应的有效转换,为形成中国特色职业教育模式走向世界贡献智慧。

第二节 "共享工厂"模式的内部跨界治理

高职双高计划建设的主要抓手是产教融合实践平台,依托平台探索产教融合体制和模式相结合的创新,通过平台实施产学研并举、以研促教。如前文所述,高职混合所有制办学是形成校企命运共同体的有效路径,但实践模式的探索还很薄弱,内部跨界治理尚缺乏价值认同和规范支撑,面临如何处理好研发与教学的关系、参与主体权益分配关系等一系列突出问题,尤其是混合所有制办学中不同性质资本、技术、管理等要素如何通过共同治理而享有相应权利上,尚缺乏合法性、程序性规范。本节从高职混合所有制"共享工厂"模式的体制架构与权力规则出发,分析"共享工厂"内部跨界治理的基本问题、治理要素以及校企合作价值选择与制度生成,促进"共享工厂"的集成共享与有效治理。

一、内部权力关系与权力规则

1. "共享工厂""1＋N"体制决定的权力结构

如前文所阐述,高职混合所有制"共享工厂"模式即学校公有资本与企业非公有资本合作共建的产教融合实践教学平台,形成"1＋N"共生体的混合所有制办学模式。其中,"1"代表学校,"N"代表若干企业(科研院所)。"共享工厂"模式坚持"发展目标的公益性原则,开放性与共享性的统一,以协同文化为价值认同,回归立德树人教育本质"四大基础理念,它的出发点和终极目标聚焦职业教育人才培养质量。混合所有制"共享工厂"建设立足教育教学本质,运用"以学为体,产研为用"生成性思维,对办学模式、办学实体形态和办学意识形态进行重新架构,实现共生体"1+N"功能格局的衔接与融合。混合所有制"共享工厂"既是一种实体组织形态,又是一种产教融合、校企合作的理念,还是一种共生发展的新思维。该模式突破原有办学束缚,着重从制度、文化和思维三个层面创造新特性,其中,新制度层面着重围绕混合所有制产权、共生体内部运营、"1+N"学产研合作取得新突破;新文化层面着重孕育出追求""学、产、研"活动之间"1+1+1>3协同效应"的协同文化;新思维层面着重跳出教育学和管理学范畴,借助哲学思维、生态学等相关启示,解释模式的共生现象和运行规律,形成"共享工厂"建设的特有思维范式。从办学模式的办学体制、投资体制、管理体制三大要素出发,混合所有制"共享工厂"模式基本架构体现在:第一,办学体制上,是公有制为主体、非公有制参与的(政府或行业)办学体制。第二,投资体制上,主要由学校公有(国有)资本和企业非公有资本共同投资建设,保持学校产权为主体、企业产权为补充的基本构成。建设初期,考虑国有资本绝对控股(学校超过50%控股权),拥有重大决策最终控制权,以最大限度规避决策风险。第三,管理体制上,参照公司法由不同资本代表组成决策机构和监督机构,建立现代企业制度前提下的董事会制度,按出资多少分配表决权,保障公有非公有资产的安全和权利平等。可见,"共享工厂""1+N"体制决定了它的"1+N"权力结构关系和"1+N"权力契约性特点。

2."共享工厂"权力契约关系的特点

混合所有制"共享工厂"内部的"1+N"复杂成员构成,需要运用现代治理理论进行内部跨界治理,实现共生体内部功能衔接融合。"治理"(governance)是区别于"统治"(government)的政治学词汇,治理理论源自20世纪七八十年代西方福利国家出现管理危机时,寻求解决社会一致、有效性问题的认识转折。在治理的逻辑中,"权力"是最核心的概念,治理围绕权力展开并反映权力(制衡)关系,与之相应,混合所有制"共享工厂"治理中的权力运行,应当得到规则的规范与约束。根据上述基本体制架构,混合所有制"共享工厂"模式的权力关系与权力规则,有以下基本特点:第一,跨界性。"共享工厂"里的学校教育特性和企业(科研院所)产业特性,使得内部治理属于复杂的"产""教"跨界合作治理,跨界合作治理的权力行为往往具有自发性、自愿性,也意味着,权力的规则具有弹性空间和道德空间。第二,多元性。跨界治理的权力源自多元化主体结构及结构之间的依赖关系,"共享工厂"权力规则的核心指向学校、企业、科研院所的"1+N"多元关系框架和制衡机制。这种多元性关系,既有"1"与"N"之间的交叉合作关系,又有"N"内部之间的企业与企业、企业与科研院所的交叉合作关系,呈现网状结构。第三,关系性。"共享工厂"指向产教之间、校企之间的合作关系与共享关系,它不是某一个主体拥有全部治理权,内部治理属性是正向的合作关系、协调关系和积极的相互联系。"共享工厂"权力新规则指向建立校企合作新秩序,新秩序则指向形成有效甚至高效的合作"新关系"。第四,契约性。"共享工厂"是"1+N"合作协议框架下基于契约关系的紧密合作组织,"1+N"学校与企业(科研院所)跨界治理是基于契约的社会多边治理,权力关系与运行规则具有契约的脆弱性和扁平性,不像科层制组织那么富有刚性约束和垂直性指挥。

需要指出的是,混合所有制"共享工厂"模式"1+N"校企合作中的"校"之概念,有"大学校"和"小学校"之分,校级层面即"大学校",是"共享工厂"外部的"校",相当于社会治理的政府角色;二级单位层面即"小学校",是"共享工厂"内部的"校"企合作。换言之,"大学校"和"小学校"之分,对应的是宏观校企合作和微观校企合作之分,宏观校企合作指一般通用概念意义上的学校与企业的合作,微观校企合作指具体学校(派出机构代表学校方)、具体企业(派出机构代表企业方)就具体内容领域(比如共同投资办学)意义上的学校与企业的合作,混合所有制"共享工厂"模式"1+N"校企合作主要是微观上的校企合作概念。治理分内部治理和外部治理,"共享工厂"内部治理就是处理共生体内部"小学校"(派出机构代表学校方)与 N 企业(派出机构代表企业方)之间的关系,外部治理则是处理"共享工厂"整体与外部环境的关系,如"大学校"教育质量标准与文化禀赋、社会产业特征与教育环境,以及政府产教融合政策等因素。"共享工厂"内部治理的目的,是促进决策科学化、运行有序化和高效率,真正建成实践教育教学资源共享中心和高职产教融合共生体。

3. "共享工厂"内部跨界治理的基本要义

治理,是共同目标与理念支持的引导性和协调性活动,治理理念表达的是通过多视角、多立场协商解决共生体不同领域问题的需求和愿望。混合所有制"共享工厂"模式"1＋N"复杂成员构成的权力关系,要求它在跨界治理上必须厘清楚以下几个方面的问题。

第一,"共享工厂"内部跨界治理的起点或出发点在哪里?"共享工厂"拟解决校企跨界合作中的什么问题,这些问题又是属于什么性质的问题,是单纯的管理学方面的问题,还是混合所有制改革方面的问题。根据全球治理委员会权威定义,治理是协调不同利益冲突,并采取联合行动的持续过程,那么,"共享工厂"内部涉及哪些方面的校企利益冲突,冲突的"点"又在哪里。实际上,这些利益冲突点,正是校企合作的突破点。

第二,"共享工厂"内部跨界治理的性质与具体形态是什么?包括内部治理的主体是谁,主体关系、权力关系、机构关系属于什么性质,同时表现为什么样的形态。治理理论创始人 Rhodes R. A. W. 在《新治理:没有政府统治的治理》(1996 年)中提出,治理是诸多参与主体混合而成的网络运作和主体间相互依赖,由于资源交换需要使得博弈式互动源自信任并受制于网络规则。显然,混合所有制"共享工厂"的"1＋N"跨界架构模式,意味着,它的内部治理属于网络化、自主式、自组织性治理。

第三,"共享工厂"内部跨界治理的依据在哪里?治理是依据身份进行的,要依据"1＋N"不同的身份角色协调责、权、利关系,做到每个角色身份的责任、权利、义务要对等。

第四,"共享工厂"内部跨界治理的基本要素有哪些?混合所有制"共享工厂"办学主体的跨界特性和"1＋N"成员复杂关系,既要从价值、规则、基本主体单元、结构机制、绩效等维度梳理治理的基本要素,又要吸收国际治理理论成果,在跨界治理的目标、内容、结构、模式、机制、路径方式、绩效评估诸方面,全方位地展开重构。

第五,"共享工厂"内部跨界治理的主要抓手是什么?根据现代治理理论的相关观点,治理的核心内容是制定一套"新"秩序,即处理组织共同关心的核心问题的规则和制度。因此,"共享工厂"治理的主要抓手至少包括两点:一是制定好新规则,二是做好监督和激励。围绕这两个方面进行多元主体的沟通、协调、契约,形成相应的制度体系、组织机构和人员配备等。

第六,混合所有制"共享工厂"模式适合采取何种治理结构、模式和机制?这是"共享工厂"建设初期考虑的重点,也是难点。下文重点阐述。

第七,"共享工厂"内部跨界治理的绩效如何评估？如何兼顾学校育人目标与企业(科研院所)利益目标,如何兼顾"1＋N"校企合作关系的短期维护与长效性,等等。

第八,混合所有制"共享工厂"模式的内部跨界治理有没有混合所有制改革的底线或禁区？"共享工厂"是学校主导的混合所有制产教融合平台,学校哪些做法有可能会破坏合作;企业参与职教办学属于经济责任之外的社会责任,那么,在明确责任界限上到底明确到什么程度为宜,责任边界过于刚性会不会影响合作积极性,有没有模糊性的必要,等等。

以上几点,是混合所有制"共享工厂"模式内部跨界治理的现实问题,也是跨界治理的基本要义。总之,"共享工厂"的内部跨界治理是学校和企业(科研院所)之间的跨界认同与共同治理,它不是传统意义上的行政管理式的纵向、垂直、单向度的基础管理控制,而是现代治理意义上的横向、平等、双向度的契约关系协调和持续的互动合作。国际治理理论认为,治理强调合作与协商(自愿平等、民主协商、伙伴关系),强调效率与责任,强调成员活动的自组织性(平等权利的有序运行);治理意味着责任界限存在模糊性,参与者终将形成互动式自主网络;治理有助于克服各自能力的有限性,最大限度增进共同利益。混合所有制"共享工厂"模式的办学者、治理者对此要能充分理解和准确把握。

二、内部跨界治理的重点突破

从混合所有制"共享工厂"模式的体制架构和契约型合作特征出发,它的内部跨界治理着重要突破三个重点。第一,如何通过恰当的治理结构,消除公有、非公有资本平等权益保护的担忧。第二,如何通过恰当的治理机制,消除主体偏离整体最优策略的动机和风险套牢担忧,协调成员之间的利益,确保整体能够正常运转和有序运行。第三,如何通过恰当的治理模式,消除不同主体之间信息不对称和不完全契约的可能障碍,确保各节点服务教育教学的可靠性。除此之外,"共享工厂"内部跨界治理尤其要关注"人"与"环境"两大因素,毕竟所有的关系、制度、选择都指向并最终决定于"人"和由人创构的"环境"。跨界治理解决的根本问题是公有资本和非公有资本的投资如何获得合理回报,治理视角不仅是内部管理体系,更是组织结构中人与环境之间的生态发展体系。因此,要坚持从人(多元化主体的人)与环境(产业、教育、政府政策等外部环境和共生体内部环境)两大因素出发,围绕"共享工厂"整体目标和育人中心工作,在内部治理"核心要素抓取""价值认同选择""有效制度生成"上,取得实质性突破。这是"共享工厂""1+N"共生体有效治理的必然要求。

1. 治理目标与内容

国际研究(Lynn,2001)认为,治理指向新结构或新秩序产生,提供新的制度、规则、仲裁和行政活动等服务,以保证共同目标实现。高职混合所有制"共享工厂"模式的根本宗旨是产教融合办学,中心任务是围绕"学"而生产、提供出实践教育教学要素资源,治理的基本出发点是"1+N"多元主体的权益保护与关系协调,治理的目标是建立"1+N"校企合作新秩序,解决校企合作中企业(科研院所)积极性不高、沟通不顺畅、运行效率低等实际问题。研究发现,这些问题主要聚焦在以下方面要有基本保障:投资者权益(产权和利益分配)要受到宪章性保护,多元主体之间沟通要畅通有效,冲突纠纷要有内部仲裁平台予以公正解决。就是说,如果"共享工厂"出现整体的运营成本太高、教学资源闲置浪费、"N"企业积极性不高等情况,则表明"共享工厂"在上述问题的治理上还存在严重的缺陷。那么,围绕上述主体及动因问题,要求"共享工厂"在宏观上,重在治理"环境、行为和效应",构建治理文化;在微观上,重在治理内部制度系统、组织运行系统和外部市场系统,每个主体的功能都要通过确立责任义务体系得以实现。其中,内部制度系统包括元制度、基本制度、派生制度、其他制度四个层次的治理;组织运行系统依赖的是组织机构的权力制衡,包括股东会、董(监)事会、职业经理人(代理人)约束激励的治理;外部市场系统指"共享工厂"与"大学校"之间的产品市场关系,以及资本控股权等方面治理。高职混合所有制"共享工厂"模式参照现代企业制度的股份制运营,公有资本和非公有资本"1+N"投资主体的股权分散,意味着,股东之间呈网络社群关系,那么,制度系统的目标就是保证网络社群的决策科学化,防止个体和群体决策偏离整体的组织目标。

2. 治理结构与机制

治理结构与机制是混合所有制"共享工厂"内部跨界治理的最大难题,直接反映"共享工厂"模式的办学者、管理者治理能力和治理水平。借鉴公司治理理论与实践,治理结构源于解决所有权与经营权分离而带来的代理关系问题,通常指合理股权结构下的股东会、董(监)事会、经营班子等组织机构设置与权力关系,通常受资本结构的影响。治理机制是治理结构下一系列权力分配、制衡与调整的宏观行为规范和微观运作规则的综合,它围绕利益分享和关系协调两大核心机制展开,针对目标冲突和机会主义而采取一系列规则约束和激励。治理结构与治理机制,两者密不可分。由于混合所有制"共享工厂"模式是公有资本和非公有资本的"1+N"多元关系框架,内部跨界治理要深入研判影响每个资本主体行为的环境因素(包括交易特性、能力特征、环境特征),以及特定环境下各主体可能会选择什么样的合作行为,这些研判意味着,"共享工厂"在既有环境下应当选择何种治理结构与机制。而无论选择何种治理结构与机制,都要对以下几个问题有所把握:

首先,治理结构说明资本的主体关系和权力结构框架,至少包括两点:一是对合作主体数量和质量的具体选择,即"大学校"对具体企业、科研院所等合作方的质量和数量选择;二是对组织方式或合作形式的具体选择。这些内容一般通过"章程"彰显。章程要体现出"共享工厂"的权力结构、责任边界、利益结构及其关系,体现出校企共同治理的权力分化与双向运行(制衡)关系。

其次,"共享工厂"能否发挥章程的制约作用是关键,包括议事制度、规制权力运行和权力关系等。这涉及章程的定位与落实问题,也是混合所有制"共享工厂"治理结构与机制发挥作用的关键所在。

再次,"共享工厂"的合作各方,要理顺并处理好几组重要关系:(1)"学"与"产、研"之间的关系。坚持"以学为体,产研为用"的办学原则,形成"学、产、研"一体化办学格局和育人形态。(2)"共享工厂"与"大学校"的体制关系。"共享工厂"隶属于公办高职院校举办,在所有制上,是公有制为主体、非公有制参与的(政府或行业)办学体制。(3)教学指导委员会与董事会的关系。相当于学术权力与行政权力的关系。(4)总章程与内部制度的关系。总章程是合作框架协议,具有元制度性质(决定谁来制定制度的制度);内部制度受制于总章程。(5)内部制度系统的层次结构关系。制度系统(正式规则)主要包括基本制度和派生制度,其中基本制度决定性质和形态,派生制度对基本制度内涵具体如何操作进行规定。(6)新制度与新文化的关系。制度运行的客观效果终将固化为文化,文化是模式和制度结合的最高形态。(7)学校和企业的自主权与"共享工厂"治理能力的关系。(8)外推力与内动力的关系。通过外部环境推动力与内部发展动力的互动平衡,推动共同治理的自觉性。

除此之外,要认识到,"共享工厂"整个生命周期内的治理结构与机制并不是按原有预设固定不变的,"共享工厂"的资源与经费的配置方式会跟随市场变化发生动态改变,那么,"共享工厂"的治理结构与机制也可能会发生动态变化。比如,建设初期考虑学校超过50%控股权,因为股权相对集中的情况下,股权有能力对"共享工厂"决策施加实质性控制,确保不偏离教育教学方向和育人规律。在成长成熟阶段,"共享工厂"可以根据资本市场适度调节股权结构(利用"N"企业的资本优势及融资运作能力),可以考虑"股权融资+债权融资"方式来提升内部治理效率。

3. 治理路径与模式

关于治理路径问题。混合所有制"共享工厂"在本质上是高职产教融合的办学平台,同时又参照现代企业运营经验进行内部治理,如前文所述,如果从产品(实践教育教学要素资源)生产与提供过程看,它主要对"配置资源、组织生产、提供产品服务"三个阶段的运行(运营)过程进行有效的治理。那么,"共享工厂"内部治理的基本路径就是:(起点)明确权力责任义务及权力规则→(战略层面)确立目标绩效理念→(过程层面)协调合作主体关系→(结果层面)关注新的资源产出→进入新的循环与开放。

关于治理模式问题。在全球治理中,跨界合作组织治理一般有"主导型"和"关系型"两种模式的倾向。"共享工厂"内部治理要根据不同阶段的发展要求而选择不同的治理模式,建设初期适合"主导型"模式(学校主导),成长成熟期适合"关系型"模式。治理模式与公共权力息息相关,公共权力是治理逻辑的核心。公共权力一般有集权和分权之说,权力集中于少数人手里称为集权治理,依据性质职能而配置于不同人运作则称分权治理。混合所有制"共享工厂"模式显然适合基于契约的分权治理,治理焦点是多元主体的开放网络关系、协议的正式非正式权力,以及非预期结果。

需要强调的是,混合所有制"共享工厂"的供应链模式和"1+N"成员跨界复杂关系,不能简单地运用传统行政管理方法进行关系协调。现代治理与传统行政管理都以解决问题为起点,理念和范式却有所不同。传统行政管理关注的焦点往往是组织结构(封闭性和科层化)与制度,治理关注的则多是过程(开放性和网络化)、政策和绩效产生;传统互动方式是命令(注重执行结果),治理则是平等、协商、合作(注重行为动机和利益激励),强调内部权力规则的制度安排、所有权与控制权分离(股东和经理人)以及利益相关者的权益受到保护,等等。"共享工厂"治理者对此充分把握,有助于将"1+N"校企合作关系推向更高层次,提高合作水平,改善校热企冷困境。

4. 治理效率与绩效

治理是手段,绩效是目的。"共享工厂"治理效率与绩效和跨界治理的问题因素、起点动因密切相关。作为契约型的跨界合作组织,"共享工厂"形成治理的动因,在于原有机构效率低下、信息受阻失真和机制失灵等问题,包括资源配置共享是否有效、学产研职能分工整合是否有效,以及校企行为有效一致性和内外调节机制有效性的担忧。而评估"共享工厂"治理的效率与绩效如何,就是要看这些问题能否得到了高效解决,看"学、产、研"之间能否产生1+1+1>3的协同效应。"共享工厂"操作层面的治理效率与绩效提升,可以从技术、制度、环境"3"个维度出发,抓住制度能力与信息协调"2"个制动阀门,形成"1"个自组织运行网络,简称"共享工厂"内部治理效率的"321模式"。具体来讲,在"共享工厂"的自组织运行网络中,互动互补式的组织关系打破了过去层级式组织弊端,治理者的关键任务是在伙伴中建立目标联盟、避免沟通中断,克服能力缺陷和信息缺失。从供应链网络看,"共享工厂"(相当于领导厂商)与"1+N"主体(相当于供应商)的关系中,要求彼此的个性化能力足够的强,并产生相互之间的依赖关系(彼此可以通过信誉、协议和空间毗邻来降低成本),这就需要培育"共享工厂"在育人体系中的新制度能力,以及通过"1+N"面对面交流来协商交换复杂信息,进行非层级式的信息协调,打破妨碍合作的信息垄断或信息阻隔。

综上而言,"共享工厂"的治理效率主要依赖治理结构机制的有效性,但是结构和机制也并非万能的,治理有时也会失灵。评估"共享工厂"治理绩效的重点应当在于,"共享工厂"能否提供出比市场或政府协调更长期的有效产出,包括优质实训资源、技术资源、双师资源、1+X证书资源等,而这些离不开"1+N"主体对跨界治理价值产生超越性的认同与共识。

三、内部跨界治理的价值选择

1. 学校和企业(科研院所)的根本意志与利益偏好

治理的本质是实现不同主体的利益、权利和价值,"共享工厂"内部治理服务的是"1＋N"学校和企业的根本意志、利益偏好和整体需求。实际上,在"共享工厂"里,"1＋N"个体利益的分散性使得彼此相互依赖,同时利益之间又有重叠,因此有共享,说到底是交易成本问题。研究发现,学校追求的利益是,运用企业资金、技术、设备、实训条件等,来解决学校单靠自身无法提供的人才培养要素资源(降低办学交易成本);而企业参与职教办学属于经济责任之外的社会责任,主要目的并不是在"共享工厂"直接获得产品或服务利润,而是通过"共享工厂"间接降低企业内部成本(比如职工培训和技术研发孵化,由企业内转移到"共享工厂"进行)和寻租收益(政府税收减免、金融支持等)。因此,混合所有制"共享工厂"内部跨界治理的主要功能,是依据不同利益与偏好而配置相应的责、权、利,建立一种分工合作、协同参与的治理结构关系框架。在结构设计上,突出各主体的责、权、利关系和共同利益的关系;在结构运行中,实施网络化和项目化的服务供给;在结构维系中,孕育出跨界共享的协同文化。

2. 学校和企业(科研院所)的共同利益与价值共识

混合所有制"共享工厂"模式内部治理体现的是学校与企业共同利益的认同与共识,以及跨界文化的共享共治,从社会学人类行为角度分析,这里面存在共同行动的基础。人类行为存在理性主义和行为主义两种解释,理性主义认为共同利益是共同行动的客观基础,行为主义认为意向一致是共同行动的主观机制,共同行动的基础则基于"认同"和"共识"的默契生成,"共享工厂"内部治理恰恰是共同利益与意向一致的客观主观统一。研究发现,"共享工厂"内部存在一个价值链,这个价值链是为实现实践教育教学目标,而连接教育教学要素资源生产、销售、回收处理等过程的学校与企业跨界网络组织,涉及原材料采购(教学资源的原始配置)、半成品生产分销(资源经过再生产),直至最终消费(新资源运用到教学中)和回收处理(未达标资源再加工)的整个过程。价值链治理,就是对价值链的组织结构、权力规则、主体关系的充分协调。在"共享工厂"价值链中,内部网络组织是一个围绕"教育教学要素资源生产"的生产网络,"1＋N"主体之间既有分工又有合作,包括宏观上"学、产、研"任务分工,纵向上不同生产(培养)阶段衔接分工,横向上产业、专业和岗位面向的培养任务分工。分工合作的所有任务最终都指向实践教育教学过程,指向职教人才培养质量。当然,"共享工厂"价值链是一个动态的流变的过程,随着人才培养复杂程度与分工程度提高,为解决"学、产、研"供需接口问题,"1＋N"主体活动会趋向于模块化和标准化,而标准化与学产研创新又是一对矛盾,反过来会影响"共享工厂"价值链的动态变化。

3. 学校和企业(科研院所)的集成融合与共享共生

混合所有制"共享工厂"模式利用利益相关者共同治理的契机,集成融合高职人才培养的学产研诸要素,实施"1+N"校企共同治"教"、共同治"学",通过治理,实现"学、产、研"成果的高度集成与开放共享,形成企业全面参与办学的生态局面。实际上,在"共享工厂"治理体系中,不同的治理结构对应不同的资源能力位势,形成不同主体之间交易合作的功能关系网络,这种关系既存在于"共享工厂"供应链之中,又存在于"共享工厂"价值链之中。借鉴供应链理论,当某个主体不能拥有发展所需的所有资源时,就设法与外部进行资源交易合作、融合共享,进而在内部优势基础上形成自己的核心竞争力,并迫使与外界供应商保持紧密合作关系,由此催化产生了供应链。"共享工厂"中的"1+N"学校和企业(科研院所),都是供应链的链条环节,每个链条彼此环环相扣、无缝对接,形成学产研交叉融合的一体化学习空间。在"共享工厂"生产环节和价值链中,"1+N"所有主体都是实践教育教学资源的生产商,同时也是其中某个环节的资源供应商,每个个体的生产能力和供应能力决定其在价值链中的地位(核心或低附加值环节),彼此都通过自身能力而达成相依相存和共生发展,从而实现"共享工厂"整体生态系统的互动平衡(生产有序)。其中,任何一个主体,要实现自身利益的最大化,就要以价值链整体增值与他方共赢为基础,与他方展开协同合作。高职院校主导构建"共享工厂"模式的根本考虑,就是要借助企业(科研院所)"产、研"资源优势和资源能力提高办学质量,那么,合作企业(科研院所)"产、研"资源能力的位势越强,对"共享工厂"内部治理的影响力则越大,反之,资源能力位势越弱,对"共享工厂"内部治理的影响力则越小。

需要强调的是,高职混合所有制"共享工厂"模式在集成融合办学过程中,除了要重视"产"的作用,还要把"研"放到一定的高度,充分重视"研"对"学"和"教"的带动作用。在双高计划建设中,高职产教融合突破口是"研究",形成一批高水平技术研究中心、带动教育教学改革。高职院校要充分认识到高校科研的教育性特征,坚持"以学为体,产研为用",形成以产促学、以研带学的产教融合生动局面。

4. 学校和企业(科研院所)的合作制度及价值超越

混合所有制"共享工厂"模式的校企合作制度,涉及所有制层面以及所有权与经营权层面的制度体系，"1+N"合作主体既要在根本意志与利益偏好基础上协调共同利益和价值共识，又要基于合作制度而谋求集成共享与价值超越，降低机会主义风险。经济学研究认为，混合所有制中资本权力即产权的主要实现形式是股份制，混合所有制改革必然触及产权结构或股权结构问题，在所有制层面是完善产权制度，在经营形式层面是完善现代企业制度。借鉴高校校办企业、科技型企业改制的相关经验和做法，混合所有制"共享工厂"模式可以参照现代企业制度及企业治理理念，实现股份制运行，实施职业经理人聘用制度，等等。公司治理理论认为，治理结构是所有者对经营者和绩效进行控制的整套制度安排，包括如何配置和行使控制权，如何监督和评价董事会与经理人，以及如何设计和实施激励机制等。由此，混合所有制"共享工厂"模式的制度安排至少要考虑建立：(1) 产权制度和不同资本的权益平等保护制度；(2) 多元化的股权结构制度；(3) 股东会、董事会、监事会等制度；(4) 职业经理人聘用激励制度（激励为主）；(5) 教学指导委员会重要决策经"大学校"党委审定制度（业务、决策、质量等原则性控制和底线控制），等等。另外，在混合所有制"共享工厂"模式的激励制度设计中，对办学主体的"提供型"资源（前期投入）和"生产型"资源（运行后的新产出）这两类资源要有所区分，对前期提供型资源着重原始产权激励，对后期生产型资源着重利益分配激励，通过结构性激励调动企业（科研院所）积极性，解决学校资源不足和公有资本运营低效等问题。毋庸置疑，混合所有制"共享工厂"模式具体选择怎样的制度设计，要从校企共同利益出发，评估制度设计好坏的主要标准是校企合作的高效率与长效性。"共享工厂"治理要基于制度创新，谋求价值超越，比如，强调产生"1+1+1>3协同效应"的信任合作，但是又不能凡事都过度强调合作，那样容易造成创新意识衰竭和积极性退化。再有，关于主体责任与资源效率之间的矛盾问题，明确主体责任是必须的，而过分地强调责任归属则容易伤害积极性。这是文化心理使然，需要治理者掌握有度、达成默契。

四、内部跨界治理的制度生成

高职混合所有制"共享工厂"模式的契约型跨界合作特征，要求体制创新基本框架是明晰公有资本和非公有资本所有权结构，所有权与办学权、经营权的关系，建立起"1+N"多元共生关系。因此，治理者要有整体性制度创新的基本思路(确定元制度→决定基本原则性制度→派生具体操作性制度→生成其他新制度),围绕高职人才培养总目标和专业实践教育教学目标,同时结合国家职教20条和双高计划的制度、标准、政策生成要求,通过恰当的治理,形成"共享工厂"自治系统、运作机制以及与"大学校"的共生机制。

1. "共享工厂"元制度的宪章性确定

元制度,即规定由谁来制定制度的制度。"总章程"就是"共享工厂"的元制度,是对内部治理起"宪章"作用的基本纲领和行动准则。参照国际上全球治理习惯做法,治理是国家之间协议和惯例的产物,可以在没有政府正式授权批准情况下实施某些具体项目。"共享工厂"即"1+N"跨界伙伴之间的协议性、契约性合作,在当前混合所有制办学缺乏法律支持或政府批准难度大的情况下,总章程作为校企合作的框架性协议,具有宪章性的规范约束功能。总章程要从宏观框架上对"共享工厂""成员、组织、经费"三个基本要素进行协议约定,包括成员性质、经费来源、体制结构、权利义务关系等,核心是确定由谁来制定制度,比如最高权力机构及其成员构成、运行程序等。在章程的文本写作上,可以对"共享工厂"组织的性质、结构和特征进行基本协议,从举办宗旨任务、合作方权利义务关系、权力规则出发,对纵向体制关系、横向主体关系、权力规则与运行方式、常务组织机构(委员会)等作协议说明。总章程的机构协议,至少要包括以下层面和内容:一是资本权力角度的股东会(决策运营方针与分配方案等)与董事会(决策运营方案与经理人等)制度,二是业务角度的教学指导委员会(决策教学相关制度、标准、政策),以及关系协调角度的仲裁委员会(决策冲突协调处理)。作为元制度的总章程,应为"共享工厂"下一步基本制度的建立而准备框架前提。

2. "共享工厂"基本制度的原则决定

基本制度,即决定性质、形态和权力结构的体制性与原则性规定。"共享工厂"混合所有制办学主要包括所有制结构或产权、资源配置与协调方式、"共享工厂"办学性质与职能定位、教育教学内部运行制度、体制开放状态等五个方面的基本制度。基本制度是元制度的延伸,它的核心任务是决定所有制、产权归属以及产权运作的收益分配规则。在形式上,可以通过业务类"章程"来体现,原则性阐明"共享工厂"的业务性质、体制关系、运作方式、基本规范、进退机制等,或对"共享工厂"业务的宗旨任务、机构人员构成、职责范围、权利义务、活动规则、纪律措施等,做出原则规定。业务类章程对机构规定至少包括以下内容:"董(监)

事会章程""教学指导委员会章程""治理委员会章程""仲裁委员会章程",同时制定"产权开放、界定与归属制度""产权运作收益的分配制度"等,对"共享工厂"的组织方式和分工合作形式等,作出基础性地规定。"共享工厂"基本制度还要规制各个委员会之间的关系,权力运行程序要符合最低限度的公正。其中,治理委员会和管理层的运行规则,要从决策、执行、监督三个维度出发,确立权力边界(适宜大体上,适度模糊)和议事制度;仲裁委员会作为冲突的"上诉法庭",任务是协调并建立权力关系新平衡,改变或调整合作主体对身份角色、战略能力及利益的自我认识,协调合作主体承担成功或失败的行为责任。

　　混合所有制"共享工厂"模式的基本制度,从原则上决定了体制关系、权力结构、运行方式、协调程序等,它对治理涉及的合作信任机制、利益风险机制等具有决定性影响作用。因此,制度设计要重点解决好以下几个问题:(1)对董(监)事会如何治理。除了决定董(监)事会的产生、结构规模、职业经理报酬等核心问题,还要充分考虑董事会的权利、职能、会议制度等对"共享工厂"重大重要决策的影响,对"共享工厂"组织行为和价值选择所产生的影响。(2)对大股东"1"与"N"如何治理。学校公有资本主体"1"做重大重要决策时,会不会欠考虑"N"企业(科研院所)的权益和难处;骨干企业非公有资本主体"N",会不会出现经济活动的"外部性内部化"事实,即企业通过"共享工厂"外部性成本,谋取企业自身的内在收益。(3)对"教学指导委员会"如何治理。要充分考虑委员会的成员构成、职能、权利、会议制度等,是否真正有利于产学融合、校企合作的推进实现,委员会重要事项决策能否对专业(群)教学建设与教学改革产生重要影响(促进),会不会在操作上因脱离企业实际诉求而成为制度的空洞摆设。"共享工厂""三教"(教师、教材、教法)改革涉及具体的"1"与"N"合作时,如何根据专业教学需要和企业实际而协调好时间、空间、步伐的一致,提高合作行动的自觉性和实效性。(4)企业(科研院所)的进入和退出制度。企业进入时的资质、资产、权益如何审核、约定、记账,企业退出时的资产如何约定、核算和清理,退出时,如何做好交接,不影响"共享工厂"正常教学秩序等。(5)股权的持增持减政策,等等。总而言之,在混合所有制"共享工厂"模式的制度创新中,涉及"共享工厂"体制、模式的基本制度是"共享工厂"制度结构的基础和中轴,至于能构建到什么程度,则取决于构建者的意志、偏好和智慧。对此,前文介绍的普通高校的校办企业、科技型企业改制中产生的历史经验及诸多教训,很值得混合所有制"共享工厂"模式的办学者在探索中加以借鉴和参考。

3. "共享工厂"派生制度的具体细则

派生制度指向行为规则,对基本制度内涵具体如何操作进行规定。根据制度经济学相关研究,基本制度的确定主要契合管理者的理性和偏好,更多联结政治收益与成本(组织的运行逻辑);派生制度则更多联结经济收益与成本,比如具体权利、义务、责任和利益分配细则,对参与合作伙伴预期收益做出具体的承诺(个体的行为逻辑)。"共享工厂"派生制度的核心任务是决定学校和企业活动的共同方式和分工合作,以及如何集成资源、共享使用资源、介入实践教育教学环节的规则。派生制度的基础则是信息沟通和关系协调,因此,要通过例会制度和信息互通制度等,建立起契约型、关系型跨界治理的柔性纽带,减少和克服沟通上的各种障碍,降低沟通成本和时间成本。在"共享工厂"内部跨界治理中,信息资源某种程度上意味着权力和时效,要打破"1+N"内部成员之间的信息垄断或信息障碍,实现"共享工厂"平台的信息共通、共享、共融。"共享工厂"模式构建的派生制度至少包括以下内容:"学、产、研"融合的具体操作规范和具体标准;实践教育教学的校企合作操作流程与规范;"1+N"校企之间的双向联系制度;"1+N"校企之间的"双师"互派互聘制度;"共享工厂"运营的财务(法务)制度;"共享工厂"的人员绩效分配制度,等等。总之,"共享工厂"基本制度与派生制度安排的优劣,直接影响"共享工厂"模式内部跨界治理的整体质量与育人效能,也决定"共享工厂"模式能否规范有序地长效运行下去,实现整体利益与个体利益的协调一致。

4. "共享工厂"其他制度的变迁演化

混合所有制"共享工厂"模式在以上三个层次的制度之间,要做到紧密关联,注意配套和耦合,形成整体的制度体系。在此基础之上,要根据"共享工厂"模式生命周期中不同阶段遇到的实际问题和混合所有制发展需要、人才培养变化需要,适时生成其他的新制度(制度调整与变迁)。当然,也不是制度创新得越多越好,要防止制度安排过度而产生负面效应。

综上所述,高职混合所有制"共享工厂"模式的内部治理是学校和企业之间的跨界认同与共同治理,要在"学、产、研"不同领域融合中构建合作治理,寻找跨界治理的行动方案。共同利益是"共享工厂"跨界治理的合法性基础,以此为基点,构建恰当的治理结构与机制、生成校企合作制度之后,关键在于"共享工厂"

治理者如何去执行、如何操作运行。有学者研究认为，内部跨界治理的核心是提高新组织的制度能力或制度创新能力，而中国社会历来不缺乏创新精神，问题是初期的制度创新与实践创新很容易被现存体制力量扼杀，难以取得现存体制的包容。从中国大学内部（院系）治理的历史变迁看，政府政策主导着整个学校内部治理的制度变迁过程，真正的学校治理离不开政府的体制包容和政策保护。本研究通过双高计划政策下建设产教融合平台"共享工厂"模式，探索高职混合所有制办学破冰意义的制度创新，尤其需要政府的政策托底和体制保护，协调好"自上而下"与"自下而上"的改革路径关系，为高职产教融合体制创新保驾护航。混合所有制"共享工厂"模式作为高职院校主导探索的产教融合平台新型模式，要借助国家鼓励高职探索股份制、混合所有制办学改革的契机，通过制度创新，契约权力关系与规则制衡，有效推进内部跨界治理的现代化水平，为中国特色、世界水平的职教发展模式贡献创新样本。

第三节 "共享工厂"模式的校长价值领导力

高职混合所有制"共享工厂"模式体制架构与主体关系的契约性、共生性合作，凸显了跨界治理的"学、产、研"集成共享矛盾统一问题，处于轴心地位的学校要通过价值引领，促进"共享工厂"形成"以学为体，产研为用"的功能格局和"学为轴心，产研为翼"的角色位置关系，共同维系共生体的生态平衡。校长是学校的灵魂人物，校长要通过价值领导力，从外围有意识地影响"1＋N"校企内部跨界治理，处理好"大学校"与"共享工厂"在体制、业务、文化等层面的纵横复杂关系。本节从高职混合所有制"共享工厂"模式的体制架构与主体关系出发，针对跨界治理中"学、产、研"集成共享矛盾统一问题，从校长价值领导力视角研究"学"之轴心地位及实现，促进学校引领校企合作的价值共识和共同治理，吸引企业真正参与人才培养全过程，破解校热企冷困境。

一、价值引领下的"1＋N"校企跨界治理

1. "共享工厂"模式的"1＋N"主体间关系

高职混合所有制"共享工厂"模式即学校公有资本与企业非公有资本合作共建的产教融合实践教学平台，形成以学校为轴心"1＋N"组织形态格局的混合所有制办学模式。其中，"1"代表学校或"学"，"N"代表若干企业（科研院所）或"产、研"。"共享工厂"的所有制基础和产权基础赋予其成为不同资本主体的共生体（命运共同体），其中的学校和企业之间关系属性是共生关系，校企合作属于共生合作。共生，指两个以上生物在生理上相互依存程度达到平衡的状态，共生系统具有目的性、整体性、开放性和自组织性特点。"1＋N"主体作为基本共生单元，对单元与整体的关系、自身与"共享工厂"之间关系有以下共识：首先，共生是不同单元的分工合作、相依相存。每个主体根据身份角色及分工相互配合，形成"你中有我、我中有你"的共生形态。其次，共生不能违背"物竞天择、适者生存"的自然法则，"共享工厂"有整体运行规则（基本制度和治理方案等），"1＋N"主体作为系统的单元各有生存法则，核心以优势求生存、以贡献求发展。第三，共生是一种能力，共生不是寄生。学校要在服务企业员工培训、技术服务等方面提升自身能力，不能寄生在"共享工厂"里单纯消费企业的生产实训条件和技术前沿成果；企业要在实践教育教学、职业技能训练、师傅带学徒等方面提升自身能力，不能寄生在"共享工厂"里单纯消费学校的师资、学徒劳动力和获取寻租收益。第四，整体的进化受制于个体之间的共生关系。"共享工厂"能进化到混合所有制什么阶段，能否演化到自组织的自觉形态，取决于或受制于学校和企业之间共生关系程度。最后，共生是一种生命哲学。坚持人与自然和谐共生的生命哲学观，才能得到生态化发展。"共享工厂"有生命周期，内部运行上，"1＋N"主体要与"共享工厂"环境和谐共生；外部运行上，"共享工厂"要与社会产业环境、教育环境和政府政策环境和谐共生。以上是混合所有制"共享工厂"模式的主体间关系特性，需要得到"1＋N"全体成员的共同认可和自觉维护。

2. 价值引领下的"1＋N"校企跨界治理

高职混合所有制"共享工厂"模式坚持"发展目标的公益性原则，开放性与共享性的统一，以协同文化为价值认同，回归立德树人教育本质"四大基础理念，它

的出发点和终极目标聚焦职业教育人才培养质量。该模式的运作,着重围绕解决产教融合集成共享的三个难题:一是融合发展(共享共赢)上,如何达成利益与资本、技术、标准、人员、制度、文化全方位融合;二是综合集成(实体平台)上,如何集实践教学、企业真实生产和技术服务、社会培训于一体;三是跨界治理(多元主体)上,如何完成"共享工厂"内部"1+N"校企之间、大学校与二级单位层面"共享工厂"之间的跨界运营治理。这三个难题是产教融合不同维度上的显性的问题,其中跨界治理问题最为复杂,涉及资本与产权、权力规则与制衡,以及人的心智、文化和价值观冲突等复杂因素,如果处理不好,容易走进"集体行动困境"。混合所有制"共享工厂"模式的体制架构,使内部治理的权力规则具有跨界性、多元性、关系性和契约性特点,内部治理是"1+N"学校和企业之间的跨界认同与共同治理,"1+N"不同利益偏好要向共同利益达成一致,"1+N"不同价值观冲突要通过交流融合而趋向价值共识(求同存异)。"共享工厂"模式中的成员共同价值取向,至少包括以下内容:(1)"1+N"共生体意识,共生体的成长与发展要遵循生命周期哲学;(2)运用"以学为体,产研为用"的生成性思维,进行"共享工厂"建设,坚持实践性、过程性、生成性相统一的运行逻辑,坚持重过程而非本质、重关系而非实体、重创造而反预定的生成创新;(3)摆正"学为轴心,产研为翼"的角色位置关系,确立"学、产、研"三螺旋公转自转互动平衡(相互作用力)意识。(4)自觉孕育"学产研1+1+1>3协同效应"的协同文化,积极强化能力优势和协同合作关系,坚持相互配合、彼此促进、协调一致的行动准则。"共享工厂""1+N"校企跨界治理就是上述价值引领下的共生体治理,学校要把握主体间关系格局和不同主体的不同利益偏好,发挥自身("1"轴心地位)在共同治理行动中的价值引领作用。

二、"共享工厂"模式的学校轴心地位

高职混合所有制"共享工厂"模式的跨界运营治理包括内部校企之间、"共享工厂"与"大学校"之间两个层面,前者属内部治理,后者属外部治理。两个层面的"校",如同一根中轴线贯穿"共享工厂"整体运行系统中,使"学校"处于"1+N"主体关系的轴心地位,"学"处于学产研活动关系的轴心位置,从而形成"以学为体,产研为用"主体功能格局和"学为轴心,产研为翼"角色位置关系,共同维系

"共享工厂""1+N"共生体的生态平衡。

1. "共享工厂"办学本质及其育人中心

混合所有制"共享工厂"模式是高职院校主导的产教融合集成化实践平台，它的本质是集实践教育教学要素资源为一体的"办学平台"，是"1+N"校企合作共建、资源成果集成共享的"育人中心"。它的混合所有制基础和公有非公有资本产权结构，使之与传统公有制办学平台相对封闭的单一体制、一元主体、一个中心，有所不同。"共享工厂"的产权是相对开放的，学产研主体是多元的，内部活动呈多中心、扁平化、网络化的交叉互动态势，学产研各方都有自己的自主运营系统。而在这些多中心的结构关系中，学校和"学"始终处于多中心的轴心位置，反映并坚守"共享工厂"的办学本质和育人根本功能。这些本质功能及跨界网络关系，意味着它的运营治理对学校方面的期望提高，意味着学校的责任更重更大。因此，"大学校"处理与"共享工厂"之间的关系时，要注意把握好以下几个"多元关系确认"：第一，多元身份角色的冲突、化解及责任关系确认；第二，多元需求的诉求、整合及功能关系确认；第三，多元力量的分歧、协商及权力关系确认；第四，多元利益的冲突、协调及共同利益确认；第五，多元价值的冲突、融合及价值共识确认。也就是说，学校要从校企合作的大局观出发，进行牵头、主导，针对可能的潜在的跨界冲突，通过协议约定，确认好以上几组关系（整合分歧、化解冲突），促使多元主体认同学校所引领的共同利益与价值共识，促进企业真正参与人才培养全过程。需要强调的是，混合所有制"共享工厂"模式是基于契约的跨界治理（强调自愿平等、民主协商），学校引领解决"共享工厂"跨界运行中的各种问题与多元冲突，既不能靠学校惯用的行政手段，也不能靠企业惯用的经济手段，只能靠价值观手段，协调修正多元主体的个体偏好及共同需要，引领"1+N"多元主体走向更高层次的平等合作和价值实现。

2. 学产研集成共享的"学"之轴心

"学、产、研"结合是应用性人才培养的基本规律和根本途径。混合所有制"共享工厂"模式是教育教学要素资源综合集成后、多元主体共享共生的新型组织形态，"共享工厂"在集成对象上坚持"以学为体，产研为用"（包括以实践教学为主体的"三教"改革、"1+X证书"教育培训、企业员工培训、企业技术服务等一系列体系、制度和标准），在集成方式上坚持"以产促学，以研带学"（通过试点中国特色现代学徒制带动专业教学、课程、实训条件等标准建设；试点"1+X证书"

制度带动"三教"改革、企业员工培训和社会培训资源开发;通过校企合作技术研发孵化带动企业技术进步和专业教学内容更新等),在集成绩效上实现"学产研 1+1+1＞3 协同效应",在集成共享上坚持学产研资源共建与成果共享共赢(实现不同资本的平等权利)。由此可见,混合所有制"共享工厂"模式的学产研集成共享活动,均围绕"学"之轴心展开,与"学"相伴,与"学"相融,最终回归人才培养的根本目标。实际上,学产研集体合作行动,呈现的往往是多方参与、深浅有度,说明多方价值选择存在差异性或不充分性,以及"共享工厂"跨界治理的重要性与复杂性。社会学研究认为,人之所以有活动、有选择,归根到底在于有需求,能够满足需求的对象即价值存在,对不同价值存在的选择(评价)即价值选择(评价),它包括对价值的审美选择、功利选择和规范选择。内中启示,大学校在以举办者身份坚守"共享工厂"教育本质的前提之下,可以通过引领"共享工厂"的审美性、功利性、规范性价值,去收获"N"企业(科研院所)的信任和理解,促进"N"多元主体的价值选择倾向于以"学"为轴心的学产研协同合作。同时,大学校可以借鉴布迪厄社会学思想"场域、惯习、文化资本、实践"对教育领域的运用,以及功利主义理论的共同利益诉求与建构主义理论的行动者自觉意识,积极引领"N"企业(科研院所),共同推动"学、产、研"集体行动的一致有效。

3. 学校轴心与企业轴翼的互动平衡

在高职产教融合的混合所有制办学中,"混"是形式,"合"才是实质,高职院校探索混合所有制办学追求的是实效上的"合",而不仅仅是形式上的"混"。混合所有制"共享工厂"模式是高职院校与企业资本交叉融合的合作办学平台,是公有制为主体、非公有制参与的办学体制,这种从资本到产权、从形式到内容的法律性捆绑,使得"共享工厂"在诞生之初就是学校和企业联姻组成的共生体,"1"与"N"同呼吸、共命运。共生体"1+N"组织格局,既是物质形态的概念(物理空间实体形态),又是意识形态的概念(思维结构关系),指向学校轴心"1"与企业轴翼"N"的互动平衡,存在相互作用力关系及内部运行原理。借鉴物理学相关知识,"1+N"共生体的运行逻辑就是在于:确立"学为轴心,产研为翼"角色位置关系→形成立体的三螺旋公转自转运行(作用力)→达到互动平衡状态。"1+N"共生体不同于传统三螺旋理论揭示的"大学—产业—政府"之间的平面三螺旋互动关系,而是通过"学为轴心(1),产研为翼(N)"形成立体的三螺旋公转自转运行,并达到互动平衡状态。在这种互动平衡关系中,"共享工厂"具有恒星的隐喻意义,学校和企业具有行星的隐喻意义,各星体自转时,都受向心力和离心力作用,同时也围绕恒星公转。"共享工厂"在自转(运营)过程中,有个巨大无形的"中心轴(学)"存在,中心轴对每个平面的每个质点(校、企、所)做向心运动,每个质点对中心轴做相对离心运动;"共享工厂"和每个质点的运行速度(相当于内在动力、效率与绩效)决定"共享工厂"运行系统的整体平衡。当然,学校轴心地位与共同治理的主体关系平等并不矛盾,大学校要有意识地运用以上价值理念,去引导和影响"共享工厂"的内部跨界治理,要通过价值领导力收获企业的信任与理解,打牢协同合作的心理基础。

4. 校企价值共识与校长领导力引领

研究表明,一个组织的有效治理与群体对核心价值的理解有关,光通过结构改革和制度重建,未必能真正改变组织内群体的价值观和选择取向。群体的价值判断有预成性、假设性和理性等特征,价值关系背后,体现的是认识选择和社会文化因素。"共享工厂"模式的混合所有制办学,并不是高职院校和企业的资金资本的简单叠加,核心问题是资本背后的不同投资主体在教育观念、教育资源禀赋及优势、公共治理能力等方面的高度互补互信和协同协作问题,彼此的矛盾冲突如果处理不好、协调不好,则注定混合所有制"混而不合",注定产教融合"融而不合"。因此,混合所有制"共享工厂"模式要实现内部跨界治理,必然需要"1+N"学校与企业(科研院所)之间达成价值观上的认同、包容和共识,尤其要在"合(混合、融合)"的问题上,达成价值共识。价值共识就是对特定价值产生共同认识与理解,主要是对"共享工厂"模式的理解认知,包括它的概念内涵、建设理念与思想、行为方式与原则、价值观等要素总和,比如共生体"1+N"性质关系、三螺旋公转自转运行规则、跨界共同治理等理解以及产品绩效意识等内容。混合所有制"共享工厂"的"1+N"模式赋予学校轴心("1")地位的同时,也赋予轴心("1")的期望和责任,要求学校在促进价值共识中提高价值"领导力"(有意识运用价值理念与原则去引导协调解决问题、实现目标的能力),这势必对大学校校长的价值领导力提出更高期盼。

"领导"的实质是一种追随关系,"领导力"即影响力,指影响人们心甘情愿又满怀激情地为实现目标而努力的过程。综观世界高等教育发展、中国大学治理乃至国家示范性高职院校建设历程,学校的每项重大改革得以推进和实现,既要靠教授(师)的创造力,更要依赖校长的领导力。有研究认为,组织变革的实质是价值和文化的重塑,人的行为意义是文化赋予的(文化的无意识传导机制和无意识背景),结构与文化缺一不可。而校长是学校价值和文化的领跑者,智慧校长赋予学校灵魂,魅力校长赋予学校血肉。混合所有制"共享工厂"模式的有效治理,需要校长集"教育家思维、理想家气质、企业家精神"于一身,对之给予价值上和文化上的引领。当然,价值领导力的更高形态是文化领导力。根据文化领导力的"明道—行道—护道"结构框架,高职院校校长的领导力要从明道入手(把价值理念说清、说熟、说透,并树立榜样),坚持行道(践行价值理念)和护道(保护价值理念),促进"共享工厂""1＋N"学校轴心地位实现和"共享工厂"的共同治理、有效治理。进一步讲,高职双高计划不仅是基于示范性院校建设成果的质量再提高,更是发展出中国特色职业教育模式走向世界的里程碑工程,它对双高计划院校的校长领导力赋予更多责任和更高期望。在混合所有制"共享工厂"模式所体现的价值共识中,校长领导力不再是先前引领本校内师生的单主体性的领导力,而是引领"1＋N"多元主体合作的复杂的跨界性的领导力,它是多元价值达成共识的基本出发点和影响力。这种价值领导力,既包括多元价值的识别与选择、实践与反思、分享与共享,又指向人的心智模式、集体行动与治理效能,最终固化为"共享工厂"的文化,继以传承下去。

三、"共享工厂"治理的校长价值引领

校长是学校的灵魂人物,从校长的价值领导力视角讨论价值引领下的"1＋N"校企跨界治理,不是指校长直接介入或参与"共享工厂"内部运营管理,而是通过价值领导力和"学"之轴心地位,从外围有意识影响其内部治理,处理好"大学校"与"共享工厂"之间体制、业务、文化等层面的纵横复杂关系。

1. 对企业参与办学责任的把握

校长要引领"共享工厂"治理者,厘清产教融合内含的"企业主体责任""学校教育目标与企业利益目标的博弈""实践平台体制与内部治理"等诸多问题,以及问题之间的逻辑关系,探寻校企合作中"企冷"的症结障碍、缘由和变革策略。首先,要认识到企业的社会责任是属于经济责任之外的公益性范畴,企业参与职教办学是面向社会公益的社会责任,与经济责任相比,更具有自愿性和脆弱性,因此,要允许合作企业根据自身实际权衡"参与职教办学"责任的履行程度。企业

社会责任(Corporate Social Responsibility,简称 CSR)观念发端于 20 世纪初的美国,是指企业在利润最大化目标之外所负有的维护和增进社会公益的义务。企业社会责任包括企业法律责任、道德责任和自愿责任,企业履行社会责任的本质是获取利润的方法。其次,要善于从技术、制度和文化三个层面,透视和剖析产教融合平台上企业参与性不足的障碍与缘由,注意从企业责任和目标要求出发,共同协商,通过适当的方式解决合作中的根本体制机制问题,积极消除可能影响企业参与动力的障碍因素。第三,要把握好企业和学校的真实身份和角色的特殊性。企业参与职教办学的直接动机,一般是源于对自身人力资本的渴求、对企业形象的追求和社会(政府)对企业公民的责任要求,企业在"共享工厂"里的真实身份是职教办学"参与方",承担履行的责任定位于参与责任或协办责任;学校身份是职教办学"主办者",承担的是主办责任(牵头、主导)。基于以上相关责任的理解,校长要引领"共享工厂"治理者,突破原有职业教育办学束缚,大胆创造新的合作制度与文化,比如,围绕混合所有制产权、股权、利益分配等问题展开"1＋N"学产研合作制度突破,以及(跳出教育学和管理学范畴)借助社会学、生态学及哲学思维启示,理解企业行为博弈和共生体运行规律,形成"共享工厂"建设的特有的思维范式与人文理解。

当然,把握企业办学责任可以从股权结构出发,"共享工厂"模式在建设初期,学校拥有超过 50％股权的绝对控股地位,意味着,学校控股地位完全可以通过价值引领顺利实施教育教学改革(按教育规律和教育思维办学),企业非控股地位不可能出现企业将经济活动做法照搬到"共享工厂"办学(按企业规律和经济思维办学),加上企业社会责任的公益性质为解决合作问题提供了道德通道,企业则未必愿意投放大量精力参与"共享工厂"内部治理,那么,"共享工厂"内部跨界治理的责任主要还是依赖学校。这样,校长的价值领导力就显得至关重要。

2. 引领解决核心问题及其矛盾

高职产教融合的混合所有制"共享工厂"模式是基于契约的跨界合作组织模式,校长要引领"共享工厂"借鉴现代治理理论,从校企合作核心问题与主要矛盾出发,通过多视角、多立场地协商,解决共生体不同领域问题的需求和愿望。首先,引领治理者把握"共享工厂"治理的基本要义和基本价值。"治理"不同于"统治"。根据全球治理委员会的权威定义,治理是协调不同利益群体的冲突,并采取联合行动的持续的过程。在治理体系和框架中,"公共权力"是治理逻辑的核心概念,核心内容是制定一套"新"的秩序,即处理核心问题的新规则和新制度。其次,引领治理者精准梳理"共享工厂""1+N"利益冲突与主要矛盾(冲突点正是合作的突破点),抓取校企合作问题的影响因素和跨界治理的核心要素,以价值共识为基点,促进集成共享的制度新生成。混合所有制"共享工厂"模式跨界治理需要解决的根本问题,主要是公有资本和非公有资本投资如何获得合理回报,如何实现共享和共赢。第三,引领治理者重点解决"共享工厂"的治理结构、治理模式和治理机制问题,体现出"共享工厂"混合所有制架构的权力关系、权力制衡规则,并消除各方的合理担忧。比如,通过恰当的治理结构,消除公有资本和非公有资本对平等权益保护的担忧;通过恰当的治理机制,消除主体偏离整体最优策略的动机和对风险套牢的担忧;通过恰当的治理模式,消除主体之间信息不对称和不完全契约的可能障碍,确保各节点服务教育教学的可靠性,等等。第四,引导治理者采取合适的"共享工厂"治理路径,比如:(起点)明确权力、责任、义务及权力规则→(战略层面)确立目标、绩效、理念→(过程层面)协调合作主体的关系→(结果层面)关注新资源和成果的产出→进入新的循环与开放。"共享工厂"治理的核心抓手,是制定好运行规则和做好监督、激励。最后,引导治理者增强"共享工厂"产品(成果)绩效意识。比如,如何评估"共享工厂"绩效问题(坚持以学为体、产研为用),如何兼顾学校育人目标与企业经济目标,兼顾合作关系的短期维护与合作长效性等问题。与此同时,校长要有意识地引导治理者,理解、把握和平衡好"合作与协商"(自愿平等、民主协商、伙伴关系)、"效率与责任"的关系,认识到治理有助于克服各自资源能力的有限性,"共享工厂"治理的责任界限存在模糊性、包容性,不能过于刚性。

在对"共享工厂"核心问题和冲突矛盾的处理方面,由于"1+N"主体对事物变化的认识及应对方式有所不同,学校逻辑与企业逻辑有分歧、校热企冷局面在所难免,关键是治理者如何看待分析和如何协调解决这些问题与冲突,使合作步调得以合拍。在混合所有制"共享工厂"模式的跨界治理活动中,合作企业实际上脚踩的是"两条船",考虑问题时,首先是企业自身的经济问题,然后才是利益相关者的"共享工厂"育人问题;而学校始终脚踩一条船,考虑的问题都是办学问题、育人问题(学校主导建设的"共享工厂"不是商业组织)。那么,校长在对"共享工厂"治理进行价值引导时,要基于"共享工厂"内外环境变化进行综合判断,引导其有分歧、有解决、有冲突、有妥协,引导其在求同存异中实现整体目标和个体目标。毕竟,高职院校校长工作从事的是人文社会学科的教育实践活动,要善于运用人文社科移情与理解的办法,尽可能贴近"共享工厂"实践者立场来体验和影响教育治理问题,要善于以文化人。

3. 引领"共享工厂"的供应链治理

高职混合所有制"共享工厂"模式是公有资本和非公有资本的"1＋N"合作关系框架,它的跨界治理不是传统的基础控制,而是平等合作关系的持续协调和持续互动,核心是协调好"1＋N"主体之间的各种"关系"。研究发现,"共享工厂"模式的内部合作关系符合供应链模式,每个主体相当于"共享工厂"的厂商,共存于实践教育教学要素资源供应的供应链之中,校长要有意识引领其开展供应链治理,提高跨界治理的现代化水平。首先,要认识到"1＋N"学校和企业(科研院所)都是"共享工厂"供应链的链条环节,彼此环环相扣、交叉融合,每个链条的角色功能发挥都影响或制约着供应链整体运行。要认识到"共享工厂"供应链每个链条之间的契约性合作特性,使得每个个体的行为和选择存在风险推卸和机会主义的可能。其次,要基于供应链("学、产、研")联结关系,来理解"共享工厂"模式的本质属性、共同利益和价值共识,依据主体的不同利益偏好而配置相应的责、权、利,引领"共享工厂"建设和运营在"技术→制度→文化"层面提升创新能力,促进供应链的有效治理。"共享工厂"共同治理的主要功能是在结构设计上突出各主体责、权、利和共同利益的关系,在结构运行中实施网络化和项目化服务供给,在结构维系中孕育跨界共享、开放负责的协同文化。第三,要利用制度系统,建立起分工合作、协同参与的供应链整体治理框架。根据"共享工厂"模式的体制架构、权力规则及学校轴心地位,按照整体性制度创新的要求,以及"确定元制度→决定基本原则性制度→派生具体操作性制度→生成其他新制度"的基本思路,寻求混合所有制"共享工厂"模式的治理结构、治理机制和治理模式的新制度生成。最后,要尊重供应链上不同文化资本、场域、惯习、历史实践的差异性,保障"1＋N"学校和企业(科研院所)平等地位与自主性,消解供应链治理的"中心—边缘"结构。总之,"共享工厂"供应链的中心任务是围绕"学"而生产出和提供出实践教育教学要素资源,跨界治理的基本出发点是不同性质资本(多元主体)的权益保护与关系协调,治理目标是建立"1＋N"校企合作新秩序,解决企业(科研院所)积极性不高、校企合作沟通不畅、合作机构运行效率低等实际问题。

研究发现,高职混合所有制"共享工厂"模式的治理结构与体制具有相对稳定性,学校(校长)的价值领导力却具有较大能动性与弹性。从供应链治理看,传统校企合作之所以校热企冷,归根到底是供应链上"供"与"需"不对等,学校对企业真实需求研判掌握不到位,学校(校长)价值领导力尚未到位。因此,在"共享工厂"模式的跨界治理中,校长要善于观察体谅企业合作交往的真实意图和需求,实践和反思自身(学校)原有的价值偏好与思维模式,引领"共享工厂"网络结构的信息协调能力、制度安排能力和文化协同能力提升,促进"共享工厂"供应链的共同治理与有效治理。

4. 引领"共享工厂"的价值链治理

高职混合所有制"共享工厂"模式的有效治理,终将落在"1+N"校企价值观的交叉融合与共识共享上。研究发现,"共享工厂"模式内部存在一个价值链,这个价值链是为实现办学(育人)目标而连接实践教学要素资源的生产、销售、回收处理等过程的"1+N"跨界网络组织,涉及原材料采购(教学资源的原始配置)、半成品生产分销(资源经过再生产),直至最终消费(新资源运用到教学中)和回收处理(未达标资源再加工)的整个过程。因此,校长要引领治理者认识到"共享工厂"内部的这种价值链关系,开展价值链治理。首先,关于价值链的链条地位及关系。"共享工厂"里每个个体的生产能力和供应能力,决定其在价值链中的地位(核心或低附加值环节),彼此通过能力优势而达成相依相存和共生发展,从而实现"共享工厂"治理的整体价值。其次,关于价值链的核心链条之间的联结。"学、产、研"分别处于"共享工厂"价值链核心位置("学"是核心中的轴心),并相互交叉联结(有边界有重叠),核心链条的任何主体要想实现利益最大化,就都要以价值链整体增值与他方共赢为基础。第三,关于价值链内部链条之间的合作。"共享工厂"价值链的内部合作是"1+N"资源能力互补下的教育要素的交流合作,它介于科层与市场之间,是基于契约的跨界合作关系,充分的信息交流与信息对称相当关键。第四,关于价值链治理的价值。价值链治理就是对价值链组织结构、权力规则、主体关系的充分协调,"共享工厂"有效治理就是看价值链的链条关系是否顺畅,治理结构是否平衡(所有权与产权结构、投资主体与利益结构、权力结构与规则制衡等),链条的整体价值和个体价值是否都得以实现。最后,关于链条的能力位势与优势互补。学校主导构建混合所有制"共享工厂"模式的根本考虑,是借助企业"产、研"资源优势和资源能力提高学校的办学质量,那么，合作企业"产、研"资源能力的位势越强，对"共享工厂"内部治理的影响力和作用力则越大。反之亦然。当然，"共享工厂"价值链是一个动态的流变的过程，会随着高职人才培养的诸多"标准"和"学产研对接"复杂程度的变化而动态变化。

高职混合所有制"共享工厂"是供需链上不同利益主体投资共建的产教融合实践教学平台，是不同领域优势资源差异化、互补性合作的集成共享平台，这种集成、共享、融合的创新创造与交互转换，体现了教育性与生产性的目标统一，开放性与共享性的跨界统一，人文性与经济性的交融统一，同时，又是主体责任与治理效率的契约统一，更是境遇关怀与价值引领的文化统一。双高计划院校校长在促进这些转换和统一的过程中，体现和展示了混合所有制"共享工厂"新模式办学的智慧、价值和独特性，就是对双高计划建设、示范引领方面的贡献和价值所在。当然，校长要充分认识到模式、制度向文化的进阶，办学模式的绩效往往固化为制度，制度的绩效则固化为文化，文化是模式和制度结合的最高形态。混合所有制"共享工厂""1+N"校企合作的最高形态，是形成"学产研1+1+1＞3协同效应"的协同文化。毕竟，高职产教融合的混合所有制"共享工厂"模式是教育性和文化性的存在，它产生于"关系"之中，运行在"价值"之间，最终，久活在"文化"里。

综上所述，高职混合所有制"共享工厂"模式在体制架构与主体关系上的契约性、共享性和共生性合作，凸现了校企多元跨界治理的"学、产、研"集成共享矛盾统一问题，校长（学校）要善于运用教育实践的逻辑，通过价值领导力引领"1+N"校企跨界治理的能力水平，实现"学"之轴心地位，吸引企业真正参与人才培养全过程。混合所有制"共享工厂"模式能否有效治理，与"1+N"主体对"共享工厂"的核心价值理解有关，再完善的治理结构，若在实践中得不到价值观协同和文化支撑，则未必有效，因此，要考虑内部跨界治理的非结构性因素。在"学"之轴心地位的角色实现中，校长要引领"共享工厂"治理者建立教育实践的审美情趣，要跳出习惯性防卫的心智模式与路径依赖思维，去应对新时代产教融合、校企合作中的诸多不确定性与认识分歧，要善于在确定性与不确定性之间寻找可能性和可行性。从领导学视角看，校长领导工作的中心就是确认什么因素能够激励人，提高自身的领导力，而领导力表现为领导者和追随者的合力，通过价值和文化去引领意义赋予（价值研判）、意义建构（价值共识）和洞悉未来（价值选择）的过程。高职混合所有制"共享工厂"模式创新中的校长价值领导力，既是双高计划建设的探索精神引领，又是中国职业教育改革发展的情怀和意境。

第七章

"共享工厂"模式赋能高职"三教"改革

高职双高计划强调通过产教融合平台效应和标杆引领来深化"三教"(教师、教材、教法)改革,而平台的体制与模式创新不足制约着"三教"改革的成效和水平,高职院校需要通过体制与模式的深层次结合引领产教融合办学模式创新。高职产教融合的混合所有制"共享工厂"模式按照"学、产、研"一体化育人思路,实现以"学"为轴心的学产研办学要素集成共享,促进学校与企业(科研院所)"1+N"共生发展的办学创新。"共享工厂"模式承载着"三教"改革的基本要素与建设内容,既能以体制性与资源性优势,赋能"三教"改革全过程,落实人才培养整体效能,又能通过探索性、实践性、引领性改革,解决双高计划建设的局部突破不足及整体联动不强问题,真正实现成果导向的"三教"改革平台效应,为形成中国特色职教发展模式贡献智慧。

第一节 双高计划建设与"三教"改革

一、双高计划建设与"三教"改革政策

2019年1月24日,国务院印发《国家职业教育改革实施方案》(国发〔2019〕

4号文),又称"职教20条",成为双高计划建设和"三教"改革的宏观政策背景和系列政策源头。该文件第三条"推进高等职业教育高质量发展"提出:启动实施中国特色高水平高等职业学校和专业建设计划,建设一批引领改革、支撑发展、中国特色、世界水平的高等职业学校和骨干专业(群)。第五条"完善教育教学相关标准"提出:实施教师和校长专业标准,提升职业院校教学管理和教学实践能力。持续更新并推进专业目录、专业教学标准、课程标准、顶岗实习标准、实训条件建设标准(仪器设备配备规范)建设和在职业院校落地实施。第九条"坚持知行合一、工学结合"提出:借鉴"双元制"等模式,总结现代学徒制和企业新型学徒制试点经验,校企共同研究制定人才培养方案,及时将新技术、新工艺、新规范纳入教学标准和教学内容,强化学生实习实训。遴选认定一大批职业教育在线精品课程,建设一大批校企"双元"合作开发的国家规划教材,倡导使用新型活页式、工作手册式教材并配套开发信息化资源。每3年修订1次教材,其中专业教材随信息技术发展和产业升级情况及时动态更新。适应"互联网+职业教育"发展需求,运用现代信息技术改进教学方式方法,推进虚拟工厂等网络学习空间建设和普遍应用。第十二条"多措并举打造'双师型'教师队伍"提出:探索组建高水平、结构化教师教学创新团队,教师分工协作进行模块化教学。建立健全职业院校自主聘任兼职教师的办法,推动企业工程技术人员、高技能人才和职业院校教师双向流动。随后,高职双高计划建设和"三教"改革的一系列具体意见、实施办法相继出台。

2019年3月29日,教育部、财政部启动实施中国特色高水平高职学校和专业建设计划,印发《关于实施中国特色高水平高职学校和专业建设计划的意见》(教职成〔2019〕5号文),提出改革发展的十大任务。文件第七项任务"打造高水平专业群"提出:校企共同研制科学规范、国际可借鉴的人才培养方案和课程标准,将新技术、新工艺、新规范等产业先进元素纳入教学标准和教学内容,建设开放共享的专业群课程教学资源和实践教学基地。组建高水平、结构化教师教学创新团队,探索教师分工协作的模块化教学模式,深化教材与教法改革,推动课堂革命。第八项任务"打造高水平双师队伍"提出:以"四有"标准打造数量充足、专兼结合、结构合理的高水平双师队伍。培育引进一批行业有权威、国际有影响的专业群建设带头人,着力培养一批能够改进企业产品工艺、解决生产技术难题的骨干教师,合力培育一批具有绝技绝艺的技术技能大师。聘请行业企业领军人才、大师名匠兼职任教。双高计划在国家宏观布局、统筹协调、经费管理的顶层设计下,每五年一个支持周期,2019年启动第一轮建设。随后,与建设任务相关、相配套的政策与实施方案陆续出台,其中,深化教师、教材、教法三个方面的改革被正式统称为"三教"改革,列入双高计划落地建设,成为高职院校教育教学改革的主线和重要抓手。

梳理发现,"三教"改革这一提法在正式文件中的出现,是从教育部"1+X证书"制度试点方案开始的。2019年4月4日,教育部联合国家发展改革委、财政部、市场监管总局等四部门印发《关于在院校实施"学历证书+若干职业技能等级证书"制度试点方案》(教职成〔2019〕6号文)。文件在"目标任务"部分,首次提出"通过试点,深化教师、教材、教法'三教'改革"。根据方案,首批启动5个职业技能领域试点,"中国特色高水平高职学校和专业建设计划"入选学校要发挥带头作用。2019年11月9日,教育部办公厅联合国家发展改革委办公厅、财政部办公厅印发《关于推进"1+X证书"制度试点工作的指导意见》(教职成厅函〔2019〕19号文)。文件在"建设并及时提供高质量培训资源"部分提出:面向学生开展的X证书培训,要与推进教师、教材、教法改革结合起来,由学校统筹用好有关资源和项目,结合教学组织实施。在此期间,与双高计划建设、"1+X证书"制度试点等方案相呼应,教育部陆续印发教师教学创新团队、双师型教师、教材等专项建设方案。随着这些方案的陆续推进,"三教"改革系统工程也全面落地,并与双高计划建设紧密结合、相互融合,打出职业教育改革"组合拳"。

2019年5月13日,教育部印发《全国职业院校教师教学创新团队建设方案》(教师函〔2019〕4号文)。文件提出:通过打造一批高水平职业院校教师教学创新团队,示范引领高素质"双师型"教师队伍建设,深化职业院校教师、教材、教法"三教"改革。在"具体建设目标"部分提出:经过3年左右的培育和建设,打造360个满足职业教育教学和培训实际需要的高水平、结构化的国家级团队,通过高水平学校领衔、高层次团队示范,教师按照国家职业标准和教学标准开展教学、培训和评价的能力全面提升,教师分工协作进行模块化教学的模式全面实施,辐射带动全国职业院校加强高素质"双师型"教师队伍建设,为全面提高复合型技术技能人才培养质量提供强有力的师资支撑。其中,"建设任务"部分将团队的教师能力和模块化教学模式作为建设重点,在"加强团队教师能力建设"中提出:组织团队教师全员开展专业教学法、课程开发技术、信息技术应用培训以及专业教学标准、职业技能等级标准等专项培训,提升教师模块化教学设计实施能力、课程标准开发能力、教学评价能力、团队协作能力和信息技术应用能力。支持团队教师定期到企业实践,学习专业领域先进技术,促进关键技能改进与创新,提升教师实习实训指导能力和技术技能积累创新能力。在"创新团队协作的模块化教学模式"中提出:打破学科教学的传统模式,探索"行动导向"教学、项目式教学、情景式教学、工作过程导向教学等新教法。每位教师要全面参与人才培养方案制(修)订、课程标准开发、教学流程重构、课程结构再造、学习管理与评价等专业建设全过程,教师分工协作进行模块化教学,不断提升教学质量效果。2019年8月30日,教育部联合国家发改委、财政部、人力资源社会保障部等四部门印发《深化新时代职业教育"双师型"教师队伍建设改革实施方案》(教师〔2019〕6号文)。文件提出:教师按照国家职业标准和教学标准开展教学、培训和评价的能力全面提升,教师分工协作进行模块化教学的模式全面实施,有力保障1+X证书制度试点工作等建设目标。2019年12月16日,教育部印发《职业院校教材管理办法》(教材〔2019〕3号文)。文件在第四章"教材编写"部分提出:专业课程教材要充分反映产业发展最新进展,对接科技发展趋势和市场需求,及时吸收比较成熟的新技术、新工艺、新规范等。符合技术技能人才成长规律和学生认知特点,适应项目学习、案例学习、模块化学习等不同学习方式要求,注重以真实生产项目、典型工作任务、案例等为载体组织教学单元。倡导开发活页式、工作手册式新形态教材。教材编写团队应包含相关学科专业领域专家、教科研人员、一线教师、行业企业技术人员和能工巧匠等。

  在以上专项建设方案发布期间,"三教"改革相关内容和要求在教育部"现代学徒制"文件中也有提及。比如,2019年5月14日,教育部办公厅印发《关于全面推进现代学徒制工作的通知》(教职成厅函〔2019〕12号文),在"目标要求"部分提出:深化产教融合、校企合作,健全德技并修、工学结合的育人机制和多方参与的质量评价机制,深入推进教师、教材、教法改革,总结现代学徒制试点成功经验和典型案例。此外,"三教"改革具体要求在教育部"专业人才培养方案制订与实施"文件中也明确出现。2019年6月5日,教育部印发《关于职业院校专业人才培养方案制订与实施工作的指导意见》(教职成〔2019〕13号文),在"指导思想"部分提出:突出职业教育的类型特点,深化产教融合、校企合作,推进教师、教材、教法改革,规范人才培养全过程,加快培养复合型技术技能人才。在"实施要求"部分专门列出"(四)深化教师、教材、教法改革":建设符合项目式、模块化教学需要的教学创新团队,不断优化教师能力结构。健全教材选用制度,选用体现新技术、新工艺、新规范等的高质量教材,引入典型生产案例。总结推广现代学徒制试点经验,普及项目教学、案例教学、情境教学、模块化教学等教学方式,广泛运用启发式、探究式、讨论式、参与式等教学方法,推广翻转课堂、混合式教学、理实一体教学等新型教学模式,推动课堂教学革命。加强课堂教学管理,规范教学秩序,打造优质课堂。

二、双高计划建设中的"三教"改革问题

双高计划建设是高职教育发展向中国特色、世界水平顶峰攀登的突破性工程,承载着扶优扶强的龙头项目特征,强调通过产教融合来引领新时代职业教育的高质量发展,形成中国特色职业教育发展模式。"三教"改革是双高计划专业群人才培养的关键要素和重要切入点,对应解决"谁来教、教什么、怎么教"三个核心问题,从根本上影响教育教学质量。从目前情况来看,双高计划院校"三教"改革的平台效应并不明显,产教融合实践平台上体制与模式深层次结合创新不足,制约着"三教"改革的成效和水平。徐国庆等学者认为,双高计划不同于示范校建设时期的办学要素完善及特色彰显,不能按照以往内涵达标及规范化的全面性建设思路,而要运用突破性思维进行局部性成果突破来带动整体发展。从建设实践看,一些院校仍停留在示范校建设的原有惯性思维和固有路径依赖,高质量高水平的局部突破不足,产教融合集成化的平台效应及其标杆引领不够等问题突出。具体到专业群人才培养的教育教学微观层面,学校对"三教"改革各部分资源重新配置以及部分成果之间的内涵理解和内在关系,缺乏系统地深入地分析和把控,缺少系统性的变革导致师生负担双双加重。张宇、徐国庆等人研究认为(2020年),课程建设是专业建设的重中之重,"三教"则是专业群人才培养的关键要素。有些学校还停留在只是完成人才培养方案、课程标准、教材建设等基础性和规定性任务,不能从人才培养整体路径和长远目标出发进行综合性系统性课程设计与实施,缺乏高质量和经典意义的教材开发与教师教学资源有效建设。高水平师资建设方面,双高院校普遍增加教师专项发展计划、人才计划等,但是还不能适应新知识生产模式发展的需要,缺乏真正系统化、阶梯化的教

师培训成长体系,缺乏高水平研究平台和技术交流平台,加上校企之间人才流动存在诸多障碍,局限了教师专业能力、科研水平的提升。

归纳起来讲,"三教"改革的症结和瓶颈主要表现为:第一,"三教"改革的根本在于教师(主体),而双师型教师短缺、领军人物匮乏,学校培养的"双师"含金量普遍低,校企双向流动受阻。教师专业能力和入职标准不清晰,考核评价难以多元化,绩效激励力度小。在双师培养中,一直存在产教融合体制不顺畅,职业成长和发展路径单一,教师进企业实践锻炼和与企业管理人才、专业人才相互兼职的制度缺失等系列问题。第二,"三教"改革的载体在于教材,专业课教材需要解决内容的选择、更新、组织结构和呈现等基本问题,而目前存在教材质量不高、形态单一问题,未形成有效的新型活页式、工作手册式教材,教材内容与职业岗位要求、与新技术新标准新规范、与企业生产实际脱节严重。有些院校还存在教材建设内容陈旧、更新不及时、教材选用不规范等问题,缺乏适合线上线下混合式教学需要的立体式教材。李政研究认为(2020年),活页式教材的本质是教材内容组织模式的变革,手册式教材的本质是教材内容结构的完善,立体化教材的本质是教材内容呈现方式与功能的补充。未来职业教育新形态教材的编写可基于职业能力清单设计教材的基本结构,在教材中重视能力训练部分的精细设计,酌情考虑教材立体化的必要性与可行性,并合理判断新形态教材的开发适用性问题。第三,在教学方法方式方面同样存在诸多问题,比如,标准化、程序化的教法与动态化产品生产不匹配,现代信息化教学手段与课堂教学缺乏深度融合,等等。

事实上,"三教"改革问题背后的深层原因绕不开"校企合作"和"课程建设"两大基础性问题,校企合作对应的是"三教"改革体制机制、双主体育人体制机制问题,课程建设对应的是"三教"改革源头统领问题,属于上位视角问题。校企合作体制机制不畅以及课程建设缺乏整体性与分项性照应,从根本上制约了"三教"改革的水平,"三教"改革水平进而又制约双高计划建设成效。双高计划建设明确了以学生为中心的改革理念,进一步强调了学校在人才培养过程中的主阵地作用,全面推动以课堂教学模式改革为核心的教法改革,重点是教学方法的信息化问题、教学方法的创新问题。推进课堂革命为突破口,创新教学方式方法,全面推行面向企业真实生产环境的项目制、情景式教学模式,调动学生学习积极性,提高人才培养质量。面对"三教"改革的现实障碍和突出问题,双高计划院校作为一个产教融合、校企合作的开放复杂系统,如何打破原有教学制度的平衡和现实抵抗力是一项重要挑战。无论如何,双高计划院校都要依托产教融合实践平台的校企合作体制优势和专业群课程资源优势,集中力量突破"三教"改革的制度变革,形成双高计划的局部突破和平台效应。

三、产教融合实践平台的"三教"改革效应

产教融合实践平台是双高计划院校整体建设的主要抓手,也是"三教"改革的基础依托和实践支撑。双高计划明确提出建设"集人才培养、团队建设、技术服务于一体,资源共享、机制灵活、产出高效的产教融合平台";培养一批"能够改进企业产品工艺、技术难题的骨干教师"和"技术技能大师";"深化教材教法改革,推动课堂革命"。双高计划启动以来,高职院校普遍根据国务院职教 20 条和教育部"全国职业院校教师教学创新团队建设方案(教师函〔2019〕4 号文)""深化新时代职业教育'双师型'教师队伍改革实施方案(教师〔2019〕6 号文)""职业院校教材管理办法(教材〔2019〕3 号文)"等政策文件精神,依托产教融合平台,切实进行专业群建设和"三教"改革实践探索。其中,教师层面重点突破"双师型""教学团队""专业能力提升",教材层面重点突破"校企合作开发专业课教材""活页式、工作手册式新形态教材",教法层面重点突破"模块化教学模式"。高职院校"三教"改革不仅仅是教师、教材、教法本身要素的常规变革,更要关照组织与制度的协同互动关系,基于系统、协同和嵌入的思维打破现有观念和组织平衡,进入全新的组织、制度、文化形态,推动"三教"要素的突破变革。郑永进、黄海燕等人(2020 年)基于新制度主义理论的视角,提出通过构建教学创新共同体,创建新的教育教学创新空间,搭建教师专业发展平台,完善传帮带机制,全面开展高等学校教师教学能力提升培训,着力提升教师的学习能力、教育能力、社会能力、现代教育技术能力等,推进教师教学创新能力与团队创新能力提升,进而实现教材和教法的变革。事实上,"三教"改革作为一项教育教学制度变革,是当前推进职业教育质量革命的关键切入点,更是高水平专业群建设的切入点(教师作为主体,主导教材和教法改革),需要通过实践平台的体制性和资源性优势,助力"三教"催生高质量成果,产生教育教学改革效应。

需要强调的是,随着 5G 技术和人工智能时代的到来,双高计划建设的产教

融合实践平台要对智能时代"三教"内涵尤其对"双师型"内涵进行前瞻性拓展，在教师角色、教学内容、学习方式、评价模式等方面实践引领智能"三教"，防止和克服职业教育智能滞后和平台数据的信息孤岛现象。在 5G 时代，高职院校将不再是一个仅仅提供技能训练和知识学习的物理空间存在，而是一个智慧学习的工场，需要不断优化校园形态，完善管理制度，改进管理方式，为学生提供智能开放教学及实训基础环境，实现泛在学习和生活化学习。高职院校的育人形态，也将更加突出集成化、平台化、智能化、共享化等变化趋势。从当前双高计划的实践探索发现，依托产教融合实践平台落实"三教"改革，有助于形成"三教"集成思维（克服三者平行改革的简单思维）和平台思维（强化平台上的团队协作），而"三教"改革能否真正打破常规向顶峰突破，形成一批有效支撑高质量发展的政策、制度和标准体系，不仅取决于平台本身是否有一套突破性的体制、制度和模式供给，比如实施股份制、混合所有制办学的模式引领，而且取决于学校顶层设计能否有整体统筹思维与局部突破思维的协同关照，通过平台，联动推进成果导向的"三教"改革系统工程。毋庸置疑，股份制、混合所有制办学是破解高职产教融合体制深层次问题的探索方向，也是双高计划中产教融合集成化实践平台建设的重点突破。在双高计划建设过程中，探索产教融合实践平台的混合所有制"共享工厂"模式，可以突破产教融合办学和"三教"改革体制机制诸多困境。进一步讲，就是以双高计划建设为背景，针对"三教"改革的体制性与资源性瓶颈以及平台赋能不足等问题，探索如何依托混合所有制"共享工厂"模式（平台）赋能"三教"改革，通过"学、产、研"办学要素的综合集成与共建共享，从人才培养整体路径和长远目标出发，落实人才培养整体效能，形成成果导向的"三教"改革平台效应，为双高计划建设贡献模式样本和办学智慧。

第二节 "共享工厂"建设赋能"三教"改革

高职混合所有制"共享工厂"模式作为在双高计划背景下探索的产教融合新型办学模式，承载着"三教"改革基本要素与建设内容，既能以体制性与资源性优势赋能"三教"改革，又能通过探索性、实践性、引领性改革解决双高计划建设局部突破不足、整体联动不强、平台效应不明显等突出问题，为形成中国特色职教发展模式贡献办学绩效和创新价值。"赋能"原本是管理学赋能授权理论和领导心理学的常用词汇，通俗地讲，就是 A 向 B 提供发展所需资源（权力）而促进 B 产生积极行为，获得发展能力和自我效能的过程。混合所有制"共享工厂"模式所集成的学产研要素资源、运营任务、建设目标，与"三教"改革基本要素、建设内容、发展目标相一致，"共享工厂"模式的建设运行过程，在微观层面就是赋能"三教"改革的过程，最终落实在"三教"发展水平和专业群人才培养的整体效能上。

一、赋能"三教"改革全过程

1. "共享工厂"模式承载"三教"改革的目标

混合所有制"共享工厂"作为高职院校主导的产教融合办学平台，其建设在保障公有非公有资本权益基础上，围绕"学"之轴心展开学产研集成共享，运营任务体现在如何促进"'1+N'多元主体育人体系""学产研协同合作系统"的有序有效运行，运营绩效主要体现在"学、产、研"三方面的边际收益递增以及 1+1+1>3 的协同效应。实际上，从"三教"改革的内在运行逻辑看，教师是教育教学改革的"主体"，教材是改革的"载体"，教法是改革的"方法途径"，教师、教材、教法之间不能单独、平行铺开或割裂开来，应当是一体化设计前提下，三者同步联动的、彼此嵌套的整体改革行动。从"三教"改革的外在运行逻辑看，校企合作是"三教"改革的原点，也是"三教"改革的基本内涵特性，因此，要从校企深度合作出发，培育双师型队伍、开发专业课程教材、创新课堂教学模式，体现高职产教融合的跨界教育和类型教育等特征。与其相应，"共享工厂"模式所实施的"三教"改革行动中，强调教师能力成长是依附在教材教法改革上，并与其协同推进的（不能单单从教师、教材、教法某个微观层面片面看待"三教"改革问题），而且，"三教"改革目标需要与学生职业技能、充分就业等目标进行整体照应。从"共享工厂"模式的混合所有制办学本质看，它开展的教育教学活动就是校企"1+N"主体围绕专业群人才培养和课程建设总体目标和阶段目标，聚焦"三教"环节建立教学改革目标链，通过教师（主要指专业课教师）能力目标达成来带动"三教"的整体目标实现。"共享工厂"模式对教师能力目标的设计，着眼于双师型教学能力和教师推进专业课教材、教法改革创新的综合应用能力开发，运用"以学为体,产研为用"的生成性思维,建立课程统领下的"学、产、研"融合共进的新型师资成长模式。

2. "共享工厂"模式统筹"三教"改革的集成

集成即集约、整合成新的整体。"三教"改革集成就是把教师、教材、教法三项改革的组织运行、资源配置、体制机制、绩效评价等改革要素集聚到一起,通过整合联动的方式使其形成紧密关联的改革新整体。从双高计划建设实践看,高职院校还没有完全从示范校建设时期内涵达标的路径依赖中跳出来,处理"三教"改革内部关系上相对独立化、平行化,甚至割裂化,对赋予"三教"改革新内涵的教育教学"标准"、人才培养新"制度"等统筹把控不到位,缺乏高水平高质量的整体统筹和平台集成思维。比如,如何通过中国特色现代学徒制试点统筹带动专业教学标准、课程标准、双师型能力标准建设,如何通过"1+X证书"制度试点统筹带动教师专业教学与证书培训能力、书证融通的课程开发能力、专业教学内容更新设计能力,等等,尚缺乏统筹规划和平台集成。混合所有制"共享工厂"模式是众多办学要素综合集成后的产教融合新型办学形态,它在"学、产、研"基本办学元素基础上,形成"集实践教学、技术服务、创新创业、产业孵化于一体"的集成化平台组织运行。在"共享工厂"这个产教融合集成化实践平台上,混合所有制的产权激励和公司化治理所追求的是收益盈余和办学效益最大化,投资者要求通过办学要素的综合集成来降低办学成本的经济核算,通过职业教育新制度、新试点与"三教"改革具体环节的共享融合来增加办学收益(对企业而言,主要是人力资源获得)。这些成本收益核算与绩效考量,更多关注"人"的能力成长和发展水平,主要包括学生的职业技能水平(顶岗实习留任率、就业竞争力)以及教师的双师型专业发展能力、教材开发能力、模块化教学创新能力,等等。对"共享工厂"建设与发展而言,"三教"改革是专业群人才培养和课程建设的具体行动环节,在建设和运营过程中,既整体统筹"学、产、研"要素的投入建设,又针对"三教"改革内容和各环节的个性化需求,推动专业建设、课程建设与"三教"各环节之间的联动合作和共建共享,集中关注人才培养的质量水平和整体办学效能。

3. "共享工厂"模式提供"三教"资源的禀赋

赋能的核心是"资源"的充分投入与有效运作。从资源视角看,高职院校教育教学改革的过程,实质上就是对教育教学资源进行科学配置和有效运作的过程。研究发现,产教融合平台的"三教"改革资源主要分投入型(条件保障)和运作型(动力机制)两大类资源,其中,投入型资源指保障"三教"改革行动所必需的课程体系、教学内容与标准、实践实训条件等基础性投入,这类资源更多地从内部存量上强调充分性与优质性;运作型资源指"三教"改革效能所依赖的产教融合体制及其附载的技术资源、人才资源、信息资源等,通过新制度运作能产生新的教学资源,这类资源更多地从外部增量上强调优越性与效率性。现阶段,高职院校教师专业发展及其新形态教材开发、模式化教法创新等方面均存在资源供需失配问题,尤其是产教融合的运作型资源远远不够。双高计划建设要形成中国特色、世界一流的职教发展模式,"三教"改革资源的突破重点则要放在产教融合的运作型资源开发上,要通过体制性运作,而研发出新的活页式、工作手册式教材(配套信息化智能化资源),吸纳企业新技术工艺和典型生产案例等。混合所有制"共享工厂"模式强调教学、实训、培训、评价资源的"1+N"学校和企业(科研院所)共建共享,通过所有制层面的校企合作根本性制度创新,可以直接获取"企业技术及生产设备、技术研发及成果孵化、智能制造及岗位技能"等课程建设前沿素材,增强"三教"改革的资源禀赋和运作性资源再生。而且,"共享工厂"模式绩效评估的关键,在于能否提供出比市场或政府协调更长期的有效产出(资源和成果等),在资源层面则包括优质实训资源、技术资源、双师资源、1+X证书资源,等等。进一步来讲,衡量混合所有制"共享工厂"模式有效运行的标准,宏观层面在于能否激发"N"企业参与(投资)办学的积极性和主体责任,微观操作上则在于能否为"三教"改革提供充分优质的资源禀赋。例如,通过"共享工厂"建设和运行,"三教"改革内容能否抓住专业群未来发展的关键环节而打破常规,创造出独特有效的师资成长模式,开发出行业特色的教学组织方式和方法手段等,"三教"改革成效能否突破双主体育人的体制束缚,能否与职业技能证书教育互通衔接。

二、生成"三教"改革新机制

高职混合所有制"共享工厂"模式是公有非公有资本交叉融合下的产教融合办学新形态,学校和企业"1+N"共生体围绕育人宗旨和实践教育教学目标,展开"学、产、研"集成融合和专业群"三教"改革,通过跨界治理和股份制运营,实现不同性质资本权益与办学效益的融合统一。通过"共享工厂"的整体建设,将有力促进"三教"之间整体、联动、融合运行,以产研联动带动教师双师型能力突破,以书证融通带动课程新形态教材研发,以生产研发任务带动模块化教学创新,产生成果导向的双高计划平台效应。

1. "共享工厂"建设可以促进"三教"之间整体、联动、融合运行

当前,高职院校"三教"改革在产教融合实践平台上尚缺乏整体性、联动性和融合性运行,难点主要集中体现在:教师双师型能力拓展缺乏真实生产型资源和研发型资源的集成供应,新形态教材开发缺乏"1+X"书证融通的集成设计,模块化教学创新缺乏生产型任务和研发型任务的集成带动,整体改革缺乏成果导向的平台效应。以上难点,正是混合所有制"共享工厂"模式在平台实践教育教学改革中探索突破的重点和目标。首先,在整体性设计方面,"共享工厂"将"三教"改革作为一个整体放在专业群人才培养整体路径和长远目标中考察,以课程建设为统领进行综合性系统性课程目标设计,以教师能力为主导重构"生产型""研发型"教学内容,开发书证融通的新形态教材,打破传统教学组织与教学环节之间、学历证书与职业技能证书之间、知识与能力之间的人为割裂。其次,在联动性实施方面,"共享工厂"在课程统领和专业群团队化教学的组织架构下,确保教师、教材、教法三者之间的改革联动性和衔接性,彼此之间均有目标照应、互为融合。比如,双师型能力培育与开发产教一体的实践教学项目(如混编式教学团队,活页式或工作手册式教材,云课堂等)、开展校企合作项目制教学(完成真实产品加工与检验,企业课堂)等配套同步,可以在"共享工厂"内部的教室、生产车间、研发实验室、大师工作室里流动作业。最后,在融合性效果方面,"共享工厂"不仅推动教师、教材、教法之间以及"三教"与课程之间改革的内在融合,还能站在企业最新技术、产品、人力资源众多需求的前沿,推动"三教"改革与外部资源、外部信息的集成共享,以及与职业技术"智能化"的快速融合。

2. "共享工厂"建设可以促进"三教"改革的机制创新

作为双高计划产教融合实践平台,"共享工厂"展开以"学"为轴心的学产研集成共享与产教融合办学模式的创新创造,进而解决"三教"改革的校企跨界合作难、资源集成共享难、整体统筹联动难等制约问题。从提供资源的视角出发,"共享工厂"对"三教"改革的赋能机制,主要涉及"资源提供→资源获取→资源投入→资源产出"的运行过程,并在(成果导向)运行过程中逐渐形成新的开放循环机制、权益绑定机制和能力倒逼机制。首先,在体制层面,混合所有制"共享工

厂"模式探索的是学校公有资本为主体、企业(科研院所)非公有资本为补充的投资体制和管理体制,那么,通过平台体制性优势为"三教"改革提供投入型和运作型资源,是学校和企业(科研院所)"1+N"多元办学主体的权利、责任和义务,产权制度下的权益绑定使得企业参与"三教"改革的主体责任能得到有效落实。这个双主体办学系统中,"共享工厂"通过对既有资源的企业化运作既而不断形成新的实践教育教学资源"产出",通过开放循环既而不断反哺"三教"改革。其次,在经营层面,混合所有制中产权的主要实现形式是股份制,"共享工厂"办学重点围绕混合所有制"股权、人事、国有资产管理"三大核心问题展开探索,对不同性质资本及产权进行市场化运作。从资本视角观察混合所有制改革,资本视角本质上是市场化视角,市场驱动的本质属性有三个特征,即资本追求收益性、流动性和平等性。同样,"共享工厂"的运营机制对资源运作效率有极高的市场化要求(具有成本收益核算及成本分担机制),这种市场化运作要求"三教"资源的市场效率与能力导向课程建设、1+X书证融通、学生顶岗实习劳动生产率等办学效益紧密相关、相互绑定。在跨界治理层面,"共享工厂"参照现代企业制度进行共生体内部跨界治理,一方面,通过组织、制度、文化系统的关系重构为"三教"改革提供重大制度激励;另一方面,又倒逼教师对自身"能力"和"发展"作出重大突破,在新形态教材、模块化教学、团队创新协作等方面贡献突出成果。最后,在绩效目标层面,"共享工厂"通过体制性与资源性优势为"三教"改革赋能,平台建设坚持"以学为体,产研为用",对实践教育教学项目进行成果导向的教学设计,最终绩效聚焦落实于人才培养的整体效能和办学效益的整体突破。

3. "共享工厂"建设可以产生成果导向的双高计划平台效应

成果导向教育(Outcome-Based Education,OBE),即以学生学习成果为导向的教育理念,体现在教学环节上即遵循反向设计原则,以最终目标为起点反向进行课程教学设计,强调对学生正向激励和持续改进。混合所有制"共享工厂"模式以双高计划建设为背景,基于成果导向开展"三教"改革,进而通过产教融合集成化实践平台的成果局部突破来带动办学体制与模式相结合的创新,从而强化标杆引领、整体联动的平台效应。"共享工厂"模式探索成果导向的"三教"改革,始终坚持以学习者为中心、以能力达成最大化为目标,主要包含学生学业成果和教师教学成果两个层面的成果(能力)导向,即从两个层面"成果与成效"目标为起点反向设计和实施教育教学活动、投入教育教学资源,通过"教""学"双方相辅相成的能力达成最大化而实现"教学相长"。混合所有制"共享工厂"模式是为产教融合"三教"改革提质培优、增值赋能,它落实成果导向的"三教"改革是对专业群人才培养方案的系统梳理,就是说,要从学生学业成果和教师业务绩效成果两个层面出发,根据反向逆向设计原则,设计和实施能力本位的课程教学综合改革,落实"以产促学,以研带学"。当然,从教师行为选择的博弈分析看,"共享工厂"进行成果导向的"三教"改革,必须考虑教师为成果(绩效产出)投入的总成本以及成本与收益的盈余关系,"大学校"层面必须提供行之有效的突出成果专项激励方案,保障对教师(团队)的正向激励与正面引导。

三、催生"三教"改革新成果

1. "共享工厂"通过"产、研"联动,带动双师型教师能力突破

"三教"改革的根本在于教师,不论是教材的开发、编写与选择,还是教学新理念的落地与执行,都要通过教师的具体工作来实现。双高计划在打造高水平双师队伍方面,强调培养一批"能够改进企业产品工艺、技术难题的骨干教师"和"技术技能大师",这实际上是对"双师型"内涵进行了全新拓展,突出学产研不同领域的紧密结合,突出"生产"和"研发"两大元素的全面融入。混合所有制"共享工厂"模式培育的双师型师资,突破传统"教学"领域局限及对"双证"的常规满足,强调融入生产领域、研发领域活动及能力水平导向,通过产研联动实现双师型能力突破。首先,"共享工厂"模式的师资"双师型"是一个针对专业群和结构化团队而言的概念,意味着教师不能个体单兵作战,而是要团队合作。结构化教学团队成员来自"共享工厂"里的学校、企业和科研院所,团队必须整体上具备"学、产、研"三项关键能力,内部成员(学校教师、产业导师、企业师傅等)均在"学、产、研"关键能力统领下各自拥有具体能力侧重(优势),由此形成差异化能力结构的完整配备。其次,"共享工厂"模式的师资"双师型"能力标准,内涵了充分的"产、研"元素,能力培育所依附的教学活动与指导学生顶岗生产活动、帮助企业工艺改进的研发活动相互联动、交叉融合。"共享工厂"模式考察某个教师的"双师型"能力时,要求其设计实施的课程教学内容与具体情境安排必须来源于行业技术技能标准和企业生产实践,课堂教学与顶岗生产中遇到的技术、技能、工艺问题能够汇集成研发课题,研发成果能够反哺教学。最后,"共享工厂"

模式的师资"双师型"能力评价,侧重于"教学改革能力"与"研发应用能力",鼓励专业教师获取行业领域"执业资格证书"(不是技能操作证书),强调行业技术认证、信息技术能力、实践运用成效的能力发展导向。

2. "共享工厂"通过"书、证"融通,带动校企合作的新形态教材研发

当前,1＋X证书制度是职教类型教育的重要特征体现,开发活页式、工作手册式新形态教材要在内容、体例、呈现各方面突出鲜明的职教特色,其抓手便是书证衔接、课证融通。调研发现,职业院校教材改革目前存在企业主体缺位、教材内容与职业技术岗位脱节、纸质教材与数字化资源结合不紧密、对现代智能生产及证书培训不适用等突出问题。与之相应,混合所有制"共享工厂"模式研发的新形态教材,着重突破传统的课堂讲授、载体形式及应用模式的诸多束缚,强调5G时代职业技术教育发展范式变化和"人"的发展之双重适应,强调劳动者课堂学习、岗位生产学习及生活泛在学习的动态适用。首先,"共享工厂"拥有教材研发的企业主体优势,混合所有制的体制效应是校企协同、共建共享,校企围绕"三教"需要共同研发、编写、审读和试用新教材是"1＋N"每个主体的责任担当。其次,"共享工厂"研发的教材在内容广度和深度上,既遵循行业技术(高端化)、职业岗位(智能化)、教学规范(持续改进)等相关标准,又强调教育面向与培训面向之间的书证衔接融通,将1＋X证书制度试点与双高计划建设相关要求有机融合。再次,"共享工厂"研发的教材在体例结构上,既遵循教育与培训的习得规律(从工作原理到工作过程演示),又确保与课程属性和教学方式相互适应,考虑对教学模式(项目化教学、案例教学、情境教学等)的实际支撑。最后,"共享工厂"研发的教材在呈现方式上,能根据真实生产情境和岗位工作过程,进行文字、图表、注释、模拟的"活页式""工作手册式"叙述,尽量以图示意(包括"云活页"教材和多功能电子学材),使用方便。总之,混合所有制"共享工厂"模式能够充分运用企业主体优势和"学、产、研"集成共享优势,开展1＋X证书试点及课证融通,能直接从生产车间、研发实验室选取典型工作任务和真实生产项目,获取素材,设计便于学习者操作体验的作业单、工作单等,产业导师和企业师傅能一起参与"工作过程演示",带动新形态教材开发和研究。

3. "共享工厂"通过教学任务嵌入"生产、研发"任务(融合运行),带动模块化教学创新

根据前文梳理的政策文件,"教师分工协作进行模块化教学"是双高计划院

校教师教学创新团队和双师型师资建设的目标任务。不难看出,对于模块化教学方法,在教师层面,则强调既分工又协作;在任务层面,则强调课堂学习任务与职业岗位的生产型、研发型任务既融合,又有新的生成创新;在课堂层面,则强调教学要素排列组合的项目化和生态化。混合所有制"共享工厂"模式的模块化教学,着重抓住"任务"和"课堂"两个关键点,强调通过工作任务逻辑(课证融通)带动模块化教学创新和生态课堂建设,从主体、环境、机制上重新改造课堂。首先,打破原有学科课程体系,重构项目化学习内容,学习任务融合了生产型、研发型任务。"共享工厂"将原有课程目标及项目学习内容提炼成能力素养集,进而形成"任务",重新植入"课堂"(课堂任务的设计、实施、评价);同时在总项目(总任务)框架下,按技术技能形成规律和路径,进行知识结构重组,开发相互衔接的教学子项目(子任务)。其次,打破传统课堂的物理空间,按任务驱动、行动导向、成果展示的教学路线,将教学任务及其教学所有要素,全方位嵌入课堂设计。"共享工厂"模块化教学创新主要围绕任务和课堂,进行五个方面的嵌入:(1)学习任务嵌入生产任务、研发任务;(2)学校课堂嵌入企业生产实训车间和研发实验室;(3)实体课堂嵌入智慧云课堂;(4)专业理论学习嵌入顶岗生产实习和证书教育培训;(5)教师职业活动嵌入学生学习生活。最后,开展立体化学习评价和学情研究。全程对应教学的各个环节,建立"测评结果→反馈教学→持续改进"的闭环系统和教学循环诊断机制。坚持教学诊改的育"人"属性,关注教师对智能时代学生思维习惯、智能特点、学习方式等变化的对称性。总之,混合所有制"共享工厂"模式以"任务"与"课堂"的联动创新为突破,通过生产型和研发型任务带动模块化教学创新,既强调从方法形式上打破传统学科性教学和静态课堂模式,又强调从内涵品质上与既有项目化教学、工作过程导向教学、情境案例教学等融合实施,着力构建智慧学习工场和生态课堂,突显以学生为中心的德技并修的课程思政大格局。

综上所述,高职产教融合的混合所有制"共享工厂"模式以双高计划建设为背景,依托产教融合平台探索双主体育人体制与模式深层次创新结合,通过赋能专业群"三教"改革而取得突破性变革,发挥以点带面的双高平台效应和示范辐射作用。随着5G技术革命给高职教育发展带来的结构性、颠覆性影响,数字化、智能化"三教"改革正势不可挡地成为中国职业教育高质量发展的时代特征,"智能共享"亦顺势成为双高计划产教融合集成化实践平台建设的内涵特性。在中国特色、世界水平的职教发展宏伟愿景中,本书探索的混合所有制"共享工厂"模式既是一个实体组织形态,又是一种校企合作办学理念,更是多元主体共享共生的职教发展思维。通过混合所有制办学平台微观层面的"三教"改革探索,寻求破解产教融合、校企合作的诸多困境,可以带动高职院校整体层面双主体育人的教育教学综合变革,并为双高计划建设提供新的模式样本和对策思路。下一节介绍常州机电职业技术学院在双高计划建设中对"共享工厂"模式展开的实践探索,以及教育教学改革的初步成果成效。

第三节　常州机电职业技术学院实践探索

常州机电职业技术学院是一所省属公办全日制普通高等学校,隶属于江苏省教育厅。学校创办于1963年,原名常州市机械职业学校,2002年6月独立升格,现坐落于常州科教城。学校始终秉持"知行并进"的校训精神,坚持"以人为本、崇尚技术、开放共享、追求卓越"办学理念,根植智能装备制造产业,推进产教深度融合,致力于培养适应智能制造发展需要的高素质技术技能型人才,为区域经济社会发展做出了重要贡献。学校2010年获批为国家示范性(骨干)高职院校,2015年通过教育部第二轮人才培养工作评估,2018年获批为江苏省高水平高职院校,2019年获批为中国特色高水平高职学校建设单位。

一、智能制造专业集群"共享工厂"平台

1. 双高计划建设内容关于"共享工厂"的概述

常州机电职业技术学院在《中国特色高水平高职学校和专业建设计划建设方案》中提出"建设智能制造'共享工厂',成为产教融合新标杆"的重要目标;通过与行业龙头企业共建校企一体化的先进制造技术实训基地,建成若干产业学院,推广示范性智能制造"共享工厂"运行模式;推动产业学院、职教集团(联盟)建设,建成智能制造产教园、人工智能与先进制造技术工业中心、"共享工厂"育人模式和"技术超市"交互机制。在具体目标"打造技术技能创新服务平台"部分

提出:打造"智能制造产教园 2.0",建设全国智造装备选型、教育观摩、师资培养、技术交流、标准输出等一站式"技术超市",打造教学、研发和技术推广集聚区;定位产业高端,瞄准产业先进元素,政行校企共建"人工智能与先进制造工业中心",集成大师工作室、应用技术中心、培训中心和研究院等实体,打造质量标准和技术创新的发源地;建设"共享工厂",双主体混合运营,成为全工序生产性实训、大师培育、智造产线研发推广的基地。在"打造高水平专业群"部分提出:服务智能装备产业转型升级,对接智能制造装备开发生产流程以及运输与管理服务等重要环节,建立调优结构、调高定位、调宽规格专业群建设机制,着力打造对接智能制造产业设计、生产、管理、服务等环节的智能制造专业集群,其中,工业机器人技术、模具设计与制造 2 个专业群建成中国特色高水平专业群,核心专业教学标准成为国家标准,实现以全流程项目为引领的模块化教学改革,建成集学习、生产和研发环境为一体的"共享工厂"实践教学基地,服务区域产业发展的贡献度显著提高,"智造未来"的行业特色凸显,成为智能制造专业集群建设的标杆。

在双高计划第三项建设任务"聚力智能制造产教园建设,打造技术技能创新服务平台"中提出:打造智能制造"共享工厂",服务重点行业和支柱产业发展。发挥行业领导力,为社会提供均等化技术服务,打造智能制造"共享工厂",服务双创群体和中小微企业。政校企共建共管、协同服务,实现"产中有教、教中有产"。引入"共享工厂"运营商,合力建设与运营智能制造"共享工厂",发挥产业聚集效应,吸引优质项目集成团队进驻,解决场地、设备设施投入等问题的同时,将产业先进技术元素融入教育教学过程,实现全过程全工序生产性实训。在第四项建设任务"聚焦智能制造技术,打造高水平专业群"中提出:以专业群组群逻辑为依据,提高实验实训条件共享度。对接智能制造技术业务链,围绕智能制造技术链,政行企校集成打造"产、学、研、创"四维一体的"人工智能与先进制造工业中心",汇聚汇博机器人、华威模具等行业龙头企业资源,以"学生职业能力成长"为主线,围绕"专业基本能力、专业专项能力、专业综合能力、创新创业能力"训练,集聚校内外优质教学资源,依据专业群的"职业联系"以及所面向的"服务域"的核心岗位,校企共同打造集学习、生产和研发环境为一体的"共享工厂"实践教学基地;以专业群组群逻辑为依据,建设多功能、宽面向的实验实训基地,提高实验实训室共享度与使用率。在第七项建设任务"强化转移转化与服务供给能力,提升服务发展水平"中提出:以国家大学科技园为核心载体,依托"人工智能与先进制造工业中心"和"共享工厂",开展应用类项目研究,重点突破智能制造系统研发、人工智能大数据技术等中高端关键应用技术,制定一批技术标准,提升技术技能创新服务水平,打造"项目+标准+服务"发展模式,着力培养智能制造产业所急需的高素质技术技能人才,推动重点行业和中小企业智能化改造,服务智能制造产业迈向中高端,有效促进创新链、人才培养链和产业链的有机衔接。

除此之外,提出"共享工厂"建设的主要措施:

首先,实现一站式智能制造集成。根据学校办学基础和专业建设特点,打造智能制造"共享工厂",采用"互联网+共享办公/生产"模式,结合地方制造类企业特点,整合产业链上下游资源,成立智能制造系统集成商聚集地,打造从原材料到成品的全方位供应链体系,提供线上撮合交易、线下提供一站式加工、集成等服务。实现柔性生产、设备租赁、产品加工、高端定制等功能。依托行业协会,对接精雕、益模云制造等平台,服务智造产业创新创意产品开发试制等。"共享工厂"将会为当地企业,尤其是中小企业带来低成本、低风险、高弹性、高产出和高回报的预期效益。

其次,实施全工序生产性实训。"共享工厂"将创新"引企入校"运营机制和管理模式,促使企业全过程系统集成项目管理和学校全工序生产性实训对接,全工序生产性实训全面对接专业群建设。作为具有真实生产功能的优势资源集聚地,不断吸收产业链上下游企业进驻。企业在利用实训基地内场地、设备、智力、技术等开展实际生产的同时,也将源源不断输入真实项目案例,并为学校提供科学技术、科研项目、生产工艺、师资培训、大师培育等多种资源,以此作为学校开展生产性实训的基本保障。

第三,创新基地运营机制。引入"共享工厂"运营商,共同组建双主体运营机构,负责智能制造"共享工厂"的规划、设计、市场化运营,通过招商筛选等方式引进全国性智能制造集成商,自带上下游企业。"共享工厂"围绕智能制造"设计—工艺—生产—工程—集成—运维服务"为主线,协同合作、线上线下互动、成果共享,一方面要解决企业轻资产、场地、设备和人员等问题,建立机制鼓励企业不断投入和反哺"共享工厂";另一方面,学校在不断获取项目案例、一线实战机会、学生高质量就业机会的同时,尤其要确保"共享工厂"可持续发展,在基地运营机制上作出积极探索,实践形成产教互补、良性互动、可持续发展的生态圈。面向地方产业经济发展实际,对接产业需求,服务于学校智能制造类专业群建设。对企业,"共享工厂"一站式完成智能制造系统集成工作,几年内可实现产能1亿元;对学校,"共享工厂"是全工序生产性实训基地,可承载专业培养5 000人/年,同时,可促进学校大师培育;对社会,"共享工厂"是智能制造领域的技术人员培训基地,可完成校企合作企业培训1万人次/年。

第四,建设"智慧@工业中心",实现产教互哺。政行企校四方互联,建设集"教学、生产、科研、管理、服务"于一体的智慧@工业中心,助力工业中心运行,提升智慧校园建设水平,实现产教互哺。打造基于大数据、云计算、物联网等先进技术的现代化数据中心机房,建立大数据中心,实现服务器群集、计算能力、存储能力、高速的Inernet接入,整合信息资源,连通"共享工厂"与智慧教学平台,为智能制造和智能教学提供服务;实施智慧工业中心物联网基础设施建设,建设"共享工厂"/数字化车间,为物联网技术、工业机器人等智能装备应用、新一代信息技术与制造技术提供融合服务;建设工业云平台,将工业中心智慧工厂、数字化车间、互动教室相互连接并接入云端,为智能生产、智慧教学提供服务;建设集监控、管理、展示为一体的监控管理中心,借助物联网技术、信息技术对"共享工厂"、互动教室等进行安全监控管理,实时展示智能生产和智能教学场景及工业中心运行状态。

2. 智能制造专业集群的"共享工厂"建设情况

常州机电职业技术学院提出的"共享工厂"既是建设理论的凝练,也是实体关系的表征。"共享工厂"是以"工厂式组织形态、集成化组织运行、共生性组织发展"为核心要素的"1+N"产教融合集成育人平台,通过"人工智能与先进制造工业中心"吸引集聚若干智能制造企业、科研院所,形成"学习课堂+实训车间+技术实验室+大师工作室"学产研一体化学习空间,创新了产教融合平台"学、产、研"一体化建设和运行模式,为双高计划建设贡献了常机电样板。追溯源头,该校的智能制造专业集群产教融合平台"共享工厂"建设,始于2013年主持建设的科技部"常州机器人及智能装备应用技术研究中心"和"江苏省中小企业智能装备产业公共技术服务平台",历经多年的系统研究和实践,针对高职智能制造专业集群教学资源整体性不够、教育教学针对性不强、育人平台开放性不足等难点痛点问题,在双高计划建设中提出"共享工厂"建设项目,以构筑"全景化"学习环境,形成"生成性"合作培养机制,创新智能制造专业集群校企协同育人的新形态、新路径、新模式。

智能制造专业集群是深度融合新一代信息通信技术与先进制造技术,直面智能制造产业集群需求、优势资源集聚的专业(群)组织形态。常州机电职业技术学院智能制造类专业包含模具设计与制造、工业机器人技术、物流管理等 14 个专业。专业集群依托"共享工厂"产教融合集成育人平台,通过装备上云、技术孵化、双岗互聘、订单培养,培育壮大共享制造、个性化定制服务,开展"模块化、全工序"项目教学,形成"一体化、三嵌入"教学模式,实施"契约式、关系型"治理,创新了"三合一、全过程"人才培养模式,全面提升了人才培养质量。

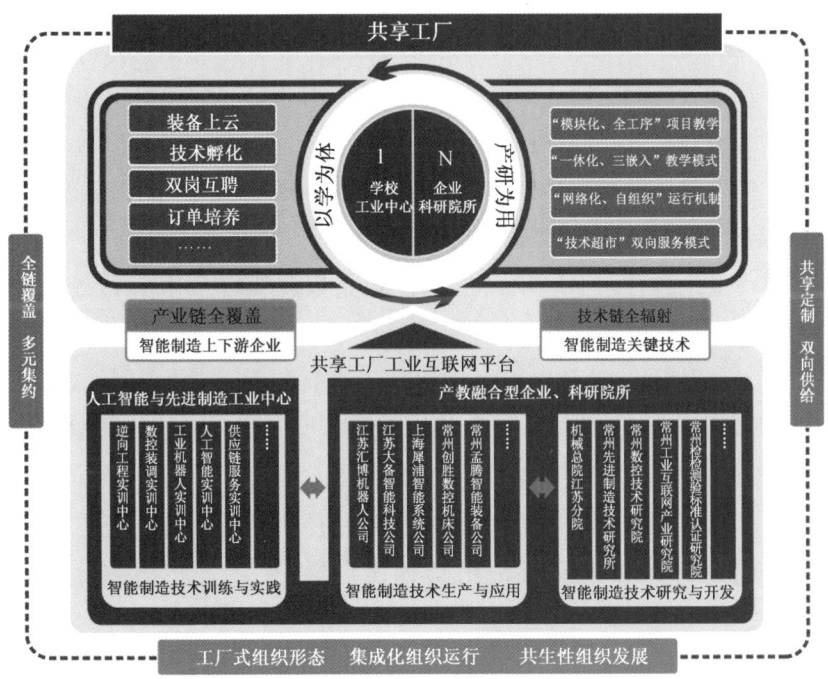

图 7-1 产教融合育人平台"共享工厂"架构

近几年,常州机电职业技术学院围绕"共享工厂"建设,在教育教学中取得较好的成果成效。校企共建智能制造国家双高计划专业群 2 个、国家专业教学资源库 3 个,合作开发"十三五"国家规划教材 29 部(全国高职第 2),获批国家级教师教学创新团队 1 个。学生毕业半年后就业竞争力指数 91%、用人单位满意度96%。牵头制订了"'共享工厂'运营与服务规范"行业标准、全国工业机器人专业标准、装备标准等6项标准,完成地方产业发展战略研究53项、转移转化技术成果849项,省级政府科技奖8项(全省高职第1),建成全国机械行业师资培训基地,覆盖了15个省市区,为全国职业院校培训4 200余人。中国教育报、新华网等媒体对"共享工厂"经验做法做专题报道。近五年,教育主管部门、行业企业、海内外兄弟院校到校学习考察300余次,"共享工厂"建设经验在全国职业教育论坛等境内外会议上被推广35次,国内32所高职院校借鉴应用了本成果。

二、"共享工厂"解决的教学问题及方法路径

1. "共享工厂"建设主要解决的教学问题

第一,高职智能制造专业集群教学资源整体性不够,"生产型"和"研发型"资源配置不足、分布离散的问题;

第二,专业集群教育教学针对性不强,教学内容与新技术新标准融合不够,教学实施与企业生产结合不紧密的问题;

第三,专业集群育人平台开放性不足,校企权益契约不对等、跨界治理不协调、供需信息不对称的问题。

"共享工厂"建设主要针对以上教学改革的难点、痛点、堵点问题,依托产教融合集成育人平台推进"学、产、研"一体化教学,实施"契约式、关系型"治理,构建"三合一、全过程"校企育人新模式,予以解决。

2. "共享工厂"模式解决教学问题的方法路径

第一,融通"共享制造"建设理念,创建了"共享工厂"产教融合集成育人平台。

全链覆盖,多元集约。针对智能制造产业链长、技术域宽,校内建设"人工智能与先进制造工业中心",校外以汇博机器人公司、机械研究院为核心,链接N家智能制造企业、科研院所,共建共享24个技术中心,培育15家省级以上产教融合型企业,链式集聚了智能制造关键环节的优质教育教学资源。

共享定制,双向供给。培育壮大共享制造、个性化定制服务,装备上云——建成大数据云中心,链接2.2万余套装备,实现设备共用与数据共享;技术孵化——建成技术项目池,合作开发项目和标准208个,实现有效供给与自主选

择;双岗互聘——建成产业人才资源库,吸纳350余名产业教授、大师工匠,实现人力资源共享与团队共建;订单培养——建成人才需求数据库,实施现代学徒制人才定制培养,实现人才供给与需求动态匹配。

第二,推进"学、产、研"一体化教学,构建了"共享工厂""三合一、全过程"人才培养模式。

真实情境,选择有序。实施"模块化、全工序"项目教学,提供智能控制等625个教学模块,开展覆盖智能制造"设计、工艺、生产、集成、运维"等全工序实训,融入技能大赛训练和双创项目培育,实现新技术新标准进课程、进教材、进课堂。

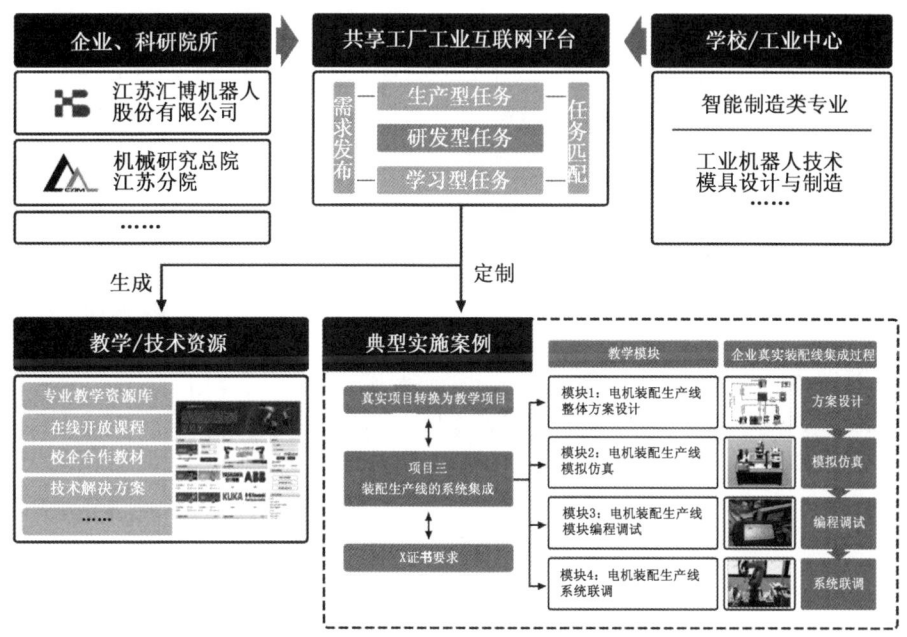

图7-2 "共享工厂"典型"生产性"教学项目开发与实施

育训结合,德技并修。创设"一体化、三嵌入"教学模式,搭建"学习课堂＋实训车间＋技术实验室＋大师工作室"学产研一体化学习空间,学习任务嵌入生产任务、实体课堂嵌入企业车间、教师活动嵌入工程实践,形成"立德与强技目标合一、学生与员工身份合一、学习与劳动项目合一,思政教育贯穿人才培养全过程"人才培养模式。

第三,健全"契约式、关系型"治理结构,形成了"共享工厂""网络化、自组织"

运行机制。

权益约定,内外耦合。以校企共同利益与价值共识为基点,建立"共享工厂"理事会和章程,制订"'共享工厂'运营与服务规范"行业标准,形成"1＋N"契约式合作关系。建立"技术超市"双向服务模式,动态发布技术开发类和项目教学类供求信息,按购买支出原则开展交易,提供多方共享定制服务,形成校企双向、内外循环、线上线下一体化服务机制。

自主运营,绩效激励。依托工业互联网平台,建立网络化协作服务和自主治理机制,确定内部权力结构、责任边界、利益结构及其双向运行关系,进行适度的成本收益核算,建立教学资源投入产出综合绩效评价指标,实现"多元主体育人体系、自组织网络系统、学产研协同合作系统"有序高效的自组织运行。

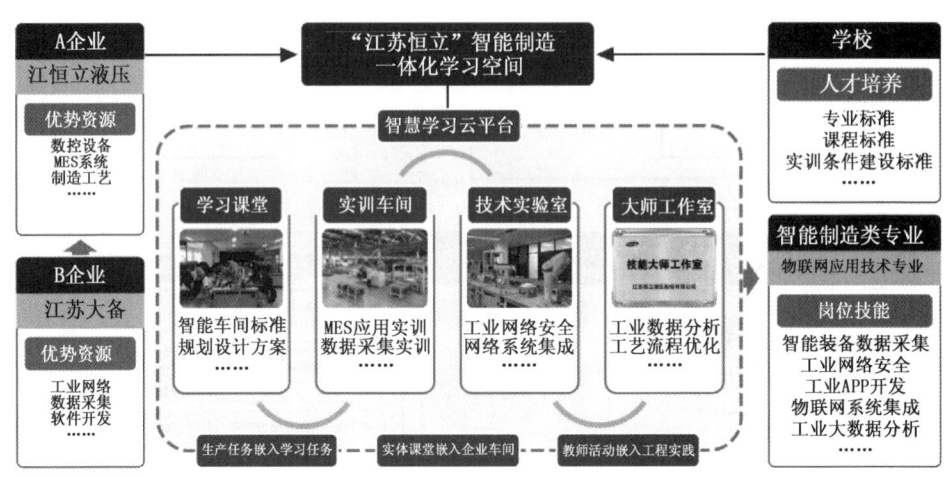

图7-3 "共享工厂"典型"学、产、研"一体化学习空间

3."共享工厂"育人模式的主要创新做法

第一,提出了高职智能制造专业集群"共享工厂"建设理论,形成校企协同育人新形态。从"以学为体,产研为用"的生成性思维出发,运用三螺旋理论和共生理论等分析专业集群复合型人才培养的共生单元、共生模式及共生环境,以及"学、产、研"运行逻辑关系,提出了以"工厂式组织形态、集成化组织运行、共生性组织发展"为三大核心要素的"共享工厂"建设理论。组织形态上,拓展产教融合集成化实践平台的物理空间和实体形态;组织运行上,深化"学"与"产""研"之间的三螺旋互动;组织发展上,释放了复合型人才培养互惠共生的动力,形成了校

企协同育人新形态。开发《基于产教融合的"共享工厂"运营与服务规范》全国团体标准1项,系统提出了高职智能制造类专业"共享工厂"建设理论,丰富了高职智能制造类专业的校企协同育人理论。

第二,构筑了高职智能制造专业集群"共享工厂""全景化"学习环境,开拓校企协同育人新路径。以产促学、以研带学,突出"共享工厂""设施即服务、平台即服务、应用即服务",创设学产研"全景化"学习环境。通过集成智能制造装备与硬件设施,形成生产性实训条件优化匹配;搭建以数据管理等为典型特征的工业互联网平台,提供"技术超市"服务,将实践教学升级为网络化产研训;将智能制造生产场景的技术标准和案例、产业文化等动态转化为"模块化+全工序"教学内容,形成学产研一体化学习空间。突破传统校内外实训基地的瓶颈与制约,实现实践教学体系开放与创新、多元与综合。

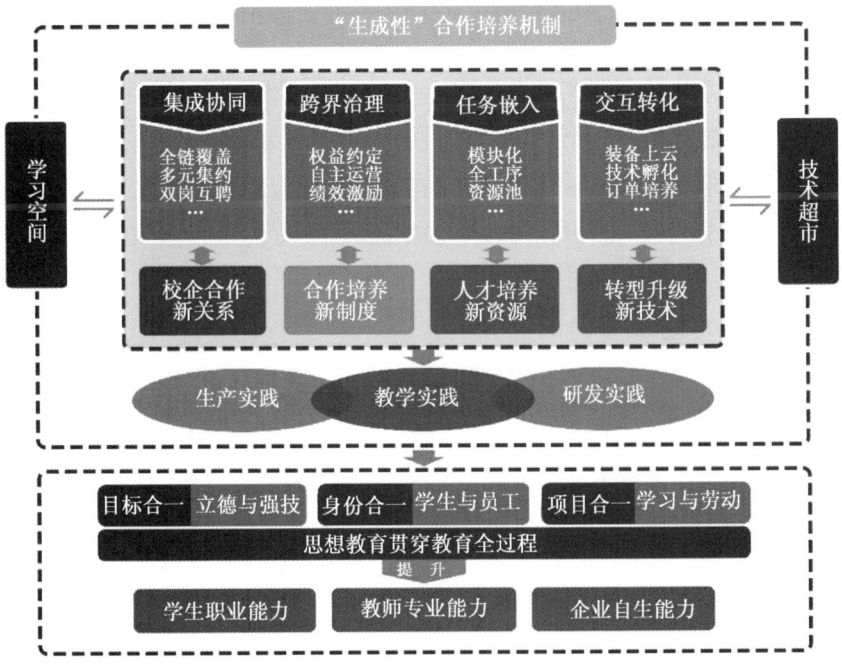

图7-4 "共享工厂"产教融合"生成性"合作培养机制

第三,创建了高职智能制造专业集群"共享工厂""生成性"合作培养机制,打造校企协同育人新模式。"共享工厂"以生成性思维开展实体架构和教育教学实践活动,推动专业集群与产业发展同频共振。通过"共享工厂"建设,生成"任务嵌入、能力互补、共生共长"的校企合作新关系；推行"权益约定、自主运营"跨界治理，生成合作培养新制度。围绕校企各方需求，以"任务包"融入教学，生成服务学校人才培养新资源；以"技术超市"交互转化，生成服务企业转型升级新技术。依托生成性资源和技术，构筑学产研一体化学习空间，推送个性化学习内容，校企协同开展教学性、生产性、研发性实践活动，打造"三合一、全过程"协同育人新模式，提升学生的职业能力、教师的专业能力和企业的自生能力，在微观层面平台上实现了产教融合办学的创新。

三、"共享工厂"建设的成果成效及平台效应

1. 资源集聚效应

催生了一批高水平产教融合基地和创新团队。合作培育了亿元产值国家高新技术企业5家、国家级和省级产教融合型企业15家、国家级专精特新"小巨人"企业2家，共建共享国家级设计中心2个、国家级协同创新中心1个、国家级中小企业技术服务平台1个、省级技术服务中心（实验室）12个、省级示范性虚拟仿真实训基地1个（已申报国家级）、省级产教融合综合集成平台4个。学校特聘产业教授15名，国家级教师教学创新团队1个（另申报国家级1个）、省级优秀教学团队/科技创新团队6个。

2. 专业集群建设

提升了智能制造专业集群内涵建设水平。牵头制订了"'共享工厂'运营与服务规范"行业标准、全国工业机器人专业标准、装备标准等12项标准，合作开发了智能制造类教学模块625个、教材180余部等，其中"十三五"国家规划教材29部（全国高职第二）；建成全国职业院校装备制造类示范专业点2个、工业机器人技术等国家专业教学资源库3个，校企共建智能制造国家双高计划专业群2个、省高水平专业群2个，学校获全国机械行业服务先进制造高水平骨干职业院校。

3. 人才培养质量

深化了智能制造专业集群人才培养模式改革。成果经过4年的深化实践，在全校六大专业群27个专业全面推开，受益学生近6 000人。平台每年提供智能制造专业集群生产性实训岗位3 600余个、接纳顶岗实习（含订单培养）学生

1 400余名,合作孵化了双创项目1 300余项。近年来,学生获专利387项,全国职业技能大赛一等奖21项,国家级双创大赛一等奖1项。第三方评价显示,学生毕业半年后就业竞争力指数91%、就业率98%,用人单位满意度96%,涌现出"中国大学生自强之星""创响江苏"十大标兵、省大学生职业规划大赛总冠军等先进典型,学校获全国毕业生就业典型经验高校(50强)。

4. 科研与社会服务

带动了区域智能制造技术创新与产业发展。通过"技术超市"双向服务,近五年完成地方产业发展战略研究53项、行业共性技术研究337项,申获专利2 200余项(发明授权全国高职前10),转移转化技术成果849项,科研与社会服务到账经费3.1亿元,省级政府科技奖8项(全省高职第1);建成省高技能人才培养示范基地,开展企业培训8万余人次,助力打造甪直"中国模具产业特色小镇"、西夏墅"省级工具智造特色小镇"。校企合作开发了134个师资培训项目,建成全国机械行业和江苏省优秀师资培训基地,覆盖了15个省市区,为全国职业院校培训4 200余人。

5. 推广应用示范

提供了可借鉴、可复制的产教融合平台建设经验。教育部部长陈宝生、职成司原司长王继平、德国巴符州教育官克鲁格、新加坡教育部原部长王瑞杰、千人计划海外专家Westland教授、安徽省党政代表团、陕西职教代表团等来校学习考察;"共享工厂"建设经验在全国职业教育论坛、全国师资培训上被推广35次,被广西职业技术学院等32所院校借鉴应用;共建印尼SMK培训中心,服务德龙镍业等智能制造企业"走出去",向海外输出"共享工厂"育人模式;《中国教育报》《光明日报》《中国职业技术教育》、新华网等报刊、媒体对"共享工厂"经验做法做专题报道。

结语

高职产教融合体制机制变革和混合所有制办学问题是高职改革发展的前沿问题，也是国家和高职院校着力推进的最新课题，受到国家、高职院校、企业和社会的广泛关注。根据多年的实践探索和改革创新，高职产教融合既要从根本的"体制"上寻找突破，又要从"机制""模式"上寻找出路，尤其要通过体制、机制、模式相互结合的综合创新，推进产教融合的持续深化。高职产教融合既要从学校"面"上展开校企合作的体制机制与模式探索，又要从产教融合实践平台"点"上落实教育教学改革实践，微观剖析校企合作的核心问题、思考解决对策，通过以点带面辐射推广产教融合的创新成果。本书着重围绕以上问题展开体制、机制、模式的应用探索，通过深入分析产教融合、混合所有制办学的深层次复杂问题，提供解决的对策和思路方向，进而探寻高职产教融合集成化实践平台的运行规律、运行模式与构建策略，有助于改变产教融合校热企冷局面，促进企业真正参与职教人才培养全过程。

中国特色、世界一流的职业教育模式建设，迫切需要从理论和实践上探索新的产教融合模式样板，迫切需要由点到面，形成一系列能够应对众多复杂性挑战的、更加重视"过程、关系、创造"的产教融合模式样板。探索高职混合所有制"共享工厂"模式的理论与实践，实质是在一种微观层面平台（质点）上，探索宏观层面高职产教融合办学（平面）的哲学思维体验。本书在总结有关研究成果的基础上，分析高职产教融合体制机制变革政策和混合所有制办学现状，提出高职产教融合的混合所有制"共享工厂"模式,对该模式的核心要素、基本架构、制度与文化突破、内部跨界治理、赋能"三教"改革等内容展开深入系统的研究,同时介绍了常州机电职业技术学院对"共享工厂"模式的实践探索情况。研究中涉及的学科领域和问题领域较多,既有教育学领域的人才培养理论与实践问题,又有管理学跨界治理和企业化运营管理等问题,经济学视角分析混合所有制改革问题和社会学视角分析学产研合作的组织实现问题,还涉及生态学的社会共生问题。可以展望,借鉴"共享工厂"模式的思维与理念,研究高职产教融合集成化实践平台建设与运营问题,探索高职院校混合所有制办学改革,可以促进产教融合双主体育人和形成多元办学格局,助推中国特色高水平高职院校和专业建设,为形成中国特色、世界一流的中国职教发展模式贡献新模式样板。

研究还在路上,本书在写作过程中,难免存在许多不足或错误,敬请阅读者批评指正。

参考文献

[1] (美)罗伯特·W·里克罗夫特,(美)董开石著.李宁译.复杂性挑战:21世纪的技术创新[M].北京:北京大学出版社,2016.

[2] 苏竣,何晋秋,等著.大学与产业合作关系:中国大学知识创新及科技产业研究[M].北京:中国人民大学出版社,2009.

[3] (美)伯顿·克拉克著,王承绪译.建立创业型大学:组织上转型的途径[M].北京:人民教育出版社,2003.

[4] 刘小鲁,聂辉华.国企混合所有制改革:怎么混?混得怎么样?[M].北京:中国社会科学出版社,2016.

[5] 常修泽,等.混合所有制经济新论[M].合肥:安徽人民出版社,2017.

[6] 张文魁,等.混合所有制与现代企业制度——政策分析及中外实例[M].北京:人民出版社,2017.

[7] 王勇,邓峰,金鹏剑.混改下一步:新时代混合所有制改革的新思路[M].北京:清华大学出版社,2018.

[8] 王悦.混改:资本视角的观察与思考[M].北京:中信出版社,2019.

[9] 常修泽.包容性改革论——中国新阶段全面改革的新思维[M].北京:经济科学出版社,2013.

[10] 李维安,等.现代公司治理研究——资本结构、公司治理和国有企业股份制改造[M].北京:中国人民大学出版社,2002.

[11] 卢代富.企业社会责任的经济学与法学分析[M].北京:法律出版社,2002.

[12] (美)詹姆斯·S·科尔曼.社会理论的基础[M].邓方译,北京:社会科学文献出版社,2008.

[13] (美)哈罗德·孔茨(Koontz,H.),海因茨·韦里克(Weihrich,H.).管理学(第10版)[M].张晓君等译.北京:经济科学出版社,1998.

[14] (美)特伦斯·E·迪尔,肯特·D·彼德森.校长在塑造学校文化中的角色[M].王亦兵译,北京:中国青年出版社,2006.

[15] (英)琳达·克拉克(Linda Clarke),克里斯托弗·温奇(Christopher Winch)著.翟海魂译.职业教育:国际策略、发展与制度[M].北京:外语教学与研究出版社,2011.

[16] (日)青木昌彦,钱颖一.转轨经济中的公司治理结构:内部人控制和银行的作用[M].北京:中国经济出版社,1995.

[17] 胡守钧.社会共生论[M].上海:复旦大学出版社,2006.

[18] 鲁武霞.职业教育的阶梯——高职专科与应用型本科衔接[M].北京:高等教育出版社,2015.

[19] 鲁武霞.高职产教融合的企业主体责任及其担当——混合所有制"共享工厂"模式的提出[J].现代教育管理,2020(10):79-86.

[20] 鲁武霞.高职产教融合的混合所有制"共享工厂"模式:架构理念与核心要素[J].中国职业技术教育,2021(4):80-85.

[21] 鲁武霞,沈琳.高职混合所有制"共享工厂"模式的架构与突破——"以学为体,产研为用"的生成性思维[J].大学教育科学,2020(6):111-117.

[22] 鲁武霞.高职混合所有制"共享工厂"模式的入股运营与绩效——教育投资的成本收益视角[J].高教探索,2021(4):105-112.

[23] 鲁武霞.高职混合所有制"共享工厂"模式的内部跨界治理[J].教育与职业,2021(8):12-19.

[24] 沈琳,鲁武霞.高职混合所有制"共享工厂"模式的"学"之轴心及实现——校长的价值领导力视角[J].内蒙古社会科学,2021,42(1):179-186.

[25] 鲁武霞.大学对社会的依赖、责任及文化回应——协同文化培育的视角[J].江苏高教,2017(10):18-22.

［26］鲁武霞.依托产学研联盟培养工程科技人才[J].学位与研究生教育,2017(5):43-48.

［27］徐国庆."研究型"是建设高水平高职的突破口[N].中国青年报,2019-1-14.

［28］徐国庆.高水平高职院校的范型及其建设路径[J].中国高教研究,2018(12):93-97.

［29］张宇,徐国庆."双高计划"高职院校建设思路和实施路径的分析与探讨[J].现代教育管理,2020(2):110-116.

［30］兰小云.工程技术研究中心产教融合模式的理性思考[J].职教论坛,2017(31):56-59.

［31］周春彦.大学—产业—政府三螺旋创新模式——亨利·埃茨科维兹《三螺旋》评介[J].自然辩证法研究,2006(4):75-77.

［32］亨利·埃茨科威兹.创业型大学与创新的三螺旋模型[J].科学学研究,2009,27(4):481-488.

［33］吴彤.论协同学理论方法——自组织动力学方法及其应用[J].内蒙古社会科学,2000(6):19-26.

［34］白列湖.协同论与管理协同理论[J].甘肃社会科学,2007(5):228-230.

［35］孙烨.协同学方法论在社会科学中的定性研究分析[J].自然辩证法研究,2013,29(9):118-124.

［36］赵景来.关于治理理论若干问题讨论综述[J].世界经济与政治,2002(3):75-81.

［37］胡祥.近年来治理理论研究综述[J].毛泽东邓小平理论研究,2005(3):25-30.

［38］周金泉.治理理论综述——以法律、组织和市场为视角[J].中南财经政法大学学报,2007(3):28-34.

［39］吴建新,刘德学.全球价值链治理研究综述[J].国际经贸探索,2007(8):9-14.

［40］洪黎民.共生概念发展的历史、现状及展望[J].中国微生态学杂志,1996(4):50-54.

［41］袁纯清.共生理论及其对小型经济的应用研究(上)[J].改革,1998(2):

101-105.

[42] (日)尾关周二.共生的理念与现代[J].哲学动态,2003(6):32-36.

[43] 吴晓蓉.共生理论观照下的教育范式[J].教育研究,2011,32(1):50-54.

[44] 谢光前,袁振辉.自组织形态的复杂性演化与主体的发生发展[J].哲学研究,2008(6):100-107.

[45] 薛求知,徐忠伟.企业生命周期理论:一个系统的解析[J].浙江社会科学,2005(5)192-197.

[46] 姚威,邹晓东.欧洲工程教育一体化进程分析及其启示[J].高等工程教育研究,2012(3):41-46.

[47] 陈国松,许晓东.本科工程教育人才培养标准探析[J].高等工程教育研究,2012(2):37-42.

[48] 中国工程院"创新人才"项目组.走向创新——创新型工程科技人才培养研究[J].高等工程教育研究,2010(1):1-19.

[49] 郄海霞,廖丽心,王世斌.国外典型高校产学合作教育模式比较分析[J].高等工程教育研究,2019(5):88-96.

[50] 林健,彭林.美国合作教育认证制度分析及其对我国的启示[J].高等工程教育研究,2017(4):47-57.

[51] 林健,耿乐乐.美英两国多方协同育人中的政府作为及典型模式研究[J].高等工程教育研究,2019(4):52-65.

[52] 何杨勇,韦进.英国高校三明治课程的发展及评述[J].高等工程教育研究,2014(1):113-118.

[53] 刘立峰,李孝更.我国职业教育集团化办学的现状、问题与对策研究[J].职业技术教育,2020,41(36):46-52.

[54] 崔炳辉.职业教育集团化办学运行机制研究:现状、问题与对策——以江苏省高职教育集团化办学为例[J].职教论坛,2019(7):142-147.

[55] 路荣平.高职院校生产性实训基地:内涵、特征与建设策略[J].职业技术教育,2011,32(35):73-75.

[56] 杨群祥,熊焰,黄文伟.我国高职院校校内生产性实训基地建设的历程及思考[J].高教探索,2011(5):118-121.

[57] 陈玉峰,池卫东,何林元.共建共享型生产性实训基地建设的探索与实践

[J].中国职业技术教育,2018(20):12-16.

[58] 黄德桥,杜文静.基于产教融合的高职院校校内生产性实训基地建设研究[J].中国职业技术教育,2019(2):88-92.

[59] 黄旭升,翟红英,李家瑛.天津市现代学徒制试点的实践、困惑与对策[J].职业教育研究,2019(10):35-40.

[60] 王敬良,张成宽.职业院校混合所有制办学体制的实践与研究——以山东海事职业学院为例[J].中国职业技术教育,2019(34):42-47.

[61] 陈春梅.高职院校混合所有制内部治理存在的问题及其对策建议[J].中国职业技术教育,2019(25):33-40.

[62] 潘懋元,邬大光.世纪之交中国高等教育办学模式的变化与走向[J].教育研究,2001(3):3-7.

[63] 常修泽.现代治理体系中的包容性改革——混合所有制价值再发现与实现途径[J].人民论坛·学术前沿,2014(6):14-23.

[64] 叶檀.民资参与混合所有制需解决的难题[J].同舟共进,2014(7):33-34.

[65] 刘崇献.混合所有制的内涵及实施路径[J].中国流通经济,2014,28(7):52-58.

[66] 段明,黄镇.公办高职院校经营性资产参与的混合所有制办学模式研究[J].中国高教研究,2018(3):99-102.

[67] 蔡瑞林,徐伟.培养产权:校企共同体产业学院建设的关键[J].现代教育管理,2018(2):89-93.

[68] 余菁."混合所有制"的学术论争及其路径找寻[J].改革,2014(11):26-35.

[69] 黄速建.中国国有企业混合所有制改革研究[J].经济管理,2014,36(7):1-10.

[70] 邱海平.论混合所有制若干原则性问题[J].人民论坛·学术前沿,2014(6):42-48.

[71] 马树超,郭文富.高职教育深化产教融合的经验、问题与对策[J].中国高教研究,2018(4):58-61.

[72] 王丹中.基点·形态·本质:产教融合的内涵分析[J].职教论坛,2014(35):79-82.

[73] 严含,葛伟民."产业集群群":产业集群理论的进阶[J].上海经济研究,2017(5):34-43.

[74] 赵昕,张峰.基于产业集群的职业教育专业集群基本内涵与特征[J].职业技术教育,2013,34(4):36-40.

[75] 顾永安.应用本科专业集群:地方高校转型发展的重要突破口[J].中国高等教育,2016(22):35-38.

[76] 顾永安,范笑仙.应用本科专业集群的逻辑机理研究[J].中国高等教育,2021(7):51-53.

[77] 胡德鑫,纪璇."双高计划"背景下高职院校专业集群建构逻辑与路径研究[J].中国职业技术教育,2021(14):16-23.

[78] 魏明.服务产业集群的职业教育专业集群建设逻辑与策略[J].教育与职业,2021(11):13-19.

[79] 刘奕,夏杰长.共享经济理论与政策研究动态[J].经济学动态,2016(4):116-125.

[80] 王璟珉,刘常兰,窦晓铭.共享经济理论演进、发展与前沿[J].理论经济研究,2018,34(4):68-81.

[81] 贺明华,梁晓蓓.共享经济研究述评与未来展望[J].电子政务,2018(4):49-65.

[82] 何中兵,谭力文,等.集群企业共享经济与共创价值路径研究[J].科技与社会,2018(10):71-78.

[83] 卢现祥.共享经济:交易成本最小化、制度变革与制度供给[J].社会科学战线,2016(9):51-61.

[84] 郑联盛.共享经济:本质、机制、模式与风险[J].国际经济评论,2017(6):45-69.

[85] 朱跃东,何风梅,李玮炜.高职教育混合所有制改革的目标、典型模式、阻力与建议[J].中国职业技术教育,2019(25):41-48.

[86] 聂劲松,胡筠,万伟平.多元化与集成化:产教融合组织形态的实践演进[J].职教论坛,2021,37(2):33-39.

[87] 万伟平.现行机理下产业学院的运行困境及其突破[J].教育学术月刊,2020(3):82-87.

[88] 徐秋儿.产业学院:高职院校实施工学结合的有效探索[J].中国高教研究,2007(10):72-73.

[89] 彭晓兰.江西省高职院校混合所有制办学改革现状、问题与对策[J].职业技术教育,2018,39(36):25-28.

[90] 张啸宇.高职院校混合所有制改革动力机制研究——基于行动者网络理论的视角[J].教育发展研究,2018,38(11):55-60.

[91] 张啸宇.混合所有制高职院校内部治理的内涵嬗变、理论依据与实践进路[J].中国高教研究,2021(9):103-108.

[92] 张艳芳,雷世平.论混合所有制产业学院的内涵、地位及属性[J].中国职业技术教育,2018(34):50-55.

[93] 雷世平,乐乐,郭素森,等.职业教育混合所有制办学政策的现状、问题与对策.职业技术教育[J],2021,42(19):34-39.

[94] 雷世平.我国职业教育混合所有制办学体制改革研究[J].职教论坛,2020,36(10):28-34.

[95] 林榕.基于"集成创新"的高职院校产教融合实训平台建设研究——以物流专业为例[J].中国职业技术教育,2020(23):75-79.

[96] 王志兵.高职院校混合所有制改革的逻辑、政策与内涵[J].教育与职业,2019(8):5-11.

[97] 钱颖一.企业的治理结构改革和融资结构改革[J].经济研究,1995(1):20-29.

[98] 李文阁.生成性思维:现代哲学的思维方式[J].中国社会科学,2000(6):45-53.

[99] 张旭昆.制度系统的结构分析.数量经济技术经济研究[J],2002(6):60-63.

[100] 孙美堂.从实体思维到实践思维——兼谈对存在的诠释[J].哲学动态,2003(9):6-11.

[101] 周冰.论体制概念及其与制度的区别[J].中国经济问题,2013(1):9-15.

[102] 周冰.论体制的制度结构[J].经济纵横,2013(2):17-21.

[103] 韩东屏.制度的本质与开端[J].江汉论坛,2014(9):34-39.

[104] 韩东屏.制度安排权分配制:决定社会性状的元制度[J].武汉大学学报

（哲学社会科学版），2018，71(06)：188-196.

[105] 吴易风.产权理论：马克思和科斯的比较[J].中国社会科学，2007(2)：4-18.

[106] 曹元坤.从制度结构看创设式制度变迁与移植式制度变迁[J].江海学刊，1997(1)：37-43.

[107] 崔海潮，赵勇.理性、激励机制与企业社会责任构建[J].求索，2008(1)：60-63.

[108] 韩东屏.审视文化决定论[J].探索与争鸣，2016(6)：79-84.

[109] 樊浩.文化与文化力[J].天津社会科学，2019(6)：4-16.

[110] 李德顺，崔唯航.哲学思维的三大特性[J].学习与探索，2009(5)：82-87.

[111] 邹广文，崔唯航.从现成到生成——论哲学思维方式的现代转换[J].清华大学学报(哲学社会科学版)，2003(2)：1-6.

[112] 邹广文，崔唯航.如何理解马克思的哲学革命[J].天津社会科学，2003(1)：19-23.

[113] 张懿，夏文斌.马克思生命观的历史、理论与现实[J].青海社会科学，2018(5)：72-80.

[114] 老子.道德经[M].于凤斌编注.西安：陕西师范大学出版总社，2018.

[115] 侯才.论悟性——对中国传统哲学思维方式和特质的一种审视[J].哲学研究，2003(1)：27-31.

[116] 王树人.中国哲学与文化之根——"象"与"象思维"引论[J].河北学刊，2007(5)：21-25.

[117] 张敬威，于伟.从"经济人"走向"教育人"——论"教育人"的实践逻辑[J].教育与经济，2021，37(3)：70-79.

[118] 李鹏."双高计划"的治理逻辑、问题争论与行动路径[J].高等工程教育研究，2020(3)：126-131.

[119] 谢俐.中国特色高职教育发展的方位、方向与方略[J].现代教育管理，2019(4)：1-5.

[120] 平和光，程宇，李孝更.40年来我国高等职业教育发展回顾与展望[J].职业技术教育，2018，39(15)：6-17.

[121] 杨应慧，杨怡涵.产教融合背景下高职院校产业学院发展研究[J].职教论

坛,2018(12):114-118.

[122] 邓泽民,李欣.职业教育产业学院基本内涵及界定要求探究[J].职教论坛,2021,37(4):44-50.

[123] 郭素森,杨张欣,张成宽.我国职业教育混合所有制改革探索进展情况分析——基于全国职业教育混合所有制办学研究联盟平台[J].中国职业技术教育,2019(34):23-29.

[124] 程云.新时代高职教育改革发展的风向标——2018年全国高职高专校长联席会议综述[J].中国职业技术教育,2019(1):30-34.

[125] 丁金昌,陈宇.高职院校"双高计划"建设问题与路径选择[J].中国职业技术教育,2020(19):60-65.

[126] 韩东屏.论价值选择的先决条件与责任[J].武汉科技大学学报(社会科学版),2012,14(1):31-35.

[127] 石中英.杜威的价值理论及其当代教育意义[J].教育研究,2019,40(12):36-44.

[128] 石中英.论教育实践的逻辑[J].教育研究,2006(1):3-9.

[129] 李春影,石中英.布迪厄社会学思想对中国教育研究的影响:回顾与评论[J].比较教育研究,2018,40(8):38-47.

[130] 朱炜.强化校长的文化领导力:学校组织变革的成功之道[J].教育发展研究,2013,33(24):32-35.

[131] 曲庆,富萍萍,等.文化领导力:内涵界定及有效性初探[J].南开管理评论,2018,21(1):191-202.

[132] 卢代富.国外企业社会责任界说述评[J].现代法学,2001(3):137-144.

[133] 陈永正,贾星客,李极光.企业社会责任的本质、形成条件及表现形式[J].云南师范大学学报(哲学社会科学版),2005(3):34-42.

[134] 李维安,李勇建,石丹.供应链治理理论研究:概念、内涵与规范性分析框架[J].南开管理评论,2016,19(1):4-15.

[135] 周作宇.大学卓越领导:认识分歧、治理模式与组织信任[J].北京师范大学学报(社会科学版),2016(1):5-16.

[136] 德里克·博克,曲铭峰.大学的治理[J].高等教育研究,2012,33(4):16-25.

[137] 本刊编辑部.深化产教融合笔谈会[J].中国职业技术教育,2018(1):16-32.

[138] 翁伟斌.职业教育产教融合平台建设的现实诉求和推进策略[J].内蒙古社会科学(汉文版),2019,40(4):183-188.

[139] 翁伟斌.内部治理结构创新:职教集团化办学可持续发展的内驱力[J].高等工程教育研究,2017(4):198-202.

[140] 刘晓,黄卓君.强化企业社会责任 切实促进职业学校校企合作——《职业学校校企合作促进办法》出台之思[J].中国职业技术教育,2018(7):9-14.

[141] 李克.企业对产教融合的认知、需求、满意度及政策建议研究——基于吉林省538份企业调查问卷的分析[J].现代教育管理,2019(3):96-100.

[142] 王利平,吴秀玲.校企合作立法中的责任主体及其驱动与规制——基于高等教育现代化视角的对策性研究[J].现代教育管理,2019(4):76-80.

[143] 李四海,宋献中.新政治经济学视域下的企业社会责任:一个分析性框架[J].社会学评论,2018,6(2):33-46.

[144] 成军.高水平专业建设:优质高职院校建设的核心[J].教育发展研究,2017,37(23):3.

[145] 张墨涵.高职院校混合所有制改革的政策衔接——基于利益相关者协商民主的视角[J].教育发展研究,2019,38(9):71-77.

[146] 郑文,罗丹.高职教育现代学徒制:中国语境与广东特色[J].中国职业技术教育,2018(12):30-34.

[147] 赵志群,陈俊兰.我国职业教育学徒制——历史、现状与展望[J].中国职业技术教育,2013(18):9-13.

[148] 赵志群,陈俊兰.现代学徒制建设——现代职业教育制度的重要补充[J].北京社会科学,2014(1):28-32.

[149] 赵志群.建设现代学徒制的必要性与实现路径[J].人民论坛,2020(9):59-61.

[150] 汤霓,王亚南,石伟平.我国现代学徒制实施的或然症结与路径选择[J].教育科学.2015,31(5):85-90.

[151] 关晶,石伟平.西方现代学徒制的特征及启示[J].职业技术教育,2011,32(31):77-83.

[152] 关晶.现代学徒制办学模式:内涵、现状与发展策略[J].职教论坛,2018(6):31-36.

[153] 关晶,田诗晴.高质量现代学徒制:国际倡议与我国反思——基于国际组织倡议的文本分析[J].教育发展研究.2020,40(Z1):67-74.

[154] 孙翠香.现代学徒制政策实施:基于企业试点的分析——以17家现代学徒制企业试点为例[J].中国职业技术教育,2019(3):5-12.

[155] 徐芳.广东省现代学徒制试点现状与破解对策探析[J].高等职业教育探索,2018,17(4):34-39.

[156] 贾文胜,潘建峰,梁宁森.高职院校现代学徒制构建的制度瓶颈及实践探索[J].华东师范大学学报(教育科学版),2017,35(1):47-53.

[157] 肖凤翔,黄晓玲.试论职业教育课程开发中企业的角色与责任[J].高等工程教育研究,2019(1):133-138.

[158] 方益权,黄云碧.5G时代高职教育发展范式的挑战与变革[J].中国职业技术教育,2020(28):5-8.

[159] 王成荣,龙洋.深化"三教"改革 提高职业院校人才培养质量[J].中国职业技术教育,2019(17):26-29.

[160] 李政.职业教育新形态教材:内涵、特征与编写策略[J].职教论坛,2020(4):21-26.

[161] 韦晓阳.深化"三教"改革 新时代教材建设的实践与探索[J].中国职业技术教育,2020(5):84-87.

[162] 郑永进,黄海燕.高职院校"三教"改革何以可能——基于新制度主义理论的视角[J].中国高教研究,2020(10):102-108.

[163] 覃川.人工智能时代背景下的"新三教"改革[J].中国职业技术教育,2019(30):66-68.

[164] 秦华伟,陈光."双高计划"实施背景下"三教"改革[J].中国职业技术教育,2019(33):35-38.

[165] 向姝婷,赵锴,宁南."赋能"还是"负担"?领导者授权行为对员工工作行为影响的双刃剑效应探究[J].心理科学进展,2020,28(11):1814-1835.

[166] 李志义.成果导向的教学设计[J].中国大学教学,2015(3):32-39.

[167] 李志义,朱泓,刘志军,夏远景.用成果导向教育理念引导高等工程教育教

学改革[J].高等工程教育研究,2014(2):29-34.

[168] 赵蒙成,徐承萍.高职院校教学诊改中的"人":从缺席到在场[J].江苏高教,2020(3):96-102.

[169] 杨国良.基于成果导向推进职业院校"三教"改革的博弈分析[J].职教论坛,2020,36(5):57-62.

[170] 许祥云,高瑞芳,梁钢.大学学术:如何突破"异化"的困境[J].教育科学,2016,32(1):66-71.

[171] 曲铭峰.德里克·博克大学社会责任观评析[J].清华大学教育研究,2014,35(1):44-54.

[172] 李晓明.培育协同文化 提升大学科技园创新绩效[J].中国高等教育,2014(18):23-26.

[173] 秦宛顺,江若玫.企业与利益相关者的交换、依存与合作[J].社会科学研究,2007(2):20-26.

[174] 王建华.知识社会视野中的大学[J].教育发展研究,2012,32(3):35-42.

[175] 李鑫,李梦卿."双高计划"背景下高职院校现代学徒制建设的逻辑审视[J].教育与职业,2020(18):5-12.

[176] 何一清,刘娜,潘海生.职业院校混合所有制办学的行动策略——合法性视角的多案例研究[J].高校教育管理,2020,14(3):92-103.

[177] 娄成武,谭羚雁.西方公共治理理论研究综述[J].甘肃理论学刊,2012(2):114-119.

[178] 张康之.论社会治理中的权力与规则[J].探索,2015(2):85-91.

[179] 张康之.社会治理的依据:从身份到角色[J].中共浙江省委党校学报,2015,31(5):5-14.

[180] 张康之.论社会治理中责任义务的实现[J].浙江学刊,2004(2):89-95.

[181] 张康之,张乾友.论共同行动的基础[J].南京农业大学学报(社会科学版),2011,11(2):79-87.

[182] 赵万一,华德波.公司治理问题的法学思考——对中国公司治理法律问题研究的回顾与展望[J].河北法学,2010,28(9):2-21.

[183] 周光礼.从管理到治理:大学章程再定位[J].湖南师范大学教育科学学报,2014,13(2):71-77.

[184] 郑红亮,王凤彬.中国公司治理结构改革研究:一个理论综述[J].管理世界,2000(3):119-125.

[185] 姚伟,黄卓,郭磊.公司治理理论前沿综述[J].经济研究,2003(5):83-90.

[186] 张德祥,方水凤.1949年以来中国大学院(系)治理的历史变迁——基于政策变革的思考[J].中国高教研究,2017(1):1-7.

[187] 肖伟平,姚晓波.职业院校混合所有制办学机制创新研究与实践[J].中国职业技术教育,2016(7):45-48.

[188] 武南,程余伟.高职院校混合所有制办学的实践探索——以浙江省为例[J].中国职业技术教育,2018(18):88-91.

[189] 石猛.公办高职院校混合所有制改革的困境与突破之道——基于区域经验探索的分析[J].职教论坛,2019(5):43-50.

[190] 吴佳瑜.混合所有制下高职生产性服务策略初探——以杭州职业技术学院特种设备学院为例[J].职业技术教育,2016,37(11):47-50.

[191] 张绍秋,臧智强,等.公办高职院校构建校企命运共同体的实践模式——山东畜牧兽医职业学院混合所有制探索[J].中国职业技术教育,2019(34):36-41.

[192] 吴益群,杨泽宇.国际化校企共同体:混合所有制办学实践新模式[J].职教论坛,2016(8):52-55.

[193] 王志明,黄宇慧,等.混合所有制二级学院建设的探索与实践[J].中国职业技术教育,2018(10):46-50.

[194] 严新乔.高职院校实施混合所有制办学的实践与探索——以浙江高职院校为例[J].职业技术教育,2017,38(11):13-16.

[195] 顾金峰,程培堽.校企合作失灵:原因和矫正措施[J].现代教育管理,2013(3):58-63.

[196] 殷志扬,冉云芳,等.人力资本专用性、学生流失率对企业参与校企合作紧密程度影响的实证研究[J].教育与经济,2019(4):78-88.

[197] 刘迎秋.论人力资本投资及其对中国经济成长的意义[J].管理世界,1997(3):55-63.

[198] 周其仁.体制成本与中国经济[J].经济学(季刊),2017,16(3)859-876.

[199] 梁俊.高职教育集团化办学的治理机制研析[J].职教论坛,2017(20):82

-86.

[200] 王亚南,成军.高职院校高水平专业群建构:内涵意蕴、逻辑及技术路径[J].大学教育科学,2020(6):118-124.

[201] 王红英,胡小红.企业参与高职教育成本与收益分析——基于中、德、澳的比较[J].教育发展研究,2012,32(23):58-62.

[202] 王红英,滕跃民,等.企业参与高职教育合作办学的影响因素分析[J].教育发展研究,2014,34(19):55-61.

[203] 冉云芳,石伟平.企业参与职业院校实习是否获利?——基于109家企业的实证分析[J].华东师范大学学报(教育科学版),2020,38(1):43-59.